工业和信息化普通高等教育
"十三五"规划教材立项项目

高等院校"十三五"
电子商务系列规划教材

U0722397

ELECTRONIC
COMMERCE
EC

电子商务
安全技术实用教程

微课版 第2版

侯安才 栗楠 张强华 ◎ 编著

人民邮电出版社
北 京

图书在版编目（CIP）数据

电子商务安全技术实用教程：微课版 / 侯安才，栗
楠，张强华编著. -- 2版. -- 北京：人民邮电出版社，
2020.8（2023.6重印）
高等院校"十三五"电子商务系列规划教材
ISBN 978-7-115-52353-2

Ⅰ. ①电… Ⅱ. ①侯… ②栗… ③张… Ⅲ. ①电子商
务－安全技术－高等学校－教材 Ⅳ. ①F713.363

中国版本图书馆CIP数据核字（2019）第230230号

内 容 提 要

随着电子商务的飞速发展，各种网络攻击、信息泄露、木马病毒、交易欺诈等安全威胁层出不穷，加强电子商务安全体系建设成为保障电子商务健康发展的关键。深入掌握和熟练应用电子商务安全技术是对高校相关专业学生的基本要求。

本书共11章，前10章包括电子商务安全概述、网络攻击与交易欺诈、网络安全技术、加密与认证技术、公钥基础设施与数字证书、电子商务安全协议、电子商务软件系统安全、电子支付与网上银行、移动电子商务安全、电子商务安全管理等内容。第11章整理编排了15个典型的电子商务安全实验项目，可以满足16～32个课时的实验课程要求。

本书可作为高等院校电子商务、电子商务法律、信息管理与信息系统等相关专业的教材，也可供业内人员培训使用或阅读参考。

◆ 编　著　侯安才　栗　楠　张强华
　　责任编辑　孙燕燕
　　责任印制　周昇亮

◆ 人民邮电出版社出版发行　　北京市丰台区成寿寺路11号
　　邮编　100164　电子邮件　315@ptpress.com.cn
　　网址　https://www.ptpress.com.cn
　　北京市艺辉印刷有限公司印刷

◆ 开本：787×1092　1/16
　　印张：15.25　　　　　　　　2020年8月第2版
　　字数：399千字　　　　　　　2023年6月北京第7次印刷

定价：49.80元
读者服务热线：(010)81055256　印装质量热线：(010)81055316
反盗版热线：(010)81055315
广告经营许可证：京东市监广登字 20170147 号

前 言 Preface

随着互联网的迅猛发展，电子商务的安全问题成为阻碍电子商务发展的主要因素之一。因而，在高等院校的相关专业中，电子商务安全技术课程也越来越受到重视。

本书深入贯彻党的二十大精神，并结合其专业特点，在把握技术发展潮流和立足企业应用实际的基础上编写而成。本书特色如下。

1. 结构合理、系统性强

全书结构以"问题—技术—对策"为主线，先介绍电子商务安全的基础知识、网络攻击方式；再介绍安全技术内容，包括网络安全技术、加密与认证技术、系统安全技术等；最后介绍电子支付、移动电子商务安全、电子商务安全管理等内容，整体结构的系统性、逻辑性较强。

2. 内容丰富、强调应用

本书涵盖网络安全、安全协议、电子支付、安全管理等与电子商务安全技术课程相关的绝大部分内容。本书内容紧跟信息技术发展潮流，包含木马攻击、钓鱼网站、交易欺诈、移动支付、网上银行等新兴技术和电子商务热点，从而使技术原理形象化、理论结合实际。

3. 形式新颖、满足教学改革需求

本书弱化理论原理、强化技术应用，收集典型的应用案例，尽力做到理论与应用相结合。各章包括案例导入、理论论述、课后习题、案例分析等部分；本书还提供丰富的网络资源，适合读者进行课前预习、课后练习，能够满足教师进行案例教学、研讨式教学、网络教学的需求。

4. 实验内容丰富、适应不同教学计划需求

本书收集整理了 15 个典型的实验项目，这些实验项目采用了主流的系统平台和软件工具，内容丰富、代表性强。这些实验项目可以满足 16~32 个课时的实验课程要求，教师可以根据不同专业、不同教学计划组织安排教学。

5. 提供微课视频、实现翻转课堂

本书根据各章内容的特点设置了37个微课视频，以直观明了的方式讲解了课程的主要知识点，使读者可以提前预习和课后复习，实现翻转课堂。

6. 教学支持完善、交互性强

我们为使用本书的教师提供教学支持，包括电子教案、教学大纲、参考试卷等，如有需要，请登录人邮教育社区（http://www.ryjiaoyu.com）免费下载。在使用本书的过程中，读者如有任何问题，都可以通过电子邮件与我们交流，我们一定会给予答复。E-mail 地址如下：

houancai@163.com；zqh3882355@163.com

尽管在编写本书的过程中，编者花费了大量的精力，但由于技术发展日新月异，加之水平有限，书中难免存在疏漏之处，敬请各位读者批评指正，并提出建设性意见。

编　者

目 录 Contents

📖 **本章主要内容**

◇ 电子商务概述

◇ 电子商务安全的概念与问题

◇ 电子商务的安全对策

◇ 跨境电子商务安全

📚 **本章学习方略**

◇ 本章重点内容

（1）电子商务与传统商务的区别。

（2）电子商务安全的现状。

◇ 本章难点内容

（1）电子商务安全威胁的根源。

（2）电子商务安全体系的层次结构。

🕊 案例导入

2018 年全球威胁报告：日均千亿次攻击，平均"突破时间"2 小时

网络安全厂商CrowdStrike（云反击）公司于2018年2月26日发布了《2018年全球威胁报告》（以下简称《报告》），其中囊括提取自该公司全球分布式网络所处理的、日均高达约1 000亿次的事件。这份长达74页的《报告》包含诸多亮点，其中最重要的一项是CrowdStrike公司提到的平均突破时间，这将成为帮助各类组织机构缓解风险的关键性指标。根据事件观察，《报告》确定2017年年内平均"突破时间"为1小时58分。

《报告》主要发现

2017年，在所有观察到的攻击活动中，有39%的恶意活动采用传统反病毒方案无法检测到的无文件恶意软件的入侵手段，此类无文件恶意软件的攻击活动主要指向制造业、专业服务业以及制药行业。

先进战略的传播已经模糊了国家战争与贸易对抗之间的界限，这使威胁超出了传统安全措施的防御范畴。数据勒索与武器化已经在网络犯罪当中占据主流，且严重影响到政府以及医疗卫生等重要行业部门。与民族、国家相关的攻击和针对性勒索软件正在快速崛起，甚至被用于地缘政治等目的。供应链违规以及加密欺诈与挖掘为国家资助黑客及电子犯罪参与者提供了新的攻击载体。

CrowdStrike公司首席技术官兼联合创始人迪米特里·阿尔帕罗维奇表示，攻击者从入侵的初始计算机处脱离所需要的时间为近两个小时。在典型攻击场景下，无论攻击向量具体体现为钓鱼活动或基于Web的安全漏洞，最初受害者在大多数情况下并非攻击者所指向的最终目标。攻击者通常希望进一步深入网络内部以寻找最具价值的数据。安全保护人员可以借助这段时间来遏制实际安全事

件的发生。违规行为往往不是一蹴而就的。

在近两小时的"突破时间"内，阿尔帕罗维奇表示人类攻击者会对目标系统进行侦察，从而确定下一步应入侵哪里以及如何提高自身权限。尽管抢在攻击者之前登录初始感染点的做法十分重要，但在网络边界处抵御入侵活动也同样非常重要，如果企业未能尽量预防并拦截各类恶意软件与攻击活动，那么安全团队将没有时间正确追踪并分析更为复杂的威胁因素。

2017年网络攻击活动中最为显著的一种，是通过复杂的供应链实施攻击。2018年9月即出现过一例此类攻击，当时CCleaner工具（清理软件）遭遇黑客入侵，导致数百万用户在下载或更新该软件时感染后门恶意软件。

企业应关注哪些重点

阿尔帕罗维奇表示，检测时间、调查时间与补救时间这三项关键性指标可用于尽可能降低安全风险。阿尔帕罗维奇认为，对于最出色的企业来说，补救时间的标准应为1个小时。在此期间，企业需要清理攻击者所执行的任何操作，并将其从内部网络当中清除。如果企业能够满足以上速度要求，则可有效控制安全事件并防止违规问题的发生。

（资料来源：E安全，2018-03-05）

随着信息技术的发展，人类正在进入以网络为主的信息时代，基于互联网的电子商务已逐渐成为人类进行商务活动的新模式。越来越多的人通过互联网进行商务活动，电子商务的前景非常诱人，但随之而来的安全问题却变得越来越突出。如何建立一个安全、可靠、便捷的电子商务应用环境，保证在交易过程中信息的安全性，使基于互联网的电子交易与传统交易方式一样安全可靠，已经成为关乎今后经济发展的重要问题。

本章主要介绍电子商务安全的概念与安全问题、安全对策，以及跨境电子商务安全的相关内容。

1.1 电子商务概述

1.1.1 电子商务的概念

电子商务（Electronic Commerce，EC）是指政府、企业或个人利用现代电子计算机与网络技术实现商业交换和行政管理的全过程。它是一种基于互联网、以交易双方为主体、以银行电子支付结算为手段、以客户数据为依托的全新商务模式，如图 1-1 所示。电子商务的参与者包括企业、消费者和中介机构等。它的本质是建立一种全社会的"网络计算环境"或"数字化神经系统"，以实现资源在国民经济和大众生活中的全方位应用。

电子商务的内容包含两个方面：一是电子方式，二是商贸活动。电子商务广义的意思是在网络上进行商务贸易和交易。

从技术角度讲，电子商务指的是买卖双方利用简单、快捷、低成本的电子通信方式，互相不谋面地进行各种商贸活动。电子商务可以通过多种电子通信方式来完成。简单地说，你通过打电话或发传真的方式与客户进行商贸活动，似乎也可称作电子商务。但是，现在人们所探讨的电子商务主要是利用电子数据交换和互联网来完成的。尤其是随着互联网技术的日益成熟，电子商务真正的发展将是建立在互联网技术上的。所以，也有人把电子商务简称为互联网商务。

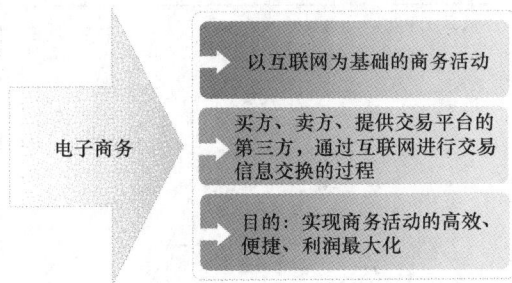

图 1-1　电子商务概念图

　　从贸易活动的角度分析，电子商务可以在多个环节实现，由此也可以将电子商务分为两个层次：一是较低层次的电子商务，如电子商情、电子贸易、电子合同等；二是最完整的也是最高层次的电子商务，它应该是利用互联网能够进行整个贸易活动，即在网上将信息流、商流、资金流和部分物流完整地实现。也就是说，你可以从寻找客户开始，一直到洽谈、订货、在线收（付）款、开具电子发票、电子报关、电子纳税等，都通过互联网来实现。

　　要实现完整的电子商务还会涉及多个参与方，除了买方、卖方外，还要有银行或金融机构、政府机构、认证机构、配送中心等的加入。由于参与电子商务的各方在物理上是互不谋面的，因此整个电子商务过程并不是物理世界商务活动的翻版。网上银行、在线电子支付等条件和数据加密、电子签名等技术在电子商务中发挥着不可或缺的作用。

1.1.2　电子商务的系统结构

　　借助网络进行电子商务交易是电子商务实施的重要环节。对于网上交易而言，通信、计算机、电子支付及安全等现代信息技术是实现的保证。

　　电子商务的框架结构是指电子商务活动环境中所涉及的各个领域以及实现电子商务应具备的技术保证，如图 1-2 所示。从总体上来看，电子商务框架结构由三个层次和两大支柱构成。电子商务框架结构的三个层次分别是网络层、信息发布层与传输层（也称传递层）、服务层和应用层。两大支柱是指社会人文性的公共政策和法律规范以及自然科技性的技术标准和网络协议。

　　（1）网络层。网络层是指实现电子商务的最底层的网络基础设施，它是信息的传输系统，也是实现电子商务的基本保证。它包括远程通信网、有线电视网、无线通信网和计算机网络。因为电子商务的主要业务是基于互联网的，所以互联网是网络基础设施中最重要的部分。

　　（2）信息发布层与传输层。网络层决定了电子商务信息传输使用的线路，而信息发布层与传输层则解决如何在网络上传输信息和传输何种信息的问题。目前，互联网上最常用的信息发布方式是在 WWW 上用 HTML 的形式发布网页，并将 Web 服务器中发布的文本、数据、声音、图像和视频等多媒体信息发送到接收者手中。从技术角度而言，电子商务系统的整个过程是围绕信息的发布和传输进行的。

　　（3）服务层和应用层。电子商务服务层和应用层实现标准的网上商务活动服务，如网上广告、网上交易、商品目录服务、电子支付、客户服务、安全认证（CA 认证）、商业信息安全传送等，其真正的核心是 CA 认证。因为电子商务是在网上进行的商务活动，参与交易的各方互不见面，所以身份的确认与安全通信变得非常重要。

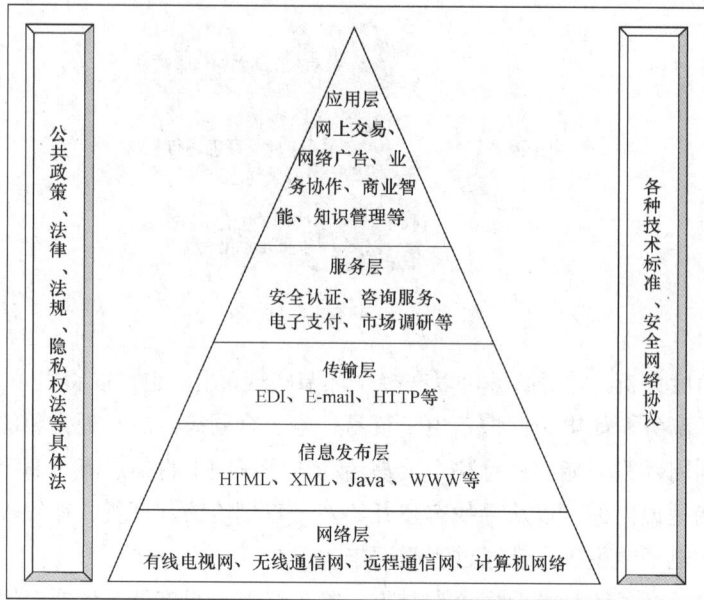

图 1-2　电子商务系统结构图

（4）公共政策和法律规范。随着电子商务的产生，由此引发的问题和纠纷不断增加，原有的法律法规已经不能适应新的发展环境，制定新的法律法规并形成一个成熟、统一的法律体系，成为世界各国发展电子商务的必然趋势。法律维系着商务活动的正常运作，对市场的稳定发展起到了很好的制约和规范作用。

（5）技术标准和网络协议。技术标准定义了用户接口、传输协议、信息发布标准等技术细节。它是信息发布、传递的基础，是网络信息一致性的保证。就整个网络环境来说，技术标准对于保证兼容性和通用性是十分重要的。网络协议是计算机网络通信的技术标准，要进行通信，就必须按照通信双方预先共同约定好的规程来做。

1.1.3　我国电子商务的发展

自 1995 年至今，在 20 多年的时间里，我国电子商务经历了从"工具"（点）、"渠道"（线）到"基础设施"（面）这 3 个不断扩展和深化的发展过程。电子商务在"基础设施"阶段，进一步催生出新的商业生态和新的商业景观，进一步影响和加速传统产业的"电子商务化"，进一步扩展其经济和社会影响。由此，"电子商务经济体"开始兴起。

中国、美国成为全球互联网经济体中最耀眼的"双子星座"。标普资本（标普旗下的财经资信公司）的数据显示，至 2018 年年底在全球互联网 10 强企业中，美国占 6 家，中国占 4 家。在全球 25 大互联网公司中，美国和中国互联网公司所占席位比例是 14∶6（数据来自 KPCB）。美国的互联网公司如苹果、谷歌、亚马逊和 Facebook 仍然是领导者，但中国互联网公司如腾讯、百度、阿里巴巴、京东商城、唯品会等势头颇猛，正在迎头赶上。

电子商务从工具、渠道、基础设施到经济体的演进，不是简单的新旧替代的过程，而是不断进化、扩展和丰富的生态演进过程。

我国电子商务的发展经历了 4 个阶段。（来源：阿里研究院）

1. 工具阶段（1995—2003 年）

工具阶段是互联网进入中国的探索期、启蒙期。中国电子商务以企业间电子商务模式的探索和发展为主。早期，应用电子商务的企业和个人主要把电子商务作为优化业务活动或商业流程的工具，如信息发布、信息搜寻和邮件沟通等，其应用仅局限于某个业务"点"。

1995 年 5 月 9 日，马云创办中国黄页，成为最早为企业提供网页创建服务的互联网公司；1997 年，垂直网站——中国化工网成立；1999 年，8848、携程网、易趣网、阿里巴巴、当当网等一批电子商务网站先后创立。1999 年年底，正是互联网高潮来临的时候，国内诞生了 370 多家从事 B2C 的网络公司，到 2000 年发展到了 700 家，但随着 2000 年互联网泡沫的破灭，纳斯达克急剧下挫，8848 等一批电子商务企业倒闭。2001 年，人们还有印象的电子商务企业只剩下三四家。随后，电子商务经历了一个比较漫长的"冰河时期"。

2. 渠道阶段（2003—2008 年）

渠道阶段，电子商务应用由企业向个人延伸。2003 年，"非典"的肆虐使许多行业在春天感受到寒冬的冷意，而电子商务却时来运转。电子商务界经历了一系列的重大事件，如 2003 年 5 月，阿里巴巴集团成立淘宝网，进军 C2C 市场；2003 年 12 月，慧聪网在香港创业板上市，成为国内 B2B 电子商务首家上市公司；2004 年 1 月，京东涉足电子商务领域；2007 年 11 月，阿里巴巴网络有限公司成功在香港主板上市。

同时，随着网民数量和电子商务交易规模的迅速增长，电子商务成了众多企业和个人新的交易渠道，如传统商店的网上商店、传统企业的电子商务部门以及传统银行的网络银行等，越来越多的企业在线下渠道之外开辟了线上渠道。2007 年，我国网络零售交易规模为 561 亿元。网上商家随之崛起，并逐步将电子商务延伸至供应链环节，促进了物流快递和网上支付等电子商务支撑服务的兴起。

3. 基础设施阶段（2008—2013 年）

电子商务引发的经济变革使信息这一核心生产要素日益广泛地运用于经济活动，加快了信息在商业、工业和农业中的渗透速度，极大地改变了消费行为、企业形态和社会创造价值的方式，有效地降低了社会交易成本，促进了社会分工协作，引爆了社会创新，提高了社会资源的配置效率，深刻地影响着零售业、制造业和物流业等传统行业，成为信息经济重要的基础设施和新的商业基础设施。越来越多的企业和个人基于和通过以电子商务平台为核心的新商业基础设施降低交易成本、共享商业资源、创新商业服务，这也极大地促进了电子商务的迅猛发展。

2008 年 7 月，我国成为全球"互联网人口"第一大国。据中国互联网络信息中心（CNNIC）统计，截至 2008 年 6 月底，我国网民数量达到了 2.53 亿人，互联网用户数量首次超过美国，跃居世界第一位。2010 年两会期间，《政府工作报告》中明确提出要加强商贸流通体系等基础设施建设，积极发展电子商务，这也是首次在全国两会的《政府工作报告》中明确提出大力扶持电子商务。2010 年 10 月，麦考林登陆纳斯达克，成为我国首只 B2C 电子商务概念股，同年 12 月，当当网在美国纽约证券交易所挂牌上市。2011 年，团购网站迅猛发展，上演"千团大战"局面，我国团购用户数量超 4 220 万人。2012 年，淘宝商城更名"天猫"独立运营，品牌折扣网站"唯品会"在纽交所挂牌交易，同年，淘宝和天猫的交易额突破 10 000 亿元，"双十一"当天交易规模达 362 亿元。2013 年，阿里巴巴和银泰集团、复星集团、富春集团、顺丰速运等物流企业组建了"菜鸟"，计划在 8～10 年内建立一张能支撑日均 300 亿元网络零售额的智能物流骨干网络，让全中国任何一个地区都能做到 24 小时内送货必达。

4. 经济体阶段（2013 年以后）

2013 年我国超越美国，成为全球第一大网络零售市场。2013 年，我国电子商务交易规模突破 10 万亿元大关，网络零售交易规模达 1.85 万亿元，相当于社会消费品零售总额的 7.8%。2014 年 2 月，中国就业促进会发布的《网络创业就业统计和社保研究项目报告》显示，全国网店直接就业人数总计 962 万人，间接就业人数超过 120 万人，成为创业就业新的增长点。2014 年 6 月，我国网络购物用户规模达到 3.32 亿人，我国网民使用网络购物的比例为 52.5%。2014 年 4 月，"聚美优品"在纽交所挂牌上市。同年 5 月，京东集团在美国纳斯达克正式挂牌上市。同年 9 月，阿里巴巴正式在纽交所挂牌交易，发行价每股 68 美元，成为美国历史上融资额规模最大的首次公开募股。2014 年，我国快递业务量接近 140 亿件，跃居世界第一。我国快递业务量已经连续 44 个月同比、累计增长平均增幅均超过 50%。2015 年 5 月印发的《国务院关于大力发展电子商务加快培育经济新动力的意见》（国发〔2015〕24 号），进一步促进了电子商务在中国的创新发展。

从我国网络购物市场的发展历程来看，以淘宝网为代表的 C2C 交易平台的出现和成长对于早期用户网上购物习惯的培养起到了至关重要的作用。近年来，随着人们线上消费习惯的逐渐养成，数字消费大军的队伍日益壮大，越来越多的商家和品牌意识到发展线上业务的重要意义，纷纷在电子商务领域增加投入，将线上官方旗舰店作为提高产品销量、增加品牌曝光度、宣传品牌文化的前沿阵地，从而带动了整个 B2C 电子商务行业近年来的快速增长。从市场份额来看，在 B2C 网络购物市场中，天猫的市场份额位居第一，京东占比有所增长。与 2015 年相比，2016 年京东、苏宁易购、唯品会的份额有所增加。从增速来看，2016 年京东、苏宁易购、唯品会的增速高于 B2C 网络购物市场 31.6% 的整体增速。2012—2018 年中国电子商务市场交易规模如图 1-3 所示。

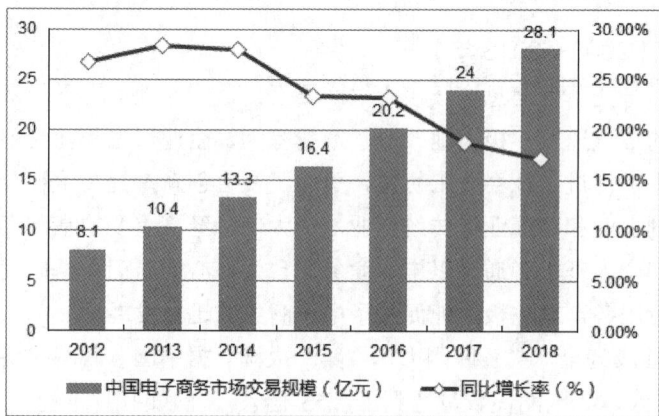

图 1-3　2012—2018 年中国电子商务市场交易规模

总体来讲，我国电子商务正处于上升阶段，2017 年电子商务交易规模达到了 9 750 亿美元，世界排名第一。同时，网络购物人数的规模也在逐年增加。据第 43 次《中国互联网络发展状况统计报告》统计，截至 2018 年 12 月，网络购物用户达 6.10 亿人，较 2017 年年底增长 14.4%，网民网络购物比例为 73.6%；手机网络购物用户达 5.92 亿人，占手机网民的 72.5%，年增长率为 17.1%；网上外卖用户达 4.06 亿人，较 2017 年年底增长 18.2%，网民外卖比例为 49.0%；手机网上外卖用户达 3.97 亿人，占手机网民的 48.6%，年增长率为 23.2%；网络支付用户达 6.00 亿人，较 2017 年年底增长 13.0%。

中国电子商务市场存在的巨大经济潜力，使许多企业和就业者都跃跃欲试，目前中国电子商务市场已经进入平稳发展阶段，前景良好。

1.2 电子商务安全的概念与问题

1.2.1 电子商务安全的概念

1. 电子商务安全的定义

电子商务的一个重要技术特征是利用 IT 技术来传输和处理商业信息。因此，电子商务安全从整体上可分为两大部分：计算机网络安全和电子商务交易安全。

（1）计算机网络安全的内容包括计算机网络设备安全、计算机网络系统安全、数据库安全等。其特征是针对计算机网络本身可能存在的安全问题实施网络安全增强方案，以保证计算机网络自身的安全为目标。

（2）电子商务交易安全紧紧围绕传统商务在互联网络上应用时产生的各种安全问题，在计算机网络安全的基础上，保障以电子交易和电子支付为核心的电子商务的顺利进行。即实现电子商务的保密性、完整性、可鉴别性、不可伪造性和不可抵赖性等。

计算机网络安全与电子商务交易安全实际上是密不可分的，两者相辅相成、缺一不可。没有计算机网络安全作为基础，电子商务交易安全就犹如空中楼阁，无从谈起。没有电子商务交易的安全保障，即使计算机网络再安全，也无法达到电子商务所特有的安全要求。

从安全等级来说，从下至上有计算机密码安全、局域网安全、互联网安全和信息安全之分，而电子商务安全属于信息安全的范畴，涉及信息的机密性、完整性、认证性等方面。这几个安全概念之间的关系如图 1-4 所示。同时，电子商务安全又有它自身的特殊性，即以电子交易安全和电子支付安全为核心，有更复杂的机密性概念、更严格的身份认证功能，对不可拒绝性有新的要求，有法律依据性和货币直接流通性等特点。

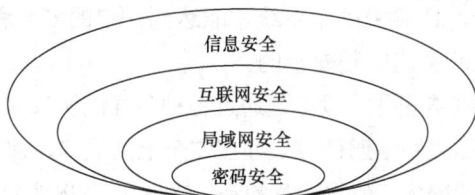

图 1-4　信息安全等级关系

2. 电子商务安全需求

电子商务安全需求也可称为电子商务安全要素。电子商务威胁的出现，使人们对电子商务安全有了需求。为真正实现电子商务安全，保证交易的安全可靠，要求电子商务能做到有效性、机密性、完整性、可靠性和不可否认性。

（1）有效性。电子商务作为贸易的一种形式，其信息的有效性将直接关系到个人、企业和国家的经济利益和声誉。因此，要对网络故障、操作错误、应用程序错误、硬件故障、系统软件错误及计算机病毒所产生的潜在威胁加以控制和预防，以保证贸易数据在确定的时刻、确定的地点是有效的。

（2）机密性。电子商务作为贸易的一种手段，其信息直接代表着个人、企业和国家的商业机密。电子商务建立在开放的互联网环境上，维护商业机密是电子商务全面推广应用的重要保障。因此，要预防非法的信息存取和信息在传输过程中被非法窃取。

（3）完整性。数据输入时的意外差错或欺诈行为，可能导致贸易各方信息的差异。此外，数据在传输过程中信息的丢失、信息重复或信息传送的次序差异也会导致贸易各方信息的不同。贸易各方信息的完整性将影响贸易各方的交易和经营策略，因而保持贸易各方信息的完整性是电子商务应用的基础。

（4）可靠性。可靠性是指防止因计算机失效、程序错误、传输错误、自然灾害等引起的计算机信息失效或失误，保证存储在介质上的信息的正确性。

（5）不可否认性。在无纸化的电子商务模式下，通过手写签名和印章进行贸易方的鉴别已是不可能的了。因此，要在交易信息的传输过程中为参与交易的个人、企业和国家提供可靠的标志。这种标志信息用来保证信息的发送方不能否认已发送的信息，信息的接收方不能否认已收到的信息。身份的不可否认性常采用数字签名来实现。

1.2.2　电子商务安全问题

电子商务是一个复杂的系统，涉及网络平台、信息交换、企业管理、社会信用、电子支付等方面，在各个方面都不同程度地存在着安全问题。

视频 1-1

1. 网络系统的安全问题

（1）物理实体的安全问题。物理实体的安全问题主要包括计算机、网络、通信设备等的机能失常、电源故障，以及由于电磁泄漏引起的信息失密、搭线窃听、自然灾害等带来的安全威胁。

（2）计算机操作系统的安全漏洞。不论采用什么操作系统，在默认安装的条件下都会存在一些安全问题，网络软件的漏洞和"后门"是进行网络攻击的首选目标。只有专门针对操作系统安全性进行相关的和严格的安全配置，计算机操作系统才能达到一定的安全程度。我们一定不要以为操作系统默认安装后，再配上很强的密码就是安全的。

（3）TCP/IP 的安全缺陷。网络服务一般都是通过各种各样的协议完成的，因此网络协议的安全性是网络安全的一个重要方面。如果网络通信协议存在安全上的缺陷，那么攻击者就有可能不必攻破密码体制即可获得所需要的信息或服务。值得注意的是，TCP/IP 最初是为内部网设计的，主要考虑了网络互联互通的问题，没有考虑到安全威胁的问题，所以 TCP/IP 在安全方面可以说是"先天不足"。

（4）黑客的恶意攻击。以网络瘫痪为目标的袭击效果比任何传统的恐怖主义和战争方式都来得更强烈，破坏性更大，造成危害的速度更快，范围也更广，而袭击者本身承担的风险却非常小；甚至其可以在袭击开始前就消失得无影无踪，使对方没有实施报复打击的可能。

（5）计算机病毒的危害。计算机病毒是威胁网络安全的主要因素之一。目前全球出现的数万种病毒按照基本类型划分，可分为引导型病毒、可执行文件病毒、宏病毒、混合病毒、特洛伊木马和互联网语言病毒 6 种类型。

（6）安全产品使用不当。虽然不少网站采用了一些网络安全设备，但由于安全产品本身的问题或使用问题，这些产品并没有起到应有的作用。很多厂商的安全产品对配置人员的技术背景要求很高，超出对普通网管人员的技术要求，就算厂商在最初给用户做了正确的安装、配置，一旦系统改动，需要改动相关安全产品的设置时，也很容易产生许多安全问题。

2. 交易信息传输的安全问题

所谓信息传输问题，就是指在进行网上交易的时候，传输的信息失真或者信息被非法窃取、篡改或丢失，从而导致网上交易的一些不必要的损失。从技术上看，网上交易的信息传输问题主要包括以下几个方面。

（1）冒名偷窃：为了获取重要的商业秘密、资源和信息，竞争者或者黑客常常采用冒名源 IP 地址来进行欺骗攻击。

（2）篡改数据：攻击者利用非法手段掌握了信息的格式和规律后，通过各种手段，将网络上传输的信息数据进行删除、修改、重发等，破坏数据的完整性和真实性，损害他人的经济利益，或干扰对方的正确决策。

（3）信息丢失：在交易中存在的信息丢失，可能是因为线路问题、安全措施不当或因为在不同的操作平台上转换操作不当等。

（4）信息破坏：由于计算机技术发展迅速，原有的病毒防范技术、加密技术、防火墙技术等始终存在被新技术攻击的可能性。计算机病毒的侵袭、黑客的非法入侵、线路窃听等很容易使重要的数据在传输过程中泄露，威胁电子商务交易的安全。另外，外界的干扰也会影响数据的真实性和完整性。

（5）信息伪造：在网上交易过程中，信息传输问题可能来源于用户以合法身份进入系统后，买卖双方都可能在网上发布虚假的供求信息，或者以过期的信息冒充现在的信息，从而骗取对方的钱款或货物。

典型的信息传输安全威胁如表 1-1 所示。

表 1-1　典型的信息传输安全威胁

威胁	描述
窃听	网络中传输的敏感信息被窃听
重放	攻击者事先获得部分或全部信息，然后将此信息发送给接收者
伪造	攻击者将伪造的信息发送给接收者
篡改	攻击者对合法用户之间的通信信息进行修改、删除、插入，再发送
非授权访问	非法获取系统访问权，进入网络系统读取、删除、修改、插入信息等
拒绝服务攻击	攻击者使系统响应减慢或瘫痪，阻止合法用户获得服务
行为否认	通信实体否认已经发生的行为
旁路控制	攻击者发掘系统的缺陷或安全脆弱性
电磁射频截获	攻击者从发出的无线射频或其他电磁辐射中提取信息
人员疏忽	授权的人为了利益或由于粗心将信息泄露给未授权的人

3. 电子商务的安全管理问题

虽然我们在不断地更新安全技术，把防火墙做得很安全，但如果黑客并不去窃取信息或数据，而只是去阻塞网站，则对这种原始而野蛮的攻击方式仅靠单纯的技术是很难解决的，只有靠管理或其他方法去防范。网上交易管理也存在诸多问题，主要表现在以下几个方面。

（1）交易流程管理问题：在网上交易中，买方进入交易中心，交易中心不但要监督买方按时付款，而且还要监督卖方按时提供合同所要求的货物。在这里面，管理问题大量存在，假如管理不善，将会带来巨大的潜在风险。

（2）人员管理问题：在网上交易中，最薄弱的环节是人员管理。由于工作人员的职业道德不高、安全教育缺失和管理松懈等问题的存在，通过网络犯罪的现象越来越严重，并且多数反映在内部管理人员身上。

（3）交易技术管理问题：网上交易只经历了很短的时间，没有比较完善的控制机制，网上交易技术管理也存在部分漏洞，因此带来一些交易问题。所以，在交易技术方面，仍然需要加强管理和规范。

（4）安全法律法规问题：开展电子商务需要在企业和企业之间、政府和企业之间、企业和消费者之间、政府和政府之间明确各自需要遵守的法律义务和责任。其主要涉及的法律有国际加密法律问题、网络链接法律问题、网络隐私法律问题、域名侵权纠纷法律问题、电子商务的税收法律问题，还有电子商务交易中提供参与方合法身份认证的证书授权中心涉及的法律问题、电子合同签订涉及的法律问题、电子商务交易后电子记录的证据问题及网络知识产权涉及的法律问题等。

4．电子商务的信用安全问题

信用基于买卖双方的信义。在传统贸易中，由纸质合同来约束双方行为，因此，是否有效执行合同就是信用安全的具体体现。在虚拟的电子商务交易中，在利益的驱动下，伪造、抵赖、逃债等问题时有发生。在电子商务交易中存在的信用问题主要表现在以下几个方面。

（1）来自买方的信用问题：买方可能在网络上利用信用卡进行支付时恶意透支，或者使用伪造的信用卡来骗取卖方的货物。

（2）来自卖方的信用问题：卖方不能按质、按量、按时寄送买方购买的货物，或者不能完全根据合同来履行合同内容，造成对买方权益的损害。

（3）买卖双方都存在的抵赖问题：电子商务交易是直接通过网络进行的，导致信用得不到保证，存在买方不付款、卖方不发货的抵赖行为。

5．电子商务的安全支付问题

传统支付系统的安全问题是人所共知的，如伪造现金、伪造签名、拒付支票。在电子商务环境下的网上支付过程中，同样会出现诸多安全问题，具体表现为以下几个方面。

（1）在通信线路上进行窃听，并滥用收集的数据（如信用卡号等）。

（2）向经过授权的支付系统参与方发送伪造的消息，以破坏系统的正常运作来盗用交换的财产（如商品、现金等）。

（3）不诚实的支付系统参与方试图获取并滥用无权读取或使用的支付交易数据。

1.3 电子商务的安全对策

1.3.1 电子商务安全技术

1．网络安全技术

（1）防火墙技术。防火墙是保护企业保密数据和保护网络设施免遭破坏的主

视频 1-2

要手段之一，可用于防止未授权的用户访问企业内部网，也可用于防止企业内部的保密数据未经授权而发出。即使企业内部网络与互联网相连，也可用防火墙管理用户对内部网中某些部分的访问，保护敏感信息或保密信息。防火墙技术主要有包过滤、代理服务、状态监控等。

（2）虚拟专用网技术。虚拟专用网（Virtual Private Network，VPN）是企业内部网在互联网上的延伸，通过一个专用的通道来创建一个安全的专用连接，从而可将远程用户、企业分支机构、公司的业务合作伙伴等与公司的内部网连接起来，构成一个扩展的企业内部网。虚拟专用网是企业常用的一种安全解决方案，它利用不可靠的公用互联网作为信息传输媒介，通过附加的安全隧道、用户认证和访问控制等技术，实现与专用网相类似的安全性能。

对于商务网站来说，它是一种理想的性价比较高的安全防护手段，既可以为企业提供类似专用网的安全性，同时又可以为企业节约成本。

（3）入侵检测技术。入侵检测是继防火墙之后的又一道防线。防火墙只能对黑客的攻击实施被动防御，一旦黑客攻入系统内部，就没有切实的防护策略，而入侵检测系统则是针对这种情况提出的又一道防线。

（4）蜜罐技术。蜜罐是故意让人攻击的目标，引诱黑客前来攻击。攻击者入侵后，你就可以知道黑客是如何得逞的，随时了解针对服务器发动的最新的攻击和服务器的漏洞；还可以通过窃听黑客之间的联系，收集黑客所用的种种工具，并且掌握黑客的社交网络。

（5）防病毒技术。计算机病毒是指编制的或在计算机程序中插入的破坏计算机功能或毁坏数据、影响计算机使用，并能自我复制的一组计算机指令或程序代码。病毒具有寄生性、传染性、隐蔽性、潜伏性、可触发性、破坏性等特点。

2. 信息与交易安全技术

（1）信息加密技术。信息加密技术作为主动的信息安全防范措施，利用加密算法，将明文转换成无意义的密文，阻止非法用户理解原始数据，从而确保数据的保密性。

（2）认证技术主要包括数字证书和数字签名。数字证书是网络通信中标志通信各方身份信息的一系列数据，是通过运用对称和非对称密码体制建立起的一套严密的身份认证系统。数字签名实现消息认证，可以保障信息来源的真实性和信息的完整性。

（3）安全通信技术。安全套接层协议提供两台计算机之间的安全连接，对整个会话进行加密，从而保证信息的安全传输。安全套接层协议具有 3 个特点：采用对称密码体制来加密数据，采用信息验证算法进行完整性检验，对端实体的鉴别采用非对称密码体制进行认证。

（4）安全电子交易技术。安全电子交易协议是通过开放网络进行安全资金支付的技术标准。安全电子交易协议向基于信用卡进行电子化交易的应用提供实现安全措施的规则：信息在互联网上安全传输，保证传输的数据不被黑客窃取；订单信息和个人账号信息隔离，当包含持卡人账号信息的订单送到商家时，商家只能看到订货信息，而看不到持卡人的账户信息；持卡人和商家相互认证，以确定通信双方的身份。

3. 安全管理技术

俗话说"三分靠技术，七分靠管理"，大力加强电子商务系统的安全管理是十分必要的。在行政管理方面应加强安全组织机构的责任感和监督力度、加强业务运行安全和完善规章制度。安全管理技术主要包括加强企业内部安全管理、加速培养电子商务人才、加强政府监管和法律法规建设等方面的内容。

电子商务的迅猛发展，冲击了国际贸易和市场营销的传统观念、管理体制和运行模式，也对信息、贸易、管理等教育提出了新的课题。电子商务既需要互联网技术、大型数据库技术、电子支付系统、电子商务平台以及基于该平台的开发技术，又需要国际贸易、市场营销、广告策划、工商管理方面的专业知识。

随着电子商务的迅猛发展，电子商务法律法规也要根据不同的细分领域逐步完善。我国先前颁布的电子商务法律规范包括《中华人民共和国合同法》《中华人民共和国电子签名法》《中华人民共和国计算机信息系统安全保护条例》《中国互联网络域名注册实施细则》《互联网电子公告服务管理规定》《中国互联网络域名管理办法》《非经营性互联网信息服务备案管理办法》《互联网 IP 地址备案管理办法》《电子认证服务管理办法》《公用电信网间通信质量监督管理办法》《中华人民共和国计算机信息网络国际联网管理暂行规定》《中国公众多媒体通信管理办法》《互联网信息服务管理办法》等。

1.3.2　电子商务安全体系

电子商务安全不仅是技术问题，还是管理问题；不仅是消费者的问题，还是电子商务企业平台的问题；不仅是电子商务经营者的问题，还是需要行业自律、政府监管、整个社会关心的问题。

所以，要保证电子商务系统的安全，就必须将安全网络设备、安全技术、安全管理、法律法规等有机结合，形成较为完整的电子商务安全体系，如图 1-5 所示。

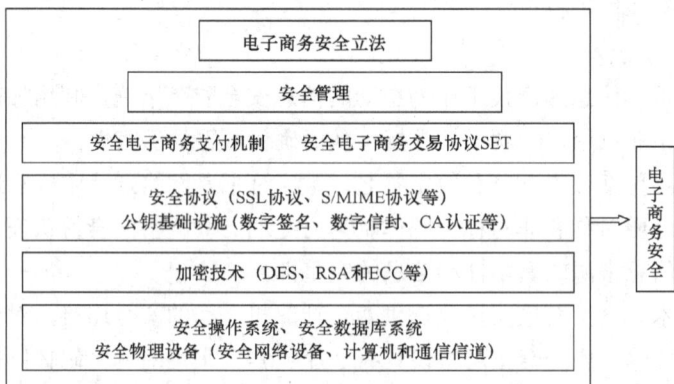

图 1-5　电子商务安全体系结构图

1. 网络基础设施层

互联网是电子商务系统的基础，网络本身的安全是电子商务安全的基本保证。电子商务系统是依赖网络实现的商务系统，需要利用互联网基础设施和标准，所以构成电子商务安全框架的底层是网络基础设施层。它包括安全物理设备、安全操作系统、安全数据库系统等内容。网络基础设施层是电子商务系统的最底层，它是各种电子商务应用系统的基础，并提供信息传送的载体和用户接入的手段及安全通信服务，保证网络最基本的运行安全。主要内容包括网络隐患扫描、网络安全监控、内容识别、访问控制、防火墙技术等。

2. 加密技术层

加密技术是电子商务采取的主要安全措施，其目的在于提高信息系统及数据的安全性和保密性，防止秘密数据被外部破坏和分析。加密技术通常分为对称加密算法和非对称加密算法两类。

目前，常用的非对称加密算法有 RSA 算法，对称加密算法有 DES 算法。在实际应用中通常将两种加密技术结合起来使用，综合 DES 算法的高速简便性和 RSA 算法的方便性和安全性，既保证了数据安全，又提高了加密和解密的速度。

3. 安全认证层

安全认证层中的认证技术是保证电子商务安全的必要手段，它对加密技术层中提供的多种加密算法进行综合运用，进一步满足了电子商务对完整性、抗否认性、可靠性的要求。目前，仅有加密技术不足以保证电子商务中的交易安全，身份认证技术是保证电子商务安全不可缺少的又一重要技术手段。安全认证技术主要有数字摘要、数字签名、数字时间戳、数字证书、认证中心、智能卡技术等。

4. 交易协议层

除了各种安全控制技术外，电子商务的运行还需要一套完善的安全交易协议。不同交易协议的复杂性、开销、安全性各不相同。同时，不同的应用环境对协议目标的要求也不尽相同。目前，比较成熟的协议有安全电子交易协议、安全套接层协议等。

5. 电子商务安全管理

安全管理除了电子商务企业内部管理外，还涉及政府和社会监管。目前，国际上信息安全方面的协调机构主要有计算机应急响应小组、信息安全问题小组论坛。计算机应急响应小组以协调互联网安全问题解决方案为目的，它的主要作用是解决互联网上存在的安全问题，调查互联网的脆弱性并发布有关信息，是信息安全方面规模最大、最著名和最具权威性的组织。

我国政府有关信息安全的其他管理和执法部门，如工业和信息化部、国家安全部、国家保密局、国家密码管理局和国务院新闻办公室等，分别依据其职能和权限进行信息安全的管理和执法活动。

6. 电子商务法律法规

我国互联网起步较晚，而电子商务发展较快，相应的法律法规还跟不上电子商务发展的步伐，支撑环境和保障体系相对缺乏。

1.4

跨境电子商务安全

1.4.1 跨境电子商务的发展

跨境电子商务是指分属不同关境的交易主体，通过电子商务平台实现交易，进行支付结算，并通过跨境物流送达商品、完成交易的一种国际活动。

在 20 世纪 90 年代末，我国的电子商务有了较大发展，阿里巴巴、卓越网等 B2B 平台先后建立起来。随着电子商务商业模式的成熟，我国一些从事高新技术服务的企业和个人发现了电子商务在外贸领域所拥有的巨大潜力，开始独立地开发和运行起自己的跨境电子商务平台，建立了我国第一批专业的跨境电子商务平台。2001 年 12 月，中国化工网与德国化工网建立合作关系，正式组建了跨境交易平台。从此，中国开始了跨境电子商务的时代。

2006 年以后，许多拥有专业知识和技术的公司和知识分子开始探索 B2C 模式和 C2C 模式，他们其中一部分人通过国内外风险投资商融资，利用这些资金和独特的经营理念迅速把自己的跨境电子商务平台做大做强。随后，兰亭集势、环球易购等一大批 B2C、C2C 平台建立。我国的跨境电子商务迎来了历史的新高潮。

此后，跨境电子商务交易额也迅猛增长。据不完全统计，2012 年，我国跨境电子商务交易总额为 2.08 万亿元，已经占我国全年进出口贸易额的 7.6%。2013 年，我国的跨境电子商务交易额突破 3 万亿元大关。2014 年，其总体规模上升到 4 万亿元，增长率为 30.6%。2015 年，我国跨境电子商务交易规模已达 5.4 万亿元，同比增长 28.6%。2018 年，跨境电子商务交易规模已达 9 万亿元。按照党中央、国务院的决策部署，我国自 2019 年 1 月 1 日起，调整跨境电子商务零售进口税收政策，提高享受税收优惠政策的商品限额上限，扩大清单范围。

由此可见，跨境电子商务正处于飞速发展的阶段。新兴境外市场的政府和当地企业都很乐意与我国跨境电子商务企业建立更深的合作往来，帮助我国跨境电子商务企业供应的商品更深地扎根于他们的市场，从而创造双赢局面。

1.4.2　跨境电子商务的问题及对策

跨境电子商务作为一种新型的商业运行模式和交易方式，在交易的广度和深度上正进行着迅速的扩张。一方面，跨境电子商务极大地带动了我国的国际贸易，刺激了消费者消费，成为我国外贸增长的重要引擎，推进了国际贸易的全球化、信息化和便利化；另一方面，其自身存在的一系列安全问题对消费者权益和国家传统的监管方式提出了挑战。

1. 交易信用与安全问题

我国跨境电子商务发展时间较短，加上电子商务本身的虚拟特性，使一些不良商家在交易过程中钻空子，以谋取高额收益。由于跨境电子商务耗时长、运输路程远，出现问题后解决方案少，因此一旦买卖双方发生商业纠纷，将直接影响交易的最终达成。

对此，我国应借鉴国外成功案例，出台综合性电子商务法律与政策，制定出符合我国国情的信用监管评价体系，把跨境违规行为提高到法律层面。同时，将每一项跨境电子商务交易过程都记录在案，让不法商家无处遁形，最大限度地减少不同国家和地区的政策差异、文化差异、管理差异给我国跨境电子商务带来的负面的信誉影响。

2. 跨境物流运输问题

物流是电子商务"四流"中唯一的线下环节，其安全性、迅捷性与时效性一直是影响电子商务快速发展的关键因素。而跨境物流与国内物流相比，具有用时长、周期久、成本高、响应慢等弊端，势必会增加物流运输的风险。加之我国跨境物流刚刚起步，仓储设施、运输手段与管理理念均需完善，与跨境电子商务发展的节奏稍微有点差距，这也必将影响跨境电子商务的快速发展。

随着跨境物流仓储体系的建立，运输成本将大大降低，商品配送将更加快捷。虽然建立境外仓储中心的一次性投入较大，但物流企业如能与跨境电子商务企业共同实施建立，必能实现双方的共赢。

3. 跨境电子支付安全

电子支付安全是新商业模式发展的根本，跨境电子商务亦是如此，这主要体现在跨境电子商务网站安全、第三方支付平台安全和银行支付系统安全 3 个方面。我国跨境电子支付环境一般是在国内电子支付平台的基础之上升级而来的，往往会对跨境电子支付中的资金沉积、汇率差异、币值风险、系统故障等情况考虑不周；加之我国跨境电子支付监管制度尚需完善，可能会出现一些跨境电子支付安全漏洞。这些问题一旦被不法分子加以利用，必将扰乱正常的跨境电子支付秩序。

所以，我国政府应该在保障第三方支付平台、银行支付系统安全的前提下，鼓励银行机构和支付机构为跨境电子商务提供支付服务。同时要为个人和企业提供快捷支付服务、信誉额度分期支付服务、移动客户端支付服务等多种跨境支付服务形式，以减少线下支付环节，提高跨境电子支付的安全性。

4．通关与退税问题

我国跨境电子商务的货物具有体积小、来源广、频率高、速度快等特点，一旦通关不畅，必然会造成物品的积压。另外，跨境电子商务是依托网络平台进行商品交易的，因而大部分商家无须缴税，却也享受不到出口退税的好处。

提高跨境电子商务通关的时效性，同时实施跨境电子商务进出口的税收新政策，可以解决跨境电子商务无法办理出口退税的问题。新政策将针对符合条件的跨境电子商务出口货品实施增值税、消费税免税或退税。

课后习题

一、填空题

1．电子商务安全从整体上可分为两大部分：计算机网络安全和（　　　）。

2．常用的 5 种网络安全技术：防火墙技术、虚拟专用网技术、入侵检测技术、防病毒技术和（　　　）。

3．1969 年美国国防部高级研究计划署建立了 ARPANET 网络，并建立（　　　）网络体系结构，它是互联网的主流协议，是一种实际上的工业标准。

4．电子商务安全协议主要有（　　　）和（　　　）两个协议。

二、选择题

1．网上交易中，如果订单在传输过程中订货数量发生了变化，则破坏了安全需求中的（　　　）。
　　A．可用性　　　　　B．机密性　　　　　C．完整性　　　　　D．不可抵赖性

2．（　　　）原则保证只有发送方和接收方才能访问消息内容。
　　A．机密性　　　　　B．完整性　　　　　C．身份认证　　　　　D．访问控制

3．在下列计算机系统安全隐患中，属于电子商务系统所独有的是（　　　）。
　　A．硬件的安全　　　B．软件的安全　　　C．数据的安全　　　D．交易的安全

4．不可否认性中，用来保护信息接收方的是（　　　）。
　　A．源的不可否认性　　　　　　　　　B．递送的不可否认性
　　C．提交的不可否认性　　　　　　　　D．委托的不可否认性

5．计算机网络安全的威胁中系统本身的缺陷不包括（　　　）。
　　A．计算机硬件、网络硬件　　　　　　B．操作系统、网络软件、数据库管理系统
　　C．应用软件、网络通信协议等　　　　D．计算机病毒、黑客攻击

6. 保证实现安全电子商务所面临的任务中不包括（   ）。

    A．数据的完整性   B．信息的保密性   C．操作的正确性   D．身份认证的真实性

三、名词解释

1. 电子商务安全
2. 电子商务安全体系
3. 跨境电子商务

四、简答题

1. 电子商务安全要素有哪些？
2. 当前电子商务系统面临的主要安全威胁有哪些？
3. 如何认识信息安全"三分靠技术，七分靠管理"？

案例分析

360 发布"双十一"网购安全生态报告：揭示网购安全六大威胁

买得划算更要买得安全。360安全大脑最新发布了《2018双十一网购安全生态报告》，从羊毛党、仿冒购物App、App漏洞、垃圾短信、网页挖矿木马、网购诈骗六大维度，揭示了消费者正面临的网购安全威胁。根据报告，这些安全问题涉及消费者财产安全、隐私安全、购物体验等方方面面，不容乐观。

盗取账号骗人钱财　山寨App影响30万移动设备

"双十一"购物一定要认准正版App，别被山寨App骗得财物两空。360安全大脑监测发现，近一个月内，活跃的虚假仿冒主流购物App的数量接近4 000个，这些App已经覆盖了30多万个移动设备，对用户的购物安全构成了极大威胁。

其仿冒阵容颇为强大。根据近一个月的监测数据，被仿冒最多的购物App为手机淘宝，达到了1 148个，其次是拼多多，达到了639个，天猫、京东、美团、唯品会等购物平台都在虚假购物App仿冒目标的前十名。

这些虚假仿冒App或者与正版App界面一致，或者使用与正版App相似的名字，其危害同钓鱼网站类似，存在着盗取账号密码等隐私、诈骗钱物等购物风险。

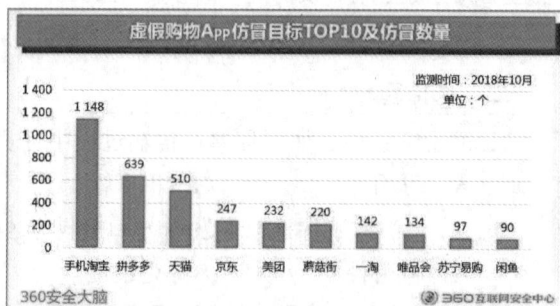

躲过了山寨App，也未必就安全了。360安全大脑对市场上流行的528个购物类App抽样分析发现，存在高危漏洞的购物App高达488个，占比高达92.4%，其中不乏主流知名购物平台。

为何总抢不到秒杀价？多半是羊毛党、挖矿木马闹的

根据报告，仅2018年10月，360安全大脑就监测和识别出羊毛党设备逾6 797万个，约占互联网上活跃安卓设备总量的11.5%。

所谓"羊毛党设备"是指仿冒真实用户设备进行"薅羊毛"活动的网络设备。但这些设备并不一定是真实的手机设备。据悉，这些羊毛党设备中有210多万个设备使用了软件模拟器，而其余设备也普遍存在修改设备信息，用一部设备冒充多部设备的情况。

除了羊毛党外，"寄生"在网页上的挖矿木马，也可能拖慢消费者抢购的节奏。临近"双十一"，360安全大脑截获了大量挂载挖矿木马的网站页面。用户使用存在安全漏洞的浏览器访问这些页面，电脑或手机就会感染挖矿木马，成为黑客的挖矿"肉鸡"。而在这些被挂马的网站中，电子商务网站成为最大的重灾区。统计显示，进入11月份以来，用户访问量最大的50个被挂挖矿木马的网站中，有30个都是电子商务网站，占比高达60.0%。

网页挖矿木马是随着虚拟货币热而兴起的一种新型木马，会强行利用用户计算机资源进行复杂的数据计算，俗称挖矿。用户中招挖矿木马后，往往表现为计算机资源利用率持续飙升、系统卡顿。"双十一"期间，本来就访问量巨大的电子商务网站，很可能因中招挖矿木马，让用户感到"更卡、更慢、更抢不到"。

垃圾短信蹭"双十一"热点 网购诈骗正向"00后"下手

虚假购物、退款诈骗是网购中常见的诈骗形式。报告显示，在9月、10月两个月，猎网平台共接到虚假购物诈骗、退款诈骗共127起，共造成损失约115.8万元。

虚假购物是诈骗者通过建立虚假购物网站等方式，骗取受害者钱财的诈骗行为。退款诈骗则是诈骗者以网购退款为由骗取用户账号信息、银行卡号、钱财的诈骗行为。

数据显示，在受骗用户的年龄段分布中，"90后"成为人数最多的受害群体，其次为"00后"。受害者呈现年轻化趋势，这表明网络诈骗触及的人群年龄越来越低。而各种游戏平台、虚拟商品交易平台在监管方面的不成熟，也让防范意识较低的"00后"越来越多地陷入网络诈骗的泥沼。

除了这两类诈骗威胁外，消费者在"双十一"期间收到的垃圾短信，也可能暗藏诈骗风险。报告显示，根据对360手机卫士拦截的垃圾短信的热词分析，10月份垃圾短信内容"双十一"特征明显，"红包""旗舰店""狂欢节""预售""定金""优惠券"等都是榜上热词。

报告提醒消费者：以购物为名要求"加微信""加QQ"的，千万不要加，存在诈骗风险；来历不明的短信链接不要点，存在盗取信息风险。用户须警惕！

（资料来源：环球网，2018-11）

根据案例回答问题

（1）根据案例并结合当前的网购实践，对电子商务安全威胁进行归类分析。

（2）说明在电子商务活动中，加强安全意识的重要性。

第2章 | 网络攻击与交易欺诈

本章主要内容

 ✧ 网络攻击的概念
 ✧ 网络攻击技术
 ✧ 网购欺诈与防范

本章学习方略

 ✧ 本章重点内容
（1）黑客的攻击手段。
（2）网购欺诈的主要方法。
 ✧ 本章难点内容
（1）木马的工作原理。
（2）钓鱼网站的主要方式。

案例导入

360 发现全球首个巨型 DDoS 攻击事件

360网络安全响应中心（360 CERT）近日发出预警，称监测到一种利用Memcache作为DRDoS放大器进行放大的超大规模DDoS攻击，这种反射型DDoS攻击能够达到5万倍的放大系数，犯罪分子可利用Memcache服务器通过非常少的计算资源发动超大规模的DDoS攻击。

早在2017年6月，360信息安全部Okee Team就发现了这种利用Memcache放大的攻击技术，并在2017年11月通过PoC 2017安全会议对安全社区做出了预警。360 CERT QUAKE全网测绘显示，目前在外开放的Memcache存储系统数量级在10万左右，都可能会受到此类攻击的影响。从国家分布上来看，开放主机数量上，美国第一，中国第二，但受影响的数量却相反。

DDoS攻击是通过大量合法的请求占用大量网络资源，以达到瘫痪网络的目的。举例来说，就是一个正常营业的商铺，被大量假冒的顾客占满了，没有办法为真正的顾客提供服务，这个商铺就是DDoS攻击的受害者。

360 CERT团队介绍，这种利用Memcache作为DRDoS放大器进行放大的DDoS攻击，利用Memcached协议，发送大量带有被害者IP地址的UDP数据包给放大主机，然后放大主机对伪造的IP地址源做出大量回应，形成分布式拒绝服务攻击，从而形成DRDoS反射。

这种类型的DDoS攻击被称为"反射型 DDoS"或"反射 DDoS"。响应数据包被放大的倍数被称为DDoS攻击的"放大系数"。目前常见反射型DDoS攻击的放大系数，一般是20～100。放大系数超过1 000的反射型DDoS攻击本身就非常罕见，而本次高达5万倍放大系数被实际应用在DDoS攻击战场上，是DDoS历史上首次出现的超高倍数DDoS攻击事件，可以说是核弹级的攻击手法。

最近一周，利用Memcache放大的攻击事件频率迅速上升，攻击频率从每天不足50件爆发式上升到每天300～400件，而实际现网中，已经出现了0.5Tbit/s的攻击。360 CERT表示，可能有更大的攻击案例并未被公开报道。

在接下来的一段时间内，360安全团队预计会出现更多利用Memcache进行DDoS攻击的事件，如果本次攻击效果被其他DDoS团队所效仿，将会带来后果更严重的攻击。因此，360安全专家对于Memcache使用者给出以下几条建议。

（1）建议Memcache的用户将服务放置于可信域内，有外网时不要监听0.0.0.0，有特殊需求可以设置acl或添加安全组。

（2）为预防机器扫描和ssrf等攻击，修改Memcache默认监听端口。

（3）升级到最新版本的Memcache，并且使用SASL设置密码来进行权限控制。

（资料来源：北京商报，2018-03-06）

网络信息安全技术与黑客攻击技术都源于同一技术核心，即网络协议和底层编程技术，不同的是怎么使用这些技术。很多软件或设备可以为网络管理和安全提供保障，但当被别有用心的人所利用时，就成了黑客工具，就如同刀具既是基本生活用具又可成为犯罪凶器。我们要做到"知己知彼"，才能"百战不殆"。在电子商务活动中对网购欺诈方式、黑客的攻击手段了解得越多，越有利于保护电子商务系统和客户的安全。

本章主要介绍黑客的含义、网络攻击技术、网购欺诈方式以及防范等内容。重点强调钓鱼网站、特洛伊木马、口令破译的原理与方法，使后面章节的安全技术更具有针对性。

2.1 网络攻击的概念

2.1.1 黑客的含义

"黑客"一词是由英文单词"Hacker"音译过来的，最初起源于20世纪50年代，是指那些精力充沛、热衷于解决计算机难题的程序员。当时计算机非常昂贵，只存在于各大院校与科研机构，技术人员使用一次计算机，需要很复杂的手续，而且计算机的效率也不高。为了绕过一些限制，最大限度地利用这些昂贵的计算机，一些程序员们就写出了一些简洁高效的捷径程序，这些捷径程序往往较原有的程序系统更完善。

视频 2-1

通常所说的"黑客"指的是那些怀有不良企图，强行闯入他人系统或以某种恶意目的干扰他人的网络，运用自己的知识去做有损他人权益的事情的人，也称入侵者。

最早的计算机于1946年在宾夕法尼亚大学诞生，而最早的黑客出现于麻省理工学院，贝尔实验室也有。他们一般都是一些高级的技术人员，热衷于挑战、崇尚自由并主张信息的共享。到了今天，黑客在互联网上已经不再是鲜为人知的人物，他们已经发展成网络上的一个独特的群体，形成互联网中的黑色产业链（见图2-1）。

网站被黑可谓是家常便饭，在世界范围内，一般美国和日本的网站比较难入侵，韩国、澳大利亚等国家的网站比较容易入侵，黑客的行为有以下3个方面的发展趋势。

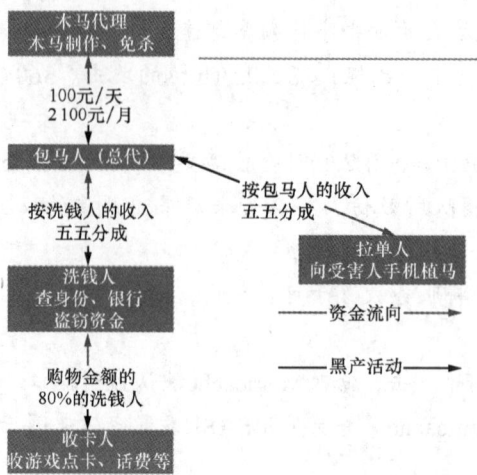

图 2-1　互联网中的木马黑色产业链案例

（1）手段高明化：黑客界已经意识到单靠一个人的力量是远远不够的，已经逐步形成了一个团体，利用网络进行交流和团体攻击，互相交流经验和分享心得。

（2）活动频繁化：黑客已经不再需要掌握大量的计算机和网络知识，学会使用几个黑客工具，就可以在互联网上进行攻击活动，黑客工具的大众化是黑客活动频繁的主要原因。

（3）动机复杂化：黑客的动机目前已经不再局限于为了国家、金钱和刺激，已经和国际的政治变化、经济变化紧密地结合在一起。

2.1.2　网络攻击的类型

从对信息的破坏性上看，网络攻击是对网络信息系统安全策略的一种侵犯，是指任何企图破坏计算机资源的完整性、机密性及可用性的活动。目前，常见的网络攻击方法，如图 2-2 所示。

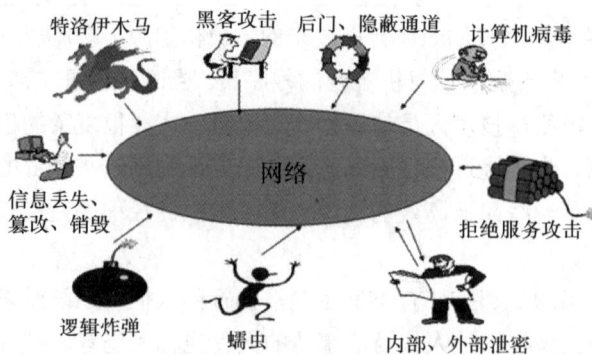

图 2-2　常见的网络攻击方法

1. 按照攻击目的分类

（1）主动攻击。主动攻击会导致某些数据流的篡改和虚假数据流的产生。这类攻击可分为篡改、伪造消息数据和拒绝服务。

（2）被动攻击。在被动攻击中，攻击者不对数据信息做任何修改，而是通过截取和窃听，在未经用户同意和认可的情况下获得信息或相关数据。攻击方式通常包括窃听、流量分析、破解密码等。

2. 按照入侵者的攻击手段分类

（1）拒绝服务攻击。这是最容易实施的攻击行为，它企图使目标计算机崩溃或堵塞其端口来阻止其提供服务，主要包括 Land、SYN flooding、Ping of death、Smurf 、Teardrop、TCP RST、Jot2、电子邮件炸弹、畸形消息攻击等。

（2）利用型攻击。这是一类试图直接对主机进行控制的攻击，主要包括口令猜测、特洛伊木马、缓冲区溢出等。

（3）信息搜集型攻击。这类攻击并不对目标本身造成危害，而是被用来为进一步入侵提供有用的信息，主要包括扫描（包括端口扫描、地址扫描、反向映射、慢速扫描）、体系结构刺探、利用信息服务（包括 DNS 服务、Finger 服务、LDAP 服务）等。

（4）假消息攻击。假消息攻击用于攻击目标配置不正确的消息，主要包括 DNS 高速缓存污染、伪造电子邮件等。

（5）病毒攻击。病毒攻击是指使目标主机感染病毒从而造成系统损坏、数据丢失、拒绝服务、信息泄密、性能下降等现象的攻击。病毒是当今网络信息安全的主要威胁之一。

（6）社会工程学攻击。社会工程学攻击是指利用人性的弱点、社会心理学等知识来获得目标系统敏感信息的行为。攻击者如果没有办法通过物理入侵的办法直接取得所需要的资料，就会通过计策或欺骗等手段间接获得密码等敏感信息，通常使用电子邮件、电话等形式对所需要的资料进行骗取，再利用这些资料获取主机的权限以达到其攻击的目的。

2.1.3 网络攻击的步骤

网络攻击与一般的歹徒犯罪一样，大致可以分为 3 个阶段（见图 2-3）。

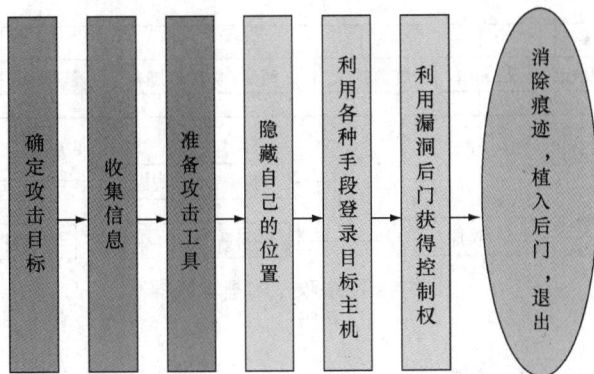

图 2-3 网攻击的 3 个阶段

（1）攻击的准备阶段。黑客实施攻击前要做的第一步就是"踩点"。与劫匪抢银行类似，攻击者在实施攻击前会使用公开的和可利用的信息来调查攻击目标。通过信息搜集，攻击者可获得目标系统的外围资料，如机构的注册资料、网络管理员的个人爱好、网络拓扑图等。攻击者将搜集来的信息进行整理、综合和分析后，就能够初步了解一个机构网络的安全态势和存在的问题，并据此拟订出一个攻击方案。

（2）攻击的实施阶段。黑客要避免被发现，首先要隐藏自己的位置；想入侵一台主机，必须要有该主机的账号和密码，所以黑客要设法盗取账户文件，并进行破解，以获得用户的账号和密码，然后以合法的身份登录到被攻击的主机上；最后，利用漏洞或者其他方法获得控制权并窃取网络资源和特权。

（3）攻击的善后阶段。攻击者用 FTP、Telnet 等工具，利用系统漏洞进入目标主机系统获得控制权之后，会做两件事：清除记录和留下后门。他会更改某些系统设置、在系统中植入特洛伊木马或其他一些远程操纵程序，以便日后能不被觉察地再次进入系统。大多数后门程序是预先编译好的，只需要想办法修改时间和权限就能使用了，甚至新文件的大小都和原文件一模一样。网络攻击的基本流程如图 2-4 所示。

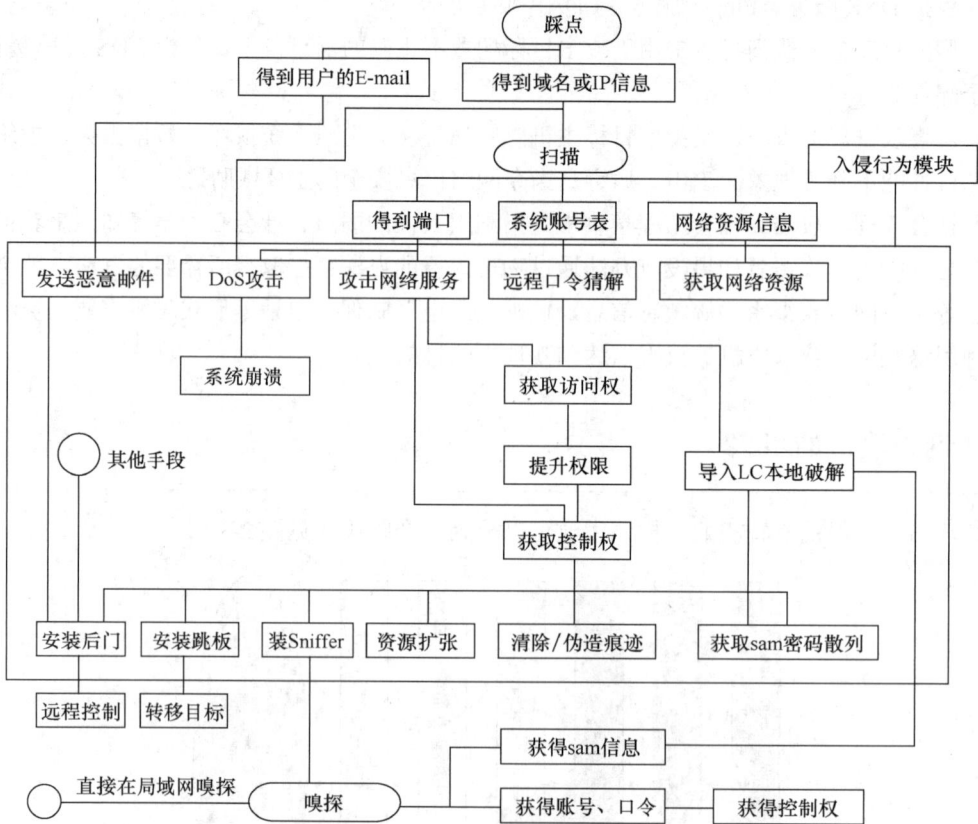

图 2-4　网络攻击的基本流程

2.2 网络攻击技术

2.2.1　网络扫描

1. 安全漏洞的概念

这里所说的漏洞不是一个物理上的概念，而是指计算机系统具有的某种可能被入侵者恶意利用的属性。在计算机安全领域，安全漏洞通常又被称作脆弱性。

简单地说，计算机漏洞是系统的一组特性，恶意的主体能够利用这组特性，通过已授权的手段和方式获取对未授权的资源的访问，或者对系统造成损害。这里的漏洞既包括单个计算机系统的漏洞，也包括计算机网络系统的漏洞。

现在互联网上仍然在使用的 TCP/IP 在最初设计时并没有考虑安全方面的需求。并且，互联网是一个快速变化的动态环境，要在这样一个基础设施并不安全的、动态的、分布式的环境中保证应用的安全是相当困难的。正是由于互联网的开放性和其协议的原始设计，攻击者无须与被攻击者有物理上的接触，就可以成功地对目标实施攻击，而不被检测到或跟踪到。

从技术角度来看，漏洞的来源主要有软件或协议设计时的瑕疵、软件或协议实现中的弱点、软件本身的瑕疵、系统和网络的错误配置等。

2. 网络扫描的概念

网络扫描就是对计算机系统或者其他网络设备进行与安全相关的检测，以找出目标系统所开放的端口信息、服务类型以及安全隐患和可能被黑客利用的漏洞。它是一种系统检测、有效防御的工具。当然如果被黑客掌握，它也可以成为一种有效的入侵工具。

网络扫描的基本原理是通过网络向目标系统发送一些特征信息，然后根据反馈情况，获得有关信息。网络扫描通常采用两种策略：第一种是被动式策略，第二种是主动式策略。所谓被动式策略，就是基于主机之上，对系统中不合适的设置、脆弱的口令以及其他与安全规则相抵触的对象进行检查；而主动式策略是基于网络的，它通过执行一些脚本程序模拟对系统进行攻击的行为并记录系统的反应，从而发现其中的漏洞。防范扫描可行的方法有以下几种。

（1）关闭所有闲置的和有潜在威胁的端口。

（2）通过防火墙等安全系统检查各端口，如果端口有扫描的症状，就立即屏蔽该端口。

（3）利用特殊软件在一些端口上欺骗黑客，让其扫描和攻击"陷阱"端口。

3. 常用的网络扫描工具

好的网络扫描工具是网络管理员手中的重要武器，也是黑客手中的利器。这里介绍 3 款著名的扫描器，它们均为开源或者免费的扫描器，也是迄今为止较常用的扫描器。

（1）Nmap：扫描器之王。网络映射器（Network Mapper，Nmap）是一款开放源代码的网络探测和安全审核的工具。它可以在大多数版本的 UNIX 操作系统中运行，并且已经被移植到了 Windows 操作系统中。它主要在命令行方式下使用，可以快速扫描大型网络，也可以扫描单个主机。

（2）Nessus：分布式扫描器。Nessus 是一款用来自动检测和发现已知安全问题的强大扫描工具，运行于 Solaris、Linux 等操作系统，源代码开放并且可自主修改后再发布，可扩展性强。当一个新的漏洞被公布后，Nessus 可以很快获取其新的插件对网络进行安全性检查。

（3）X-Scan：国内著名的扫描器，完全免费，是不需要安装的绿色软件，其界面支持中文和英文两种语言，使用方式有图形界面和命令行方式两种，支持 Windows 操作系统。该扫描器是由国内著名的网络安全组织"安全焦点"开发完成的，支持多线程并发扫描，能够及时生成扫描报告。

2.2.2　网络监听

1. 网络监听的概念

网络监听也被称作网络嗅探（Sniffer）。它工作在网络的底层，能够把网络传输的全部数据记录下来，黑客一般都是利用该技术来截取用户口令的。网络监听是一种常用的被动式网络攻击方法，能帮助入侵者轻易获得用其他方法很难获得的信息，包括用户口令、账号、敏感数据、IP 地址、路由信息、TCP 套接字号等。

网络监听通常在网络接口处截获计算机之间通信的数据流，是进行网络攻击最简单、最有效的方法。主要危害：捕获口令、捕获专用的或机密的信息、用来危害网络邻居的安全、用来获取更高级别的访问权限、分析网络结构、进行网络渗透等。

2．网络监听的原理

正常情况下，网卡只接收发给自己的信息，但是如果将网卡模式设置为混杂模式，网卡进行的数据包过滤将不同于普通模式。本来在普通模式下，只有本地地址的数据包或者广播（多播等）才会被网卡提交给系统核心，否则这些数据包就直接被网卡抛弃。在混杂模式下，所有经过的数据包都被传递给系统核心，然后被 Sniffer 等程序利用。

所谓混杂接收模式，是指网卡可以接收网络中传输的所有报文，无论其目的 MAC 地址是否为该网卡的 MAC 地址。正是由于网卡支持混杂模式，才使网卡驱动程序支持 MAC 地址的修改成为可能；否则，就算修改了 MAC 地址，但是网卡根本无法接收相应地址的报文，该网卡就变得只能发送、无法接收，通信也就无法正常进行了。要使机器成为一个 Sniffer，需要一个特殊的软件（以太网卡的广播驱动程序）或者需要一种能使网络处于混杂模式的网络软件。

3．网络监听的防范

网络监听的检测其实是很麻烦的，由于嗅探器需要将网络中入侵的网卡设置为混杂模式才能工作，因而可以通过使用检测混杂模式网卡的工具来发现网络监听。

另外，还可以通过网络带宽出现反常来检测网络监听。通过某些带宽控制器，可以实时看到目前网络带宽的分布情况，如果某台机器长时间占用了较大的带宽，这台机器就有可能在监听。通过带宽控制器也可以察觉出网络通信速度的变化。

最好的办法就是使网络监听不能达到预期的效果，使监听价值降低，可以使用的方法包括采用安全的拓扑结构、通信会话加密、采用静态的 ARP 或者 IP-MAC 对应表等。

4．常见的网络监听工具

目前常见的网络监听工具有 Sniffer Pro、Ethereal、Sniffit、Dsniff、Libpcap/Winpcap、Tcpdump/Windump。

2.2.3　Web欺骗

1．Web 欺骗的概念

Web 欺骗是指攻击者建立一个可以使人信以为真的假冒 Web 站点（钓鱼网站），这个"复制"的 Web 站点就像真的一样，它具有原页面几乎所有的页面元素。并且攻击者控制了这个"复制"的 Web 站点、被攻击对象和真的 Web 站点之间的所有信息流动。

2．Web 攻击的原理

Web 攻击的原理是打断从被攻击者主机到目标服务器之间的正常连接，并建立一条从被攻击主机到攻击主机再到目标服务器的连接，图 2-5 所示为假冒银行服务器的 Web 攻击示意图。虽然这种攻击并不会直接造成被攻击者主机的软、硬件损坏，但是它所

视频 2-2

带来的危害也是不能忽视的。

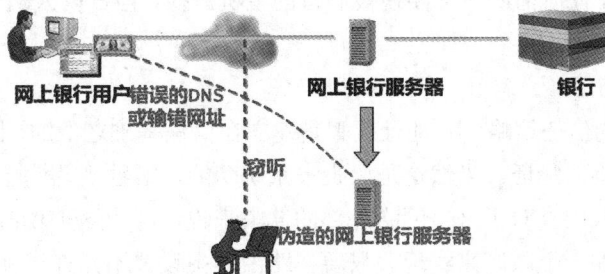

图 2-5　假冒银行服务器的 Web 攻击示意图

3. Web 欺骗的防范

（1）IP 地址、子网、域的限制：它可以保护单个文档，也可以保护整个目录。如果浏览器的 IP 地址不在授权的 IP 地址之列，则它是无法与该文档进行连接的，即通过授权的方式对 IP 地址、子网和域进行保护。

（2）用户名和密码：为获取对文档或目录的访问，需输入用户名和密码。

（3）加密：这是通过加密技术实现的，所有传送的内容都是加密的，除了接收者之外无人可以读懂。

（4）上网浏览时，最好关掉浏览器的 JavaScript，只有当访问熟悉的网站时才打开它，目的是使攻击者不能隐藏攻击的迹象。

（5）不从自己不熟悉的网站上链接到其他网站，特别是链接到那些需要输入个人账户名和密码的有关电子商务的网站。

（6）要养成从地址栏中直接输入网址来实现浏览网站的好习惯。

2.2.4　IP地址欺骗

1. IP 地址盗用

IP 地址盗用是指一台主机有目的地使用他人合法的 IP 地址，而不用自己的 IP 地址的行为。带有假冒的 IP 地址的 IP 包既可能来自同一网段内部，也可能来自网段外部。不同的情况有不同的结果。

所谓 IP 地址欺骗，就是伪造某台主机的 IP 地址的技术，其实质就是让一台机器来扮演另一台机器，以达到蒙混过关的目的。被伪造的主机往往具有某种特权或者被另外的主机所信任。

2. IP 地址欺骗的原理

IP 地址欺骗是利用主机之间的正常的信任关系来发动的，这种信任是有别于用户间的信任和应用层的信任的。黑客可以通过命令方式、扫描技术或监听技术来确定主机之间的信任关系。

假如一个局域网内的主机间存在着某种信任关系，主机 A 信任主机 B，主机 B 信任主机 C。为了侵入该网络，黑客可以采用以下方法。

（1）通过假冒主机 B 来欺骗主机 A 和主机 C。

（2）通过假冒主机 A 和主机 C 来欺骗主机 B。

为了假冒主机 C 去欺骗主机 B，首要的任务是攻击主机 C，使其瘫痪，即先实施拒绝服务攻击。值得注意的是，并不是在任何情况下都要使被假冒的主机瘫痪，但在以太网上的 IP 地址欺骗必须这么做，否则会引起网络挂起。

3．IP 地址欺骗的防范

（1）放弃基于地址的信任策略。IP 地址欺骗是建立在信任基础之上的，防止 IP 地址欺骗的最好方法是放弃以地址为基础的验证。当然这是以丧失系统功能、牺牲系统性能为代价的。

（2）对数据包进行限制。对于来自网络外部的欺骗来说，防止这种攻击的方法很简单，可以在局域网的对外路由器上加一个限制来实现。只要在路由器中设置不允许声称来自外部网络的数据包通过就行了。当实施欺骗的主机在同一网段，攻击容易得手，且不容易防范。一般通过路由器对数据包的监控来防范 IP 地址欺骗。

（3）应用加密技术。对数据进行加密传输和验证也是防止 IP 地址欺骗的好方法。IP 地址可以盗用，但现代加密技术在理论上是很难破解的。

2.2.5 缓冲区溢出

1．缓冲区溢出的概念

缓冲区溢出是一种系统攻击的手段，通过向缓冲区写入超出其长度的内容，造成缓冲区溢出，从而破坏程序的堆栈，使程序转而执行其他指令，以达到攻击的目的。

2．缓冲区溢出的原理

我们以 C 语言程序为例说明缓冲区溢出的工作原理。C 语言代码段如下。

```
void function (char *str) {
char buffer[16];
strcpy (buffer, str);
}
```

该程序的功能是通过 strcpy 函数把 str 中的字符串复制到数组 buffer[16]中去，如果 str 的长度超过 16 就会造成数组 buffer 的溢出，使程序出错。程序出错就会激活系统错误代码，黑客就是利用系统错误代码把自己的危害程序写入或执行，以达到攻击的目的。

3．缓冲区溢出的防范

（1）编写正确的代码。编写安全的程序代码是解决缓冲区溢出漏洞的最根本办法。在程序开发时就要考虑可能的安全问题，杜绝缓冲区溢出的可能性，尤其在 C 程序中使用数组时，只要数组边界不溢出，那么缓冲区溢出攻击就无从谈起。所以，对所有数组的读写操作都应控制在正确的范围内，通常通过优化技术来实现。

（2）非执行的缓冲区。非执行的缓冲区技术是指通过使被攻击程序的数据段地址空间不可执行，从而使得攻击者不可能执行被植入被攻击程序输入缓冲区的代码。

（3）指针完整性检查。堆栈保护是一种提供程序指针完整性检查的编译器技术，通过检查函数活动记录中的返回地址来实现。指针完整性检查是指在程序指针被引用之前先检测它是否被改变，一旦被改变，指针将不会被使用。

（4）用好安全补丁。实际上，让普通用户解决所有的安全问题是不现实的，用补丁修补缺陷则是一个不错的、也是可行的解决方法。

2.2.6　拒绝服务攻击

1．拒绝服务攻击的概念

拒绝服务攻击（DoS）是一种简单有效的攻击方式，其目的是使服务器拒绝正常的访问，破坏系统的正常运行，最终使部分网络连接失败，甚至网络系统失效。从广义上来讲，任何导致服务器不能正常提供服务的攻击都叫作拒绝服务攻击。

视频 2-3

2．拒绝服务攻击的原理

首先攻击者向服务器发送大量的带有虚假地址的请求，服务器发送回复信息后等待回传信息，由于地址是伪造的，因而服务器一直等不到回传的信息，分配给这次请求的资源就始终没有被释放。然后，当服务器等待一定的时间后，连接会因超时而被切断，攻击者会再传送一批请求。在这种反复发送地址请求的情况下，服务器资源最终会被耗尽。图 2-6 所示为 TCP 正常连接的示意图，图 2-7 所示为攻击者发动 DoS 攻击的原理图。

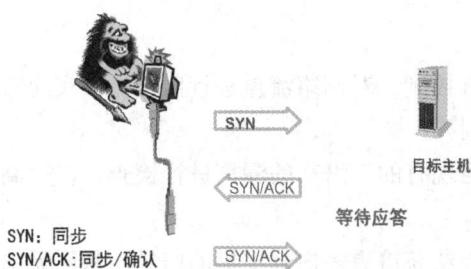

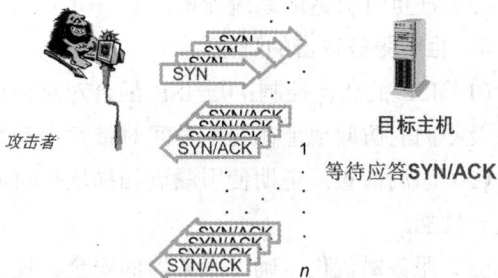

图 2-6　正常情况下的连接交互　　　　图 2-7　拒绝服务攻击（DoS）

DoS 攻击通常有以下几种。

（1）死亡之 Ping（Ping of Death）：将一个数据包分成多个片段的叠加才能做到发送超长数据包。当一个主机收到了长度大于 65 536 字节的数据包时，就是受到了 Ping of Death 的攻击，该攻击会造成主机的死机。

（2）SYN 洪水（SYN Flood）：以多个随机的源主机地址向目的主机发送 SYN 包，而在收到目的主机的 SYN/ACK 包后并不回应，导致目标主机负担过重而死机。

（3）Land 攻击：攻击者将一个包的源地址和目的地址都设置为目标主机的地址，然后将该包通过 IP 地址欺骗的方式发送给被攻击主机。

（4）泪珠（Teardrop）攻击：IP 数据包在网络传递时，数据包可以分成更小的片段，为了合并这些数据段，TCP/IP 堆栈会分配超乎寻常的巨大资源。

3．分布式拒绝服务攻击

分布式拒绝服务攻击（DDoS）是一种基于 DoS 的特殊形式的拒绝服务攻击，是一种分布、协作的大规模攻击方式，攻击者通过控制多个傀儡发起攻击，主要瞄准比较大的站点（见图 2-8）。

被分布式拒绝服务攻击攻击时会出现下列现象。

（1）被攻击主机上有大量等待的 TCP 连接。

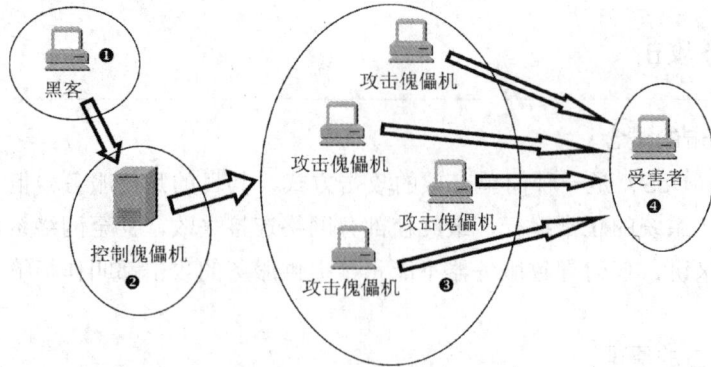

图 2-8　DDos 攻击示意图

（2）网络中充斥着大量的无用的数据包，源地址为假。

（3）制造高流量、无用的数据包，造成网络拥塞，使受害主机无法正常和外界通信。

（4）利用受害主机提供的服务或传输协议上的缺陷，不断地向目标主机发出服务请求，使受害主机无法及时处理所有正常请求。

（5）严重时会造成系统死机。

4．拒绝服务攻击的防范

（1）ISP 的访问控制：与 ISP 配合对路由访问进行控制、对网络流量进行监视，以实现对带宽总量及不同的访问地址在同一时间对带宽占有率的限制。

（2）漏洞检查：定期使用漏洞扫描软件对内部网络现有的、潜在的漏洞进行检查，以提高系统的安全性能。

（3）服务器优化：确保服务器的安全，使攻击者无法获得更多内部主机的信息，从而无法发动有效的攻击。

（4）应急响应：建立应急机构和制度，制定紧急应对策略，以便拒绝服务攻击发生时能够迅速恢复系统和服务；同时，还要注意对员工进行相关的培训，使其掌握必要的应对措施和方法。

2.2.7　特洛伊木马

1．特洛伊木马的概念

特洛伊木马（Trojan Horse），其名称取自希腊神话的特洛伊木马，它是一种基于远程控制的黑客工具，具有隐蔽性和非授权性的特点。所谓隐蔽性，是指木马的设计者为了防止木马被发现，会采用多种手段隐藏木马。这样，服务端即使发现感染了木马，由于不能确定其具体位置，往往只能望"马"兴叹。所谓非授权性，是指一旦控制端与服务端连接后，控制端将享有服务端的大部分操作权限，包括文件、注册表修改、鼠标与键盘控制等，而这些权利并不是服务端赋予的，而是通过木马程序窃取的。

特洛伊木马不经计算机用户准许就可获得计算机的使用权，程序容量十分小，运行时不会浪费太多资源，因此不使用杀毒软件是难以发觉的。运行时很难阻止它的行动，运行后，它会立刻自动登录在系统引导区，之后每次在 Windows 操作系统中加载时会自动运行，或立刻自动变更文件名甚至隐形，或马上自动复

视频 2-4

制到其他文件夹中，运行连用户本身都无法运行的动作，如图 2-9 所示。

木马的特征可以概括为：隐蔽性、潜伏性、危害性、非授权性。

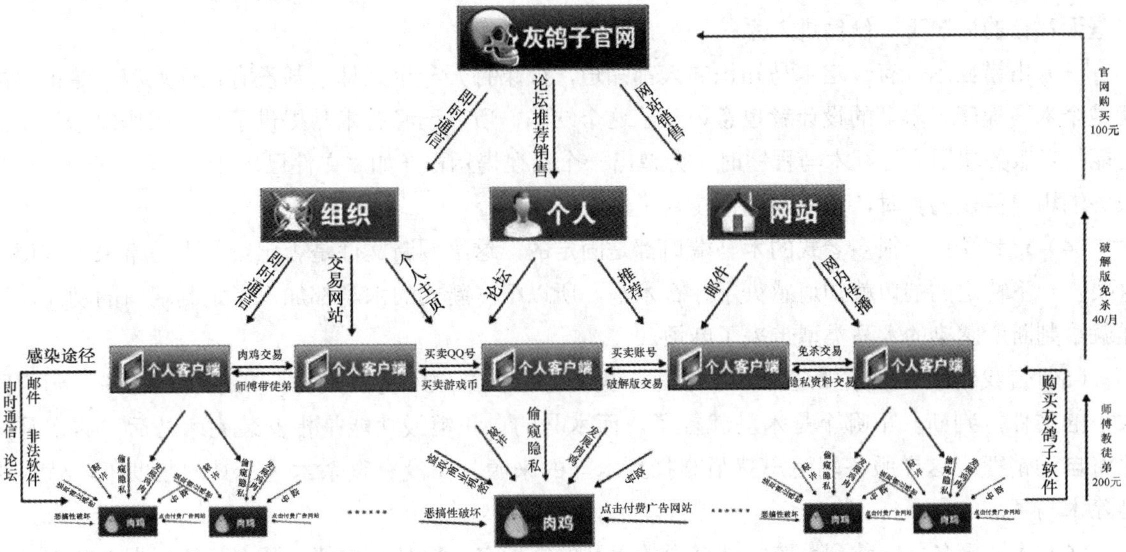

图 2-9　灰鸽子木马产业链示意图

2. 木马的工作原理

一个完整的特洛伊木马套装程序包含两部分：服务端（服务器部分）和客户端（控制器部分）。植入对方计算机的是服务端，而黑客正是利用客户端进入运行了服务端的计算机。运行了木马程序的服务端以后，对方计算机会产生一个有着容易迷惑用户的名称的进程，该进程暗中打开端口，向指定地点发送数据（如网络游戏的密码、即时通信软件密码和用户上网密码等），黑客甚至可以利用这些进程打开的端口进入计算机系统（见图 2-10）。

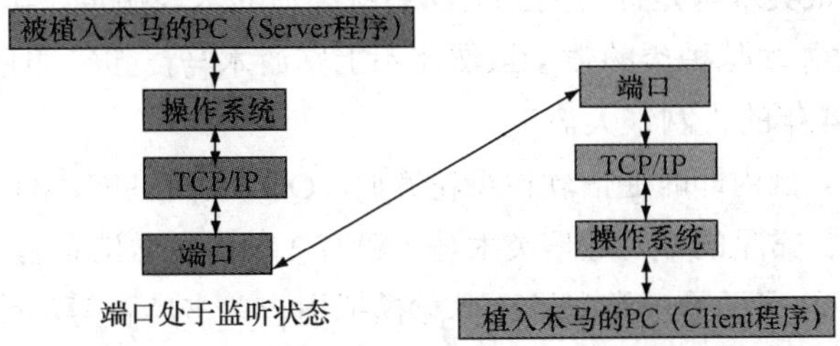

图 2-10　木马的工作原理

特洛伊木马不会自动运行，它是暗含在某些用户感兴趣的文档中，用户下载时附带的。当用户运行文档程序时，特洛伊木马才会运行，信息或文档才会被破坏和遗失。特洛伊木马和后门不一样，后门指隐藏在程序中的秘密功能，通常是程序设计者为了能在日后随意进入系统而设置的。

鉴于木马病毒的危害性，很多人对木马知识还是有一定的了解，这对木马的传播起了一定的抑制作用。因此，黑客开发了多种功能来伪装木马，以达到降低用户警觉性、欺骗用户的目的。一般木马的伪装方式有以下几种。

（1）修改图标。当你在 E-mail 的附件中看到如 HTML、TXT、ZIP 等类型的图标时，不要轻信这是一般的文本文件，有可能这就是修改后的木马程序。

（2）捆绑文件。这种伪装手段是将木马捆绑到一个安装程序上，当安装程序运行时，木马在用户毫无察觉的情况下，偷偷进入系统。

（3）出错显示。有一定木马知识的人都知道，如果打开一个文件，却没有任何反应，这很可能就是个木马程序。木马的设计者也意识到了这个缺陷，所以已经有木马提供了一个叫作出错显示的功能。当服务端用户打开木马程序时，会弹出一个错误提示框（如"文件已破坏，无法打开！"），当服务端用户信以为真时，木马却悄悄侵入了系统。

（4）定制端口。很多老式的木马端口都是固定的，这给判断文件是否感染了木马带来了方便，只要查一下特定的端口就知道感染了什么木马。所以很多新式的木马都加入了定制端口的功能，这样就给判断所感染的木马类型带来了麻烦。

（5）自我销毁。如果知道种植了木马，我们可以根据原木马的大小，在系统文件夹找到相同大小的文件，判断一下哪个是木马就行了。而木马的自我销毁功能是指安装完木马后，原木马文件将自动销毁，这样服务端用户就很难找到木马的来源，在没有查杀木马工具的帮助下，就很难删除木马了。

（6）木马更名。安装到系统文件夹中的木马的文件名一般是固定的，那么只要根据一些查杀木马的文章，在系统文件夹中查找特定的文件，就可以断定中了什么木马。所以有很多木马都允许控制端用户自由定制安装后的木马文件名，这样就很难判断所感染的木马类型了。

3. 木马的分类

木马主要有以下几种类型。

（1）网络游戏类木马。随着网络在线游戏的普及和升温，我国拥有大批网游玩家。网络游戏中的金钱、装备等虚拟财富与现实财富之间的界限越来越模糊。与此同时，以盗取网游账号密码为目的的木马病毒也随之发展泛滥起来。

（2）网银类木马。网银类木马是针对网上交易系统编写的木马病毒，其目的是盗取用户的卡号、密码，甚至安全证书。此类木马种类的数量虽然比不上网游木马，但它的危害更加直接，受害用户的损失更加惨重。如 2004 年的"网银大盗"。

（3）通信软件类木马。国内即时通信软件百花齐放。QQ、新浪 UC、网易泡泡、盛大圈圈……网上聊天的用户群十分庞大。常见的即时通信类木马一般有 3 种：发送消息型、盗号型、传播自身型。

（4）网页单击类木马。网页单击类木马会恶意模拟用户单击广告等动作，在短时间内可以产生数以万计的单击量。病毒作者的编写目的一般是赚取高额的广告推广费用。

（5）下载类木马。这种木马程序的体积一般很小，其功能是从网络上下载其他病毒程序或安装广告软件。

（6）代理类木马。用户感染代理类木马后，会在本机开启 HTTP、SOCKS 等代理服务功能。黑客把受感染计算机作为跳板，以被感染用户的身份进行黑客活动，达到隐藏自己的目的。

4. 木马攻击的防范

随着互联网的迅速发展，木马的攻击性、危害性越来越大。木马实质上是一个程序，必须运行后才能工作，所以会在进程表、注册表中留下蛛丝马迹。我们可以通过"查、堵、杀"将它"缉拿归案"。

我们要提高安全防范意识，根据木马的驻留特点和伪装方式，检查系统进程、注册表、INI 文件、服务，检查开放端口、监视网络通信等；堵住控制通路；关闭可疑进程，通过手工删除或软件杀毒；发现系统异常时，及时断开网络，以阻止木马的扩散和攻击；及时修补漏洞并关闭可疑的端口，以减少系统的漏洞；运行实时监控程序，对木马的行为特征进行监视。

2.2.8　电子邮件攻击

1. 电子邮件系统存在的问题

在电子邮件的发送过程中，当用户将邮件写好之后首先连接到邮件服务器上，当邮件服务器有响应时便会启动邮件工具，调用路由程序 Sendmail 进行邮件路由，根据邮件所附的接收地址来指定接收主机。

就目前来说，服务器并不是攻不破的，SMTP、POP3 等本身就存在一定的漏洞。从电子邮件的工作过程来看，电子邮件的发送者有可能被冒名顶替、电子邮件在传输过程中可能被黑客监听、电子邮件服务器上的电子邮件有可能被网管偷窥等，这都是电子邮件系统的安全隐患（见图 2-11）。

视频 2-5

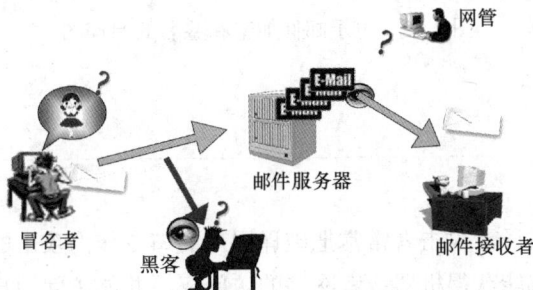

图 2-11　电子邮件系统的安全隐患

2. 电子邮件攻击方式

电子邮件因为它的可实现性比较广泛，所以也使网络面临着很大的安全危害，恶意地针对 25 号端口（默认的 SMTP 端口）进行 SYN-Flooding 攻击等都是很可怕的事情。电子邮件攻击有很多种，主要表现为以下几类。

（1）窃取、篡改数据。通过监听数据包或者截取正在传输的信息，可以使攻击者读取或者修改数据。通过网络监听程序，在 Windows 操作系统中可以使用 NetXRay 来实现。UNIX、Linux 等操作系统可以使用 Tcpdump、Nfswatch 来实现。

（2）伪造电子邮件。SMTP 极其缺乏验证能力，所以假冒某一个邮箱进行电子邮件欺骗并非一件难事，因为邮件服务器不会对发信者的身份做任何检查。如果电子邮件服务器允许和它的 25 号端口连接的话，那么任何一个人都可以连接到这个端口发一些假冒或发信者不存在的邮件，这样电子邮件就会很难找到与发信者有关的真实信息。

（3）拒绝服务。攻击者使用一些邮件炸弹软件或 CGI 程序向目的邮箱发送大量内容重复、无用的垃圾电子邮件，从而使目的邮箱被撑爆而无法使用。当垃圾电子邮件的发送流量特别大时，更有可能造成电子邮件系统反应缓慢，甚至瘫痪。相对于其他攻击手段来说，这种攻击方法具有简单、见效快等好处。

3. 保护电子邮件

保护电子邮件的信息安全最有效的办法就是使用加密的签名技术。如通过通信双方申请公钥和私钥，进行交换和认证，采用邮件客户端软件（如 Outlook）进行电子邮件加密和签名（见图 2-12）；或者使用 PGP 系统，通过验证可以确保信息是从正确的地方发来的，而且在传送过程中不被修改，但是这就不是个人用户所能达到的了。

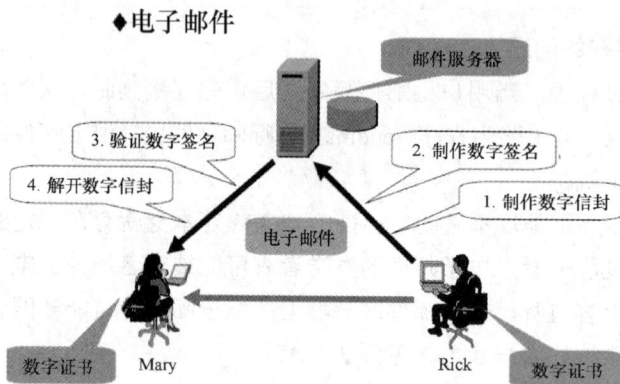

图 2-12　电子邮件加密和签名的原理图

2.2.9　口令攻击

1. 口令攻击的概念

口令攻击也称为口令破译，攻击者常常把破译用户的口令作为攻击的开始，只要攻击者能猜测或者确定用户的口令，他就能获得机器或者网络的访问权，并能访问用户能访问的任何资源。如果这个用户有域管理员或 root 用户权限，这将极其危险。

这种方法的前提是必须先得到该主机上的某个合法用户的账号，然后再进行合法用户口令的破译。获得普通用户账号的方法：如当用 Finger 命令查询时，主机系统会将保存的用户资料（如用户名、登录时间等）显示在终端或计算机上；有些主机没有关闭 X.500 的目录查询服务，也给攻击者提供了获得信息的一条简易途径；有些用户电子邮件地址常会透露其在目标主机上的账号等。

2. 口令攻击的类型

（1）字典攻击。因为多数人使用普通字典中的单词作为口令，发起字典攻击通常是较好的开端。字典攻击使用一个包含大多数单词的文件，用这些单词猜测用户口令。使用一部有一万个单词的字典一般能猜测出系统中 70%的口令。在多数系统中，和尝试所有的组合相比，字典攻击能在很短的时间内完成。

（2）强行攻击。许多人认为如果使用足够长的口令，或者使用足够完善的加密模式，就能有一个攻不破的口令。事实上没有攻不破的口令，这只是个时间问题。如果有速度足够快的计算机能尝试字母、数字、特殊字符所有的组合，最终将能破解所有的口令。这种类型的攻击方式叫强行攻击。

攻击者也可以利用分布式攻击。如果攻击者希望在尽量短的时间内破解口令，他不必购买大量昂贵的计算机,他会闯入几个有大批计算机的公司并利用该公司的资源破解口令。

(3)工具攻击。用专用的口令攻击工具软件或具有特殊功能的软件进行攻击可以达到事半功倍的效果,常用的攻击程序包括 LOphtCrack、NTSweep、NTCrack、PWDump2 等。

NTCrack 是 UNIX 操作系统破解程序的一部分,但是也可以在 NT 环境下破解。NTCrack 与 UNIX 操作系统中的破解类似,但是 NTCrack 在功能上非常有限。它不像其他程序一样提取口令哈希,它和 NTSweep 的工作原理类似。必须给 NTCrack 一个 user id 和要测试的口令组合,然后程序才会告诉用户是否成功。

PWDump2 不是一个口令破解程序,但是它能用来从 SAM 数据库中提取口令哈希。LOphtCrack 已经内建了这个特征,但是 PWDump2 还是很有用的。

(4)社会工程学攻击。此类型的攻击有 3 种方式。第一,黑客根据账户拥有者的身份信息和习惯,进行口令的猜测,如名字缩写、生日、宠物名、部门名等。在详细了解用户的社会背景之后,黑客可以列举出几百种可能的口令,并在很短的时间内就可以完成猜测攻击。第二,黑客通过人际交往这一非技术手段以欺骗、套取的方式来获得口令。第三,黑客通过管理员疏忽或无意的泄露获得了口令。避免此类攻击的对策是加强用户安全意识。

3. 口令攻击的预防

(1)选择安全密码。为防止口令被穷举法或字典法猜解出,应加强口令安全。主要措施:设置密码复杂性要求、定期或不定期地修改口令、使用口令设置工具生成强壮的口令、对用户设置的口令进行检测并及时发现弱口令、限制某些网络服务的登录次数,防止远程猜测、字典法、穷举法等的攻击。

(2)检测和防止网络侦听。网络侦听是很难被发现的,因为运行网络侦听的主机只是被动地接收在局域网上传输的信息, 不主动地与其他主机交换信息,也没有修改在网上传输的数据包。即便如此,仍然有一些方法可以用来检测和防止网络侦听。如通过加密技术防止口令被检测和侦听,经常进行系统的安全扫描,防止木马程序的植入。

(3)防止口令猜测攻击。为了防止对已知账户的口令猜测,主要预防方法包括硬盘分区采用 NTFS 格式、正确设置和管理账户、禁止不需要的服务、关闭不用的端口、禁止建立空链接;使用防毒、防黑等防火墙软件,设置代理服务器,隐藏自己的 IP 地址;设置密码安全策略等。

(4)提高安全意识。提高安全意识往往是安全工作最重要的措施,包括不要随意打开来历不明的电子邮件及文件,尽量避免从互联网上下载不知名的软件、游戏程序,将防毒、防黑当成日常例行工作,定时更新防毒软件,将防毒软件保持在常驻状态以彻底防毒等,避免口令失窃。

2.3 网购欺诈与防范

2.3.1 网购的安全隐患

近年来,我国消费市场规模不断扩大,但消费领域假冒伪劣、虚假宣传、支付风险、信息泄露、霸王条款等损害消费者权益的情况仍时有发生,经营者信用缺失的现状依然不容乐观,消费者的安

全权、知情权、公平交易权、监督权等还得不到充分实现。这些问题在很大程度
上影响着消费者的满意度和消费信心，制约着消费潜力的进一步扩大。

视频 2-6

根据"电子商务消费纠纷调解平台"2018 年提供的全国 306 家各类电子商务
全年度真实用户投诉的大数据，退款问题、商品质量、发货问题、网络欺诈、霸
王条款、虚假促销、售后服务、网络售假、退换货难、订单问题、退店保证金不
退还、物流问题、货不对版、客服问题、冻结商家资金、恶意罚款、发票问题、
信息泄露、高额退票费、出票不及时成为全国网络消费前 20 大热点投诉问题。影响网上购物行为的
安全问题主要有以下几个。

1. 基于互联网本身的安全问题

互联网是一个极度开放的平台，它的安全性也同时受到多方面的影响。例如，在数据的传输方
面，一旦数据传输系统被攻破，就有可能造成用户的银行资料泄露，并由此威胁到系统的安全性。
另外，计算机上网络病毒的攻击也是一个不可忽视的因素。现在的互联网技术发展日新月异，有一
部分人专门在网络上制造病毒来达到自己各种不良的目的。消费者一旦在网上购物时警惕性不高或
网络防范不严，运行了预设的病毒程序，就会导致计算机病毒通过网上银行入侵到银行的数据库系
统，从而造成数据丢失等严重后果。

2. 法律对网上购物安全性的影响

我国电子商务是近十几年来才不断发展壮大起来的。虽然在硬件上，我国已经普及计算机技术
的应用并不断地完善，极大地促进了电子商务的发展，但是在法律法规上却难以与其发展同步。随
着我国电子商务的不断壮大而产生的安全问题越来越多，经营者的诈骗或购买者的有意欺骗等事件
层出不穷，但由于缺乏相关的法律法规和合同的认证，现阶段对网络犯罪和处罚没有完善的具体可
行的法律，这类案件很难快速有效地被处理。也正是因为这种案件处理的滞后性，用户对网上购物
安全性更加质疑，影响网上购物的交易量。

3. 支付上的安全问题

纵观现在的网上购物，其中的重中之重就是网上支付的安全性了。易趣的"安付通"、淘宝的"支
付宝"都已经与工商银行、招商银行等国内的许多银行建立起战略合作关系，充当起第三方保障的
角色，将复杂的银行汇款步骤变得更加简单易行，并提供了一系列的安全保障。

但是，这并不意味着网上银行支付的绝对安全性。当今社会上，利用网上银行盗取资金的案件
层出不穷，许多网上购物的初试人群甚至是一些老用户都会因为一些诈骗手段而上当。例如，网上
曾经就出现过假冒的工商银行网站，专门盗取用户的银行卡资料；也有一些计算机技术方面的高手
编写病毒程序来盗取账号和密码。因此，即便是越来越趋于完善的网上交付业务也仍然存在着一定
的安全隐患。

4. 商家角度上的安全问题

一些不法商家肆意夸大产品功能或直接做虚假广告，用不切合实际的产品描述来引诱消费者。
很多消费者也常会因为刚刚接触网上购物而无辜地上当受骗。除此之外，也有一部分蓄意欺骗的商
家收到了消费者汇来的钱而故意不发货，私吞下这笔资金。

对于这类情况，淘宝和易趣网都采取了通过一系列的信用等级评价机制透明地如实反映商家
的信用额度，以及过去的每一笔交易的明细的方法来减少这种不安全性，消费者可以参考这些信
息，甚至与曾经同此商家交易过的消费者沟通。但这些方式都只能降低消费者网上被成功欺骗的

概率，不能从根本上减少这种事件的发生。要想根治，还是要从商家本身以及交易平台的总体设计入手。

2.3.2 网购欺诈的方法

网购欺诈的方法包括以下几个方面。

（1）发送电子邮件，以虚假信息引诱用户中圈套。不法分子会大量发送欺诈性电子邮件。电子邮件多以中奖、顾问、对账等内容引诱用户在电子邮件中填入金融账号和密码，或以各种紧迫的理由要求收件人登录某网页提交用户名、密码、身份证号、信用卡号等信息，继而盗窃用户资金。

（2）建立假冒网站，通过骗取用户账号密码来实施盗窃。不法分子建立起域名和网页内容都与真正的网上银行系统、网上证券交易平台极为相似的网站，引诱受骗者输入账号密码等信息，进而窃取用户资金。

（3）利用虚假的电子商务信息进行诈骗。不法分子在知名电子商务网站发布虚假信息，以所谓"超低价""免税""走私货""慈善义卖"等名义出售商品，要求受骗者先行支付货款，达到其诈骗目的。

（4）利用"木马"和"黑客"技术窃取用户信息。不法分子在网站或发送的电子邮件中隐藏"木马"程序，当感染了"木马"的计算机进行网上交易时，"木马"程序即以键盘记录的方式获取用户账号和密码。

（5）网址诈骗。不法分子设计的诈骗网站网址与正规网站网址极其相似，往往只有一个字母的差异，不仔细辨别很难发现。当用户登录虚假网站进行资金操作时，其财务信息将被泄露。

（6）通过破解用户"弱口令"来窃取资金。不法分子利用部分用户贪图方便，在网上银行设置"弱口令"的漏洞，从网上搜寻到银行储蓄卡卡号，进而登录该银行的网上银行网站，破解"弱口令"。

（7）手机短信诈骗。由储存手机号码的计算机控制的手机短信"群发器"大量发出虚假信息，以"中奖""退税""投资咨询"等名义诱骗受骗者实施汇款、转账等操作。

我们必须从消费者、商家、交易平台、政府等全方位着手才能保障电子商务系统安全。安全技术主要为了防止外部非法用户的攻击，安全管理主要侧重于防止内部人为因素的破坏。所以，除了采用先进的安全技术外，还要建立网络购物实名制的电子交易信息处理机制、建立公司或个人信用积分与评价记录的诚信查询系统、完善规范网络购物行为的法律政策，这些都是电子商务安全的必要保障。

消费者是网购欺诈的直接受害者，也是网络安全的弱势群体。作为消费者，提高防范意识、加强安全措施显得尤为重要。在进行电子商务过程中，消费者应该认清虚假信息、谨防钓鱼网站、确保支付安全、保密个人信息，以避免各种形式的网购欺诈。

课后习题

一、填空题

1．木马是一种基于远程控制的黑客工具，该非法程序被用户在不知情的情况下执行。一般的木马都有客户端和服务端两个执行程序，其中（　　　）程序是被种植在被控制的计算机中的。

2. 使网络服务器中充斥着大量要求回复的信息，消耗带宽，导致网络或系统停止正常服务，这属于（　　）攻击类型。

3. 攻击者用传输数据来冲击网络接口，使服务器过于繁忙以至于不能应答请求的攻击方式是（　　）。

4. 攻击者截获并记录了从 A 到 B 的数据，然后又从早些时候所截获的数据中提取出信息重新发往 B 称为（　　）。

5. 网络安全的技术方面主要侧重于防范（　　）的攻击。

6. 网络安全的管理方面主要侧重于防止（　　）的破坏。

二、选择题

1. 按照攻击目的不同，网络攻击可以分为（　　）。
  A．强力攻击和猜测攻击　　　　　　　　B．主动攻击与被动攻击
  C．利用型攻击和收集型攻击　　　　　　D．良性攻击与恶性攻击

2. 黑客的攻击手段有（　　）。
  A．放置木马程序　　　　　　　　　　　B．网络监听
  C．获取超级用户权限　　　　　　　　　D．以上都包括

3. 用户对口令的选择中，哪一种安全性较高？（　　）
  A．"姓名+数字"　　　　　　　　　　　B．字母数字混合
  C．用单词或命令　　　　　　　　　　　D．多个系统使用统一口令

4. 拒绝服务攻击的主要目的在于（　　），最基本的 DoS 攻击就是利用合理的服务请求来占用过多的服务资源，从而使合法用户无法得到服务的响应。主要包括死亡之 Ping、泪珠（TearDrop）、SYN 洪水（SYN Flood）、电子邮件炸弹等。
  A．使系统瘫痪　　　　B．恶作剧　　　　　C．盗用管理员密码　　　D．窃取机密信息

5. 攻击者利用嗅探器、扫描器等工具对目标主机的弱点进行探测，属于网络攻击的（　　）阶段。
  A．攻击的准备阶段　　B．攻击的实施阶段　　C．攻击的售后阶段　　D．控制目标主机阶段

6. 互联网入侵者中，乔装成合法用户渗透进入系统的是（　　）。
  A．伪装者　　　　　　B．违法者　　　　　C．地下用户　　　　　D．黑客

7. （　　）攻击破坏信息的机密性。
  A．中断（干扰）　　　B．截取（窃听）　　C．篡改　　　　　　　D．伪造

8. 在口令攻击类型中，（　　）是最难以防范的攻击类型，最需要用户提高安全防范意识。
  A．字典攻击　　　　　B．强行攻击　　　　C．工具攻击　　　　　D．社会工程学攻击

9. 防止口令在传输过程中被截获泄露的措施是（　　）。
  A．加密　　　　　　　B．数字签名　　　　C．验证码　　　　　　D．传输摘要

10. 木马的主要能力是（　　）。
  A．信息收集能力　　　B．自我繁殖能力　　C．自我传播能力　　　D．传染性

11. DDoS 攻击破坏的是（　　）。
  A．机密性　　　　　　B．完整性　　　　　C．可用性　　　　　　D．验证性

12. 如果你认为你已经落入网络钓鱼的圈套，则应采取（　　）措施。

　　A. 向电子邮件地址或网站被伪造的公司报告该情形

　　B. 更改账户的密码

　　C. 立即检查财务报表

　　D. 以上全部都是

三、名词解释

1. 特洛伊木马

2. DDoS

3. IP 地址欺骗

4. 钓鱼网站

四、简答题

1. 简述主动攻击与被动攻击的特点，并列举主动攻击与被动攻击现象。

2. 网络攻击技术有哪些？

3. 网购欺诈的防范措施有哪些？

4. 淘宝网的安全现状与防范措施有哪些？

案例分析

犯罪团伙 500 元购钓鱼网站 诈骗网店商家半月获百万元

　　一群"90后"小伙，利用某支付软件的钓鱼网站，通过聊天工具给商家群发网站链接，窃取商家支付宝信息并对其实施诈骗。这个由8个人组成的犯罪团伙，在短短半个月时间里，就诈骗了4 000多人，案件遍布全国20多个省、自治区、直辖市，累计涉案价值达百万元。

　　徐州的刘先生是一名网店的店主，2015年8月16日，一名网友通过聊天工具给他发了一个链接，声称想买店铺的东西。刘先生点开对方所给的链接之后，就发现自己的某支付软件余额无端少了1 000元。

　　受害人刘先生说："他就说要买你的东西，因为我是店主，刚开店的，他说买你的东西很急，这个东西打不开，你看一下，然后点进去以后下一个画面就是你支付宝快捷支付有问题，请确认一下，就出了一个验证码，我点了以后，一直往外蹦验证码，后来我感觉不对，肯定是上当了，进手机银行一看，果然是钱被转走了。"

　　好在刘先生反应迅速，他及时将支付软件里剩下的钱全部购买了理财产品，让嫌疑人无法继续操作。

　　受害人刘先生说："因为我有手机银行，手机银行挂了理财产品，就直接买理财产品了，把钱全部买空，买空以后我一查余额，还剩50多块钱，他转不动了，就结束了，少损失6 000多元。"

　　接到报警后，徐州警方迅速成立专案组，对此案进行侦查。在调查中，民警发现，这群犯罪分子十分狡猾，为了躲避警方抓捕，他们不但使用境外服务器，还经常对服务器进行更换。

　　徐州市鼓楼公安分局网安大队民警王某说："使用假的身份开户宽带，使用新注册的账号，使用假的身份开银行卡，并且使用境外的服务器，给我们侦察带来困难。"

不过，经过近一周的连夜奋战，警方还是锁定了位于江西赣州的嫌疑人。2015年8月24日晚，警方远赴江西，当场抓获5名犯罪嫌疑人。通过调查，民警发现，这伙人在半个月时间里，已经让4 000多名商家上了当，涉案价值达百万元。

可是，这伙人是以什么样的手段，竟然在如此短的时间里，屡屡得手呢？

徐州市鼓楼公安分局网安大队民警王某说："犯罪嫌疑人在网上购买某支付软件的钓鱼网站，然后把这个网站的链接地址发送给商家，商家以为有客人要买东西，就会点开这个链接地址，点开以后这个链接要求商家输入相应的账号和密码，以及验证码。商家会认为是正常要求登录，就会输入，输入以后犯罪嫌疑人就掌握了相应的账号密码。"

而据嫌疑人供述，如此骗钱的网站竟然是他们只花了五百元，从开发者彭某处买来的。

那么，作为普通市民又该如何辨别这些骗人的招数呢？

徐州市鼓楼公安分局网安大队民警王某说："第一，要提高安全意识，正规的网址都是有序的，如网址上的单词都有相应的意义，而假的支付软件或钓鱼网站的网址一般都是无序的，由混乱的字母或者数字组成，这是一个简单的识别办法。第二，如果是假的钓鱼网站的网址，输入假的账号和密码的话，依然可以登录，这也是一个试验的办法。第三，及时报警，及时报警的话，我们公安机关能及时开展侦察工作，也能及时查证犯罪嫌疑人的犯罪事实。"

据了解，该团伙一共由8人组成，目前，其中6人已经被刑事拘留，警方也正对另外两名在逃人员实施追捕。

（资料来源：江苏电视台，2015-08-31）

根据案例回答问题

（1）案例中犯罪嫌疑人采用了哪些网购诈骗方式，刘先生是怎么上当的？

（2）本案例对普通市民有哪些启示，我们在网购时应该注意哪些问题？

网络安全技术 | 第3章

本章主要内容

- ✧ 网络安全概述
- ✧ 防火墙技术
- ✧ 入侵检测系统
- ✧ 虚拟专用网技术
- ✧ 防病毒技术

本章学习方略

- ✧ 本章重点内容

（1）防火墙技术的功能与缺陷。

（2）VPN 的功能与实现方法。

- ✧ 本章难点内容

（1）防火墙的部署与策略选择。

（2）各种安全技术的互补关系。

案例导入

伪装成游戏的 Anatova 勒索病毒

背景介绍

　　Anatova勒索病毒于2019年1月出现，此病毒运行之后使用对称加密算法加密受害者文件，使用非对称算法加密密钥，没有攻击者的密钥无法解密文件。病毒会在被加密文件同目录下释放ANATOVA.TXT文本文档，文档中要求受害者支付赎金才可以解密文件。此病毒主要通过伪装为游戏和应用软件诱导受害者下载。虽然目前没有发现此病毒通过漏洞和弱口令传播，但是病毒加密技术成熟，可以看出是有经验的攻击者开发的，因此不排除未来此病毒的变种会通过钓鱼邮件、漏洞、弱口令等方式进行攻击。此外，Anatova勒索病毒要求受害者使用达世币（DASH原名叫作暗黑币，是在比特币的基础上做了技术上的改良而得到的）支付赎金。2018年影响较大的GandCrab勒索病毒也曾要求受害者使用达世币支付赎金。并且相似的是它们都使用 Salsa20+RSA算法加密，都会检测系统语言，排除独联体国家。目前尚不清楚这两个病毒作者之间的关系。

　　病毒MD5：2A0DA563F5B88C4D630AEFBCD212A35E　　威胁等级：★★★★

技术分析

　　根据病毒的执行流程，我们可以把病毒的行为划分为如下几个部分：预处理阶段、准备密钥阶段、加密文件阶段。

　　（1）预处理阶段。病毒主要做的是硬编码字符串解密、获取后面用到的系统API、运行环境的检测、反沙箱、结束指定进程等操作，为后面执行加密操作准备好环境。

（2）准备密钥阶段。病毒加密逻辑成熟，在加密文件之前会首先生成一对RSA交换密钥，然后生成Salsa20算法的Key和IV，使用Salsa20算法的Key和IV加密RSA交换密钥中的私钥，然后使用作者硬编码在病毒中的RSA公钥分别加密Salsa20算法的Key和IV。最后将这3个密文拼凑在一起，使用base64编码，后面会写入勒索信。作者RSA公钥硬编码在病毒样本中，使用时需要两层解密，首先使用异或0x55解密，之后使用硬编码的密钥解密。

后面加密文件时，每个文件都会使用不同的Salsa20算法的Key和IV加密，但是Key和IV会被RSA交换密钥中的公钥加密，存储在文件中。因此想要解密文件，就要解密加密文件时用到的Salsa20算法的Key和IV，要想解密它们，就要解密RSA交换密钥中的私钥，要想解密RSA交换密钥中的私钥，就要有作者RSA私钥。

（3）加密文件阶段。在处理好密钥之后，开始遍历磁盘加密文件。

防范措施

此病毒目前主要通过伪装游戏和正常软件传播，因此不下载可疑文件可以在很大程度上防止中毒。除此之外提高防御措施，可以防止更多类似病毒的攻击，主要措施：不打开可疑邮件附件；及时更新系统补丁；不使用弱口令账号密码；安装杀毒软件，保持防护开启，查杀病毒；安装勒索病毒防御软件，拦截勒索病毒加密文件。

（资料来源：瑞星网，2019-02-18）

互联网是电子商务最基本的平台，而网络安全是电子商务安全最重要的保障。只有针对错综复杂、日益翻新的网络攻击，采用科学先进的技术手段，并将技术与管理有机地结合，形成完善的网络安全保障体系，才能有效保障网络本身的安全。

本章主要介绍网络安全隐患、网络安全层次、网络安全技术的概念等基本知识，重点介绍防火墙、入侵检测系统、虚拟专用网、防病毒等常用的网络安全技术原理及应用。

3.1 网络安全概述

3.1.1 网络安全隐患

网络安全是指网络系统的硬件、软件及其系统中的数据受到保护，不因偶然的或者恶意的攻击而遭到破坏、更改、泄露，系统连续可靠正常地运行，网络服务不中断，保障网络信息的保密性、完整性、可用性、可控性、可审查性。

进入21世纪以来，信息安全的重点放在了保护信息上，确保信息在存储、处理、传输过程中及信息系统中不被破坏，确保合法用户的服务和限制非授权用户的服务，以及必要的防御攻击的措施。网络系统所面临的安全风险和潜在的安全威胁是与网络应用环境密切相关的。目前，网络应用环境大致可分为以下3种。

（1）开放网络环境：主要是指互联网中向公众开放的各种信息服务系统或网站，网站与互联网连接，信息内容完全开放，任何客户都可以通过互联网浏览网站上的信息。这种网络应用是开放的，它所面临的安全风险是拒绝服务（DoS）、篡改网页内容及被非法利用等。

（2）专用网络环境：主要是指基于互联网互连的专用网，如企业网、金融网、商务网等，专用网通过防火墙与互联网连接，网络资源只向被授权的用户开放，被授权的用户可以通过互联网访问专用网上的信息资源。这种网络应用是半开放的，其所面临的安全风险是假冒合法用户获取信息以及在信息传输过程中非法截获或者篡改信息等。

（3）私用网络环境：主要是指与互联网完全隔离的内部网，如政务网、军用网等。私用网与互联网是物理隔离的，网络资源只向被授权的内部网用户开放，被授权的内部网用户只能通过内部网访问网络中的信息资源。这种网络应用是封闭的，它所面临的安全风险是内部用户的非授权访问、窃取和泄露机密信息等。

3.1.2　网络安全层次

从层次结构上，可将网络安全所涉及的内容概括为以下 5 个方面。

（1）实体安全。实体安全也称物理安全，指保护计算机网络设备、设施及其他媒介免遭地震、水灾、火灾、有害气体、电磁辐射、系统掉电和其他环境事故破坏的措施及过程。包括环境安全、设备安全和媒体安全 3 个方面。实体安全是信息系统安全的基础。

（2）运行安全。运行安全包括网络运行和网络访问控制的安全，如设置防火墙实现内外网的隔离、备份系统实现系统的恢复。其包括内外网的隔离机制、应急处置机制和配套服务、网络系统安全性监测、网络安全产品运行监测、定期检查和评估、系统升级和补丁处理、跟踪最新安全漏洞、灾难恢复机制与预防、安全审计、系统改造、网络安全咨询等。

（3）系统安全。系统安全主要包括操作系统安全、数据库系统安全和网络系统安全。主要以网络系统的特点、实际条件和管理要求为依据，有针对性地为系统提供安全策略机制、保障措施、应急修复方法、安全建议和安全管理规范等，确保整个网络系统的安全运行。

（4）应用安全。应用安全由应用软件开发平台安全和应用系统数据安全两部分组成。其包括：应用软件的程序安全性测试分析、业务数据安全检测与审计、数据资源访问控制验证测试、实体的身份鉴别检测、业务现场的备份与恢复机制检查、数据的唯一性或一致性或防冲突检测、数据保密性测试、系统可靠性测试和系统的可用性测试等。

（5）管理安全。管理安全主要指对人员及网络系统安全进行管理的各种法律、法规、政策、策略、规范、标准、技术手段、机制和措施等内容。其包括：法律法规、政策策略管理、规范标准管理、人员管理、应用系统使用管理、软件管理、设备管理、文档管理、数据管理、操作管理、运营管理、机房管理、安全培训管理等。

3.1.3　网络安全技术

计算机网络安全内容包括计算机网络设备安全、计算机网络系统安全、数据库安全等。其特征是针对计算机网络本身可能存在的安全问题，实施强大的网络安全监控方案，以保证计算机网络自身的安全性。主要的网络安全技术包括以下几种。

视频 3-1

（1）防火墙技术。防火墙是在两个网络之间执行访问控制策略的一个或一组系统，它包括硬件和软件。防火墙对经过的每一个数据包进行检测，判断数据包是否与事先设置的

过滤规则匹配，并按控制机制做出相应的动作，从而保护网络的安全。防火墙是企业网与互联网连接的第一道屏障。

（2）入侵检测技术。网络入侵检测技术是一种动态的攻击检测技术，能够在网络系统运行过程中发现入侵者的攻击行为和踪迹。一旦发现网络被攻击，网络入侵检测技术层立刻根据用户所定义的动作做出反应，如报警、记录、切断或拦截等。入侵检测系统被认为是防火墙之后的第二道安全防线，与防火墙相辅相成，构成比较完整的网络安全基础结构。

（3）虚拟专用网技术。虚拟专用网是企业内部网在互联网上的延伸，通过一个专用的通道来创建一个安全的专用连接，从而可将远程用户、企业分支机构、公司的业务合作伙伴等与公司的内部网连接起来，构成一个扩展的企业内部网。

（4）认证技术。安全认证分为消息认证和身份认证。主要包括安全认证技术和安全认证机构两个方面。安全认证技术有数字摘要、数字信封、数字签名、数字时间戳、数字证书等；安全认证机构一般由认证中心担当，即承担网上安全交易认证服务，能签发数字证书，并能确认用户身份的服务机构。

（5）病毒防范技术。病毒防范是指通过建立合理的计算机病毒防范体系和制度，及时发现计算机病毒的入侵，并采取有效的手段阻止计算机病毒的传播和破坏，恢复受影响的计算机系统和数据。一个安全的网络系统必须具备强大的病毒防范和查杀能力。

另外，保障网络的信息安全、系统安全、应用安全还涉及安全漏洞扫描技术、网络嗅探技术、数据加密技术、访问控制技术、安全审计技术等。

3.2 防火墙技术

3.2.1 防火墙的概念

1. 防火墙的定义

防火墙是位于被保护网络和外部网络之间执行访问控制策略的一个或一组系统，包括硬件和软件，构成一道屏障，以防止发生对被保护网络的不可预测的、潜在破坏性的侵扰。

视频 3-2

防火墙通过安全规则来控制外部用户对内部网资源的访问，使外部网和内部网之间既保持连通性，又不直接交换信息。在逻辑上，防火墙是一个分离器、限制器，也是一个分析器，它有效地监控了内部网和外部网之间的任何活动，保证了内部网络的安全。在物理上，防火墙通常是由硬件设备——路由器、主计算机和软件组合而成的（见图3-1）。

防火墙可以是在可信任网络和不可信任网络之间的一个缓冲系统，也可以是一台有访问控制策略的路由器，或者是一台有多个网络接口的计算机，还可以是安装在某台特定机器上的软件。它被用来保护指定网络，使其免受来自非信任网络区域的某些协议与服务的影响。

2. 防火墙的功能

防火墙技术随着计算机网络技术的发展而不断向前发展，其功能也越来越完善。高效可靠的防火墙应具有以下基本功能。

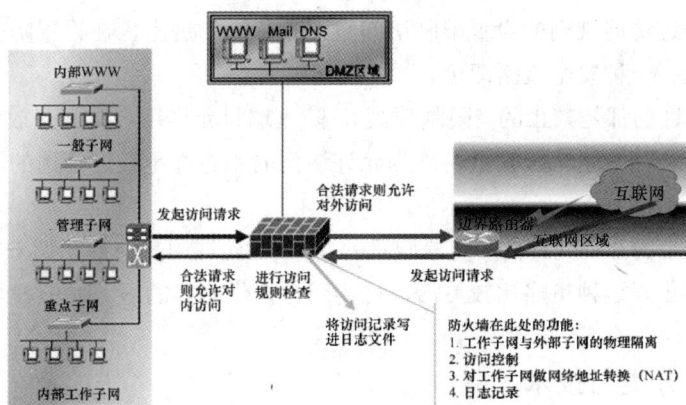

图 3-1　一个典型的防火墙使用形态

（1）监控并限制访问。针对网络入侵的不安全因素，防火墙通过采取控制进出内、外网络数据包的方法，实时监控网络上数据包的状态，并对这些数据包的状态加以分析和处理，及时发现存在的异常行为。同时，防火墙应根据不同情况采取相应的防范措施，从而提高系统的抗攻击能力。

（2）控制协议和服务。针对网络自身存在的不安全因素，防火墙对相关协议和服务进行控制，使得只有被授权的协议和服务才可以通过防火墙，从而大大降低了因某种服务、协议的漏洞而引起安全事故的可能性。

（3）保护内部网络。针对应用软件及操作系统的漏洞或"后门"，防火墙采用了与受保护网络的操作系统、应用软件无关的体系结构，其自身建立在安全操作系统之上；同时，针对受保护的内部网络，防火墙能够及时发现系统中存在的漏洞，对访问进行限制；防火墙还可以屏蔽受保护网络的相关信息。

（4）网络地址转换。网络地址转换（Network Address Translation，NAT）是指在局域网内部使用私有 IP 地址，而当内部用户要与外部网络进行通信时，就在网络出口处将私有 IP 地址替换成公用 IP 地址。

（5）日志记录与审计。当防火墙系统被配置为所有内部网络与外部网络连接均需经过的安全节点时，防火墙会对所有的网络请求做日志记录。日志是对一些可能的攻击行为进行分析和防范的十分重要的情报信息。另外，防火墙也能够对正常的网络使用情况做出统计。这样，网络管理人员通过对统计结果的分析，就能够掌握网络的运行状态，进而更加有效地管理整个网络。

但防火墙不是万能的，有着自身的缺点和不足，需要与其他安全技术和组件配合才能实现整个网络系统的安全。防火墙应用的局限性包括以下几个方面。

（1）防火墙不能防范不经过防火墙的攻击。

（2）防火墙不能解决来自内部网络的攻击和安全问题。

（3）防火墙不能防止受病毒感染的文件的传输。

（4）防火墙不能防止数据驱动式的攻击。

（5）防火墙不能防止系统安全体系不完善的攻击。

3. 防火墙的安全策略

防火墙的安全策略也可称为防火墙的姿态，与单位门卫对来往人员的检查类似，可以规定企业内部人员可以进入，而其他人员就不能进入，也可以规定小商小贩人员不能进入，其他人员则可以进入。防火墙则是通过访问规则的设置限制访问数据和行为的进出，在设置防火墙的访问规则时，根据安全性要求，选择一种安全策略即可。

（1）一切未被允许的都是禁止的（限制政策）。防火墙只允许用户访问开放的服务，其他未开放的服务都是禁止的。这种策略比较安全，因为允许访问的服务都是经过筛选的，但限制了用户使用的便利性。

（2）一切未被禁止的都是允许的（宽松政策）。防火墙允许用户访问一切未被禁止的服务，除非某项服务被明确地禁止。这种策略比较灵活，可为用户提供更多的服务，但安全性要差一些。

3.2.2 防火墙的分类与技术

防火墙作为综合性网络安全防御系统，其采用的安全技术较为多样。分类方法根据对安全性的要求与应用环境的不同也有所不同。

1. 防火墙的分类

防火墙有多种分类方法，如可以分为软件防火墙和硬件防火墙，也可以分为主机防火墙和网络防火墙。

（1）软件防火墙与硬件防火墙。从传统概念上讲，防火墙分为软件防火墙和硬件防火墙。其中，防火墙软件（不管是硬件防火墙还是软件防火墙，防火墙都必须有软件的支撑）进入系统的层次越浅，对底层操作系统的安全依赖性就越小。

软件防火墙的最大特点是基于操作系统。软件防火墙能够对访问一个软件的过程进行安全控制。硬件防火墙采用专用的操作系统平台，甚至将操作系统固化在芯片中，从整体来看，是一个硬件设备。

（2）网络防火墙与主机防火墙。网络防火墙一般部署在网络边界上，主要用于防范外部黑客对内部网的攻击。主机防火墙部署在用户主机上，主要用于防范恶意代码（如木马和病毒等）获取本机上的敏感信息，或者对本机实施的攻击行为。主机防火墙又可分成单机式个人防火墙和分布式个人防火墙两种。

网络防火墙主要有三类，即分组过滤型、代理服务型和状态检测型，它们在网络性能、安全性和应用透明性等方面各有利弊。本节主要介绍网络防火墙技术。

2. 防火墙的技术

从工作原理角度看，防火墙主要可以分为网络层防火墙和应用层防火墙，具体实现技术主要有包过滤技术、代理服务技术、状态检测技术、网络地址转换（Network Address Translation，NAT）技术等。

（1）包过滤技术。包过滤防火墙工作在网络层，利用访问控制列表（ACL）对数据包进行过滤，过滤依据是 TCP/IP 数据包：源地址和目的地址、所用端口号、协议状态。

包过滤技术的优点是逻辑简单、价格低廉，易于安装和使用，网络性能和透明性好。缺点有二：一是非法访问一旦突破防火墙，即可对主机上的软件和配置漏洞进行攻击；二是数据包的源地址、目的地址，以及 IP 地址的端口号都在数据包的头部，很有可能被窃听或假冒。

（2）代理服务技术。代理防火墙（Proxy）一般采用代理服务器作为防火墙，是一种较新型的防火墙技术，它分为应用层网关和电路层网关。

所谓代理服务器，是指代表客户处理连接请求的程序。当代理服务器得到一个客户的连接意图时，它将核实客户请求，并用特定的安全化的代理应用程序来处理连接请求，将处理后的请求传递到真实的服务器上，然后根据服务器应答做进一步处理后，将答复交给发出请求的最终客户。代理服务技术在安全方面比包过滤技术强，但这种安全性是有代价的，会给开发者、管理者和最终用户带来不便。每个应用需要建立自己的代码，会对网络性能产生明显影响。

（3）状态检测技术。基于状态检测技术的防火墙通过一个在网关处执行网络安全策略的检测引擎而获得非常好的安全特性。检测引擎在不影响网络正常运行的前提下，采用抽取有关数据的方法对网络通信的各层实施检测，它将抽取的状态信息动态地保存起来作为以后执行安全策略的参考。检测引擎维护一个动态的状态信息表并对后续的数据包进行检查，一旦发现某个连接的参数有意外变化，则立即将其终止。

（4）NAT 技术。NAT 技术是一个互联网工程任务组（IETF）的标准，允许一个整体机构以一个公用 IP 地址出现在互联网上。顾名思义，它是一种把内部私有 IP 地址翻译成合法网络 IP 地址的技术。

3.2.3　防火墙的应用模式

在使用和部署网络防火墙时，根据网络拓扑结构和安全需求等方面的差异，一般采用以下 4 种应用模式。

1.　包过滤防火墙

包过滤防火墙模式采用单一的分组过滤型防火墙或状态检测型防火墙来实现。通常，防火墙功能由带有防火墙模块的路由器提供，所以也称为屏蔽路由器。该路由器设置在内部网与互联网之间，根据预先设置的安全规则对进入内部网的信息流进行安全过滤，如图 3-2 所示。

图 3-2　包过滤防火墙结构图

包过滤防火墙是最早使用的一种防火墙技术，它在网络的进出口处对通过的数据包进行检查，并根据已设置的安全策略决定是否允许数据包通过。

包过滤防火墙中的安全访问策略（过滤规则）是网络管理员事先设置好的，主要通过对进入防火墙的数据包的源 IP 地址、目的 IP 地址、协议及端口进行设置，决定是否允许数据包通过防火墙。

过滤规则基于数据包的报头信息进行制定，表 3-1 所示为包过滤防火墙规则示例。

（1）内部主机 10.1.1.1 的任何端口访问任何主机的任何端口，基于 TCP 的数据包都允许通过。

（2）任何主机的 20 端口访问主机 10.1.1.1 的任何端口，基于 TCP 的数据包都允许通过。

（3）任何主机的 20 端口访问主机 10.1.1.1 小于 1024 的端口，基于 TCP 的数据包都被禁止通过。（当（1）（2）作为系列规则时该规则无效）

表 3-1　包过滤防火墙规则示例

组序号	动作	源 IP	目的 IP	源端口	目的端口	协议类型
1	允许	10.1.1.1	*	*	*	TCP
2	允许	*	10.1.1.1	20	*	TCP
3	禁止	*	10.1.1.1	20	<1 024	TCP

2. 双穴主机防火墙

这种模式采用单一的代理服务型防火墙来实现。防火墙由一个运行代理服务软件的主机（堡垒主机）来实现，该主机具有两个网络接口（也称为双穴主机），如图 3-3 所示，这两个网络接口充当内部网与外部网之间的网关，内部网与外部网之间不能直接建立连接，必须通过堡垒主机进行通信。所以，双穴主机防火墙也可称为代理服务器防火墙或应用网关防火墙。在堡垒主机上应设置尽可能少的网络服务。

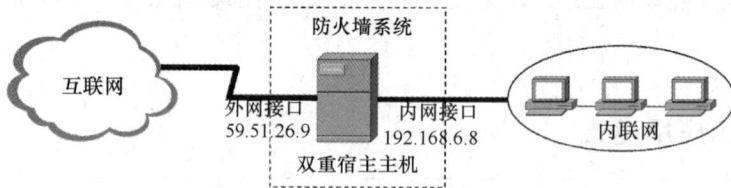

图 3-3　双穴主机防火墙结构

对于大中型企业网络来说，代理防火墙（双穴主机防火墙）可以通过对应用层协议的控制，实现对具体应用的控制和安全管理。代理防火墙具有以下主要特点。

（1）代理防火墙可以针对应用层进行检测和扫描。

（2）代理防火墙具有较高的安全性。

（3）代理服务器通常拥有高速缓存，缓存中保存了用户最近访问过的站点内容。

（4）代理防火墙的缺点是对系统的整体性能有较大的影响。

3. 屏蔽主机防火墙

屏蔽主机防火墙一般由一个包过滤路由器和一个堡垒主机组成，一个外部包过滤路由器连接外部网络，同时一个堡垒主机安装在内部网络上（见图 3-4）。通常在路由器上设置过滤规则，并使这个堡垒主机成为外部网络唯一可直接到达的主机。

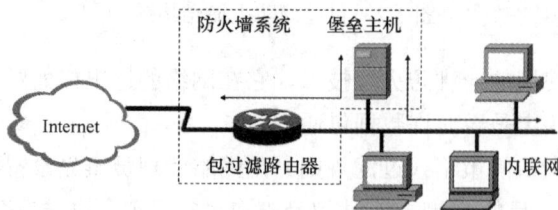

图 3-4　屏蔽主机防火墙结构

这种模式采用双重防火墙来实现，一个是包过滤路由器，构成内部网第一道屏障；另一个是堡垒主机，构成内部网第二道屏障。包过滤路由器过滤分组流的规则：堡垒主机是内部网唯一的系统，允许外部用户与堡垒主机建立连接，且只能通过堡垒主机访问内部网资源和服务。

屏蔽主机体系结构安全性更高，具有双重保护的优点，即实现了网络层安全（包过滤）和应用层安全（代理服务）。缺点：包过滤路由器能否正确配置是安全与否的关键；如果路由器被损害，堡垒主机将被穿过，整个网络对侵袭者是开放的。

4. 屏蔽子网防火墙

屏蔽子网体系结构在本质上与屏蔽主机体系结构一样，但添加了额外的一层保护体系（周边网络）。堡垒主机位于周边网络上，周边网络和内部网络被内部路由器分开。堡垒主机是用户网络上最容易受侵袭的机器，但通过在周边网络上隔离堡垒主机，就能减少堡垒主机被侵入的概率。

屏蔽子网防火墙在内部网络和外部网络之间建立一个被隔离的子网，用两台路由器将这一子网分别与内部网络和外部网络分开，两个包过滤路由器放置在子网的两端，形成的子网构成一个"非军事区"（De-militarized Zone，DMZ），如图 3-5 所示。"非军事区"有时候也称为"周边子网"或"隔离区"，在这个小网络区域内可以放置一些必须公开的服务器设施，如企业 Web 服务器、FTP 服务器和论坛等。

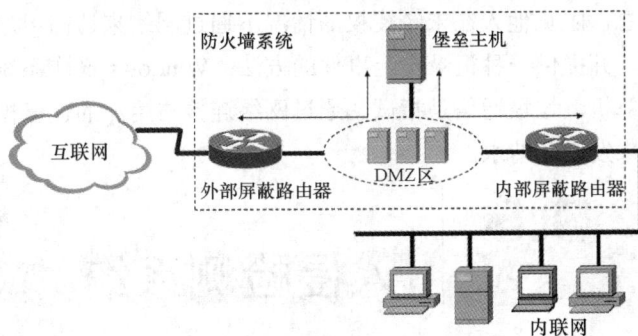

图 3-5　屏蔽子网防火墙结构

在这种模式中，内部网络有 3 道安全屏障：堡垒主机和两个屏蔽路由器。在这种情况下，攻击者得先侵入堡垒主机，然后进入内网主机，再返回来破坏屏蔽路由器，这是相当困难的，否则攻击者要么进入不了内部网络，要么攻入内部网络后又会自己将连接切断。因此，屏蔽子网防火墙具有更高的安全性，比较适合保护大型网络，但成本也比较高。

3.2.4　个人防火墙

本章前面介绍的防火墙概念和主要实现技术一般都是针对企业局域网而言的，所以也将这类防火墙称为企业级防火墙。企业级防火墙虽然功能强大，但价格高昂、配置困难、维护复杂，需要具有一定安全知识的专业人员来配置和管理。近年来，随着以家庭用户为代表的个人计算机的不断普及，个人防火墙技术开始出现并得到了广泛应用。

1. 个人防火墙的概念

个人防火墙是一套安装在个人计算机上的软件系统，它能够监视计算机的通信状况，一旦发现有对计算机产生危险的通信就会报警通知管理员或立即中断网络连接，以此实现对个人计算机上重要数据的安全保护。

目前，个人防火墙产品很多，如瑞星、360、赛门铁克、金山、天网防火墙、冰盾 DDoS 防火墙、天网防火墙等。

2. 个人防火墙的主要功能

对于连接到互联网上的个人计算机，存在的最大安全隐患是个人的私有信息被窃取或被破坏，以及个人计算机被攻击者用作盗取他人关键信息的跳板。同时，还存在恶意软件造成网络或系统资源浪费的安全隐患。为了防止安全威胁对个人计算机产生破坏，个人防火墙产品应提供以下主要功能。

（1）防止互联网上用户的攻击。

（2）阻断木马及其他恶意软件的攻击。

（3）为移动计算机提供安全保护。

（4）与其他安全产品进行集成。

3. Windows 操作系统的防火墙

Windows 操作系统的防火墙属于个人防火墙，它集成在 Windows 各个版本的操作系统中，在安装系统时会自动安装。与第三方的个人防火墙相比，由于 Windows 操作系统的防火墙工作在系统的底层，所以与 Windows 操作系统的结合较好，效率较高。

微软公司对 Windows 操作系统的防火墙功能的定义：可以监视并限制在计算机与网络（如互联网）之间来回传送的信息，阻止他人在未经授权的情况下通过网络来访问用户的计算机，同时有助于防止恶意软件和蠕虫，并提供一种记录安全事件的方法；Windows 操作系统的防火墙通过阻止垃圾通信来保护用户的计算机。垃圾通信是指试图通过网络连接与用户的计算机进行通信，但是用户计算机上运行的程序并未发送此请求。

3.3 入侵检测系统

3.3.1 入侵检测系统的概念

1. 入侵检测系统的定义

入侵检测系统（Intrusion Detection System，IDS）是一种对网络传输进行实时监视，在发现可疑传输时发出警报或者采取主动反应措施的网络安全设备。它与其他网络安全设备的不同之处在于，入侵检测系统是一种积极主动的安全防护技术。入侵检测系统最早出现在 1980 年 4 月，随后入侵检测系统逐渐发展成为入侵检测专家系统（IDES）。1990 年，入侵检测系统分化为基于网络的入侵检测系统和基于主机的入侵检测系统，后又出现分布式入侵检测系统。目前，入侵检测系统发展迅速，已有人宣称入侵检测系统可以完全取代防火墙。

视频 3-3

入侵检测系统是对防火墙的合理补充，是一个实时的网络违规识别和响应系统，是继防火墙之后的又一道防线。它可以弥补防火墙的不足，为网络安全提供实时的入侵检测并采取相应的防护手段，如记录证据、跟踪入侵、恢复或断开网络连接等。

2. 入侵检测系统的功能

入侵检测系统是主动检测并发现入侵行为、保护系统免受攻击的一种网络技术。它能够在系统运行过程中实时地、动态地发现入侵行为或踪迹，包括检测外界的恶意攻击和试探，以及内部合法用户超越权限的非法操作。一旦检测到攻击行为发生，入侵检测系统便及时响应且采取保护措施。入侵检测系统的主要功能如下。

（1）监测并分析用户和系统的活动。

（2）核查系统配置和漏洞。

（3）评估重要系统和数据文件的完整性。

（4）识别已知的攻击行为并采取适当的措施。

（5）统计分析异常行为。

（6）审计操作系统日志，识别违反安全策略的行为。

3．入侵检测系统的分类

入侵检测系统可以按照检测、软硬件组成、安装位置等方式分类。最常用的分类方法是按照安装位置划分为基于主机的入侵检测系统、基于网络的入侵检测系统，以及分布式入侵检测系统，如图 3-6 所示。

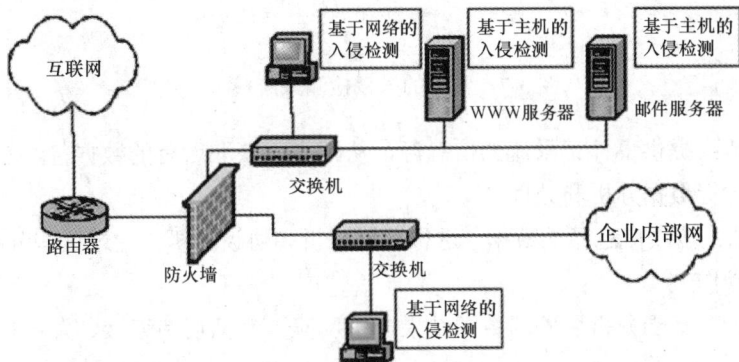

图 3-6　入侵检测系统位置图

（1）基于主机的入侵检测系统（Host-based Intrusion Detection System，HIDS）。基于主机的入侵通常安装在被保护的主机上，对该主机的网络实时连接以及系统审计日志进行分析和检查，当发现可疑行为和安全违规事件时，系统就会向管理员报警，以便采取措施。这些受保护的主机可以是 Web 服务器、邮件服务器、DNS 服务器等关键主机设备。

基于主机的入侵检测系统具有以下优点：性能价格比高、更加精确、视野集中。

（2）基于网络的入侵检测系统（Network Intrusion Detection System，NIDS）。基于网络的入侵检测系统安装在需要保护的网段中，实时监视网段中传输的各种数据包，并对这些数据包进行分析和检测。如果发现入侵行为或可疑事件，入侵检测系统就会发出警报甚至切断网络连接。

基于网络的入侵检测系统具有以下优点：隐蔽性好、视野更宽、较少的监测器（IDS 引擎）、攻击者不易转移证据、操作系统无关性、占资源少等。

（3）分布式入侵检测系统（Distributed Intrusion Detection System，DIDS）。系统的弱点或漏洞分散在网络中的各个主机上，这些弱点有可能被入侵者用来攻击网络，而仅依靠一个主机或网络的入侵检测系统很难发现入侵行为。

分布式入侵检测系统的目标是既能检测网络的入侵行为，又能检测主机的入侵行为，是基于主机的入侵检测系统与基于网络的入侵检测系统的结合。

3.3.2　入侵检测系统的工作原理

1．入侵检测系统的组成

常见的入侵检测系统模型（也称为通用入侵检测框架，CIDF）一般由 4 个部分组成（见图 3-7）。

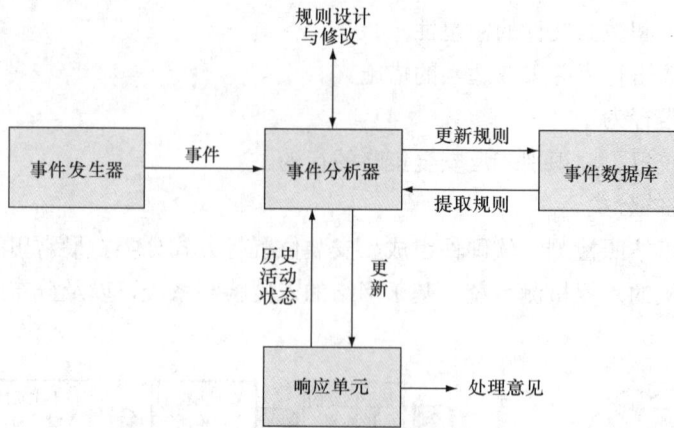

图 3-7　常见的入侵检测系统模型

（1）事件发生器：提供事件记录流的信息源，从网络中获取所有的数据包，然后将所有的数据包传送给分析引擎进行数据分析和处理。

（2）事件分析器：接收信息源的数据，进行数据分析和协议分析，通过这些分析发现入侵现象，从而进行下一步的操作。

（3）响应单元：对基于分析引擎的数据结果产生反应，包括切断连接、发出报警信息或发动对攻击者的反击等。

（4）事件数据库：存放各种中间和最终数据的地方的统称，它可以是复杂的数据库，也可以是简单的文本文件。

2．入侵检测系统的工作流程

入侵检测技术是一种动态的网络检测技术，主要用于识别对计算机和网络资源的恶意使用行为，包括来自外部用户的入侵行为和内部用户的未经授权活动。一旦发现网络入侵现象，入侵检测系统则应当做出适当的反应。对于正在进行的网络攻击，入侵检测系统则应采取适当的方法来阻断攻击（与防火墙联动），以减少系统损失。对于已经发生的网络攻击，入侵检测系统则应通过分析日志记录找到发生攻击的原因和入侵者的踪迹，作为增强网络系统安全性和追究入侵者法律责任的依据。它从计算机网络系统中的若干关键点搜集信息，并分析这些信息，看看网络中是否有违反安全策略的行为和遭到袭击的迹象。

入侵检测的工作流程如下。

第一步，网络数据包的获取（混杂模式）。

第二步，网络数据包的解码（协议分析）。

第三步，网络数据包的检查（特征即规则匹配或误用检测）。

第四步，网络数据包的统计（异常检测）。

第五步，网络数据包的审查（事件生成）。

第六步，网络数据包的处理（报警和响应）。

3．入侵检测系统的检查技术

入侵检测系统采用静态配置分析、误用检测或异常检测的方式，发现非授权的或恶意的系统及网络行为，为防范入侵行为提供有效的手段。

（1）静态配置分析技术。静态配置分析是通过检查系统的当前配置，诸如系统配置文件或系统注册表，来检查系统是否已经或可能会遭到破坏。

（2）误用检测技术。通过检测用户行为中的那些与某些已知的入侵行为模式类似的行为或那些利用系统中缺陷或间接地违背系统安全规则的行为，来检测系统中的入侵活动，这是一种基于已有的知识的检测。

（3）异常检测技术。通过对系统审计数据的分析建立系统主体（用户、主机、程序等）的正常行为特征轮廓。检测时，如果系统中的审计数据与已建立的主体的正常行为特征有较大出入就认为是一个入侵行为。这一检测方法称为"异常检测技术"。

3.3.3 入侵检测系统的应用

1. 入侵检测系统的部署

主机入侵产品当然是安装部署在被保护的服务器上，网络入侵检测产品通常由两部分组成：传感器（IDS 引擎）与控制台，如图 3-8 所示。

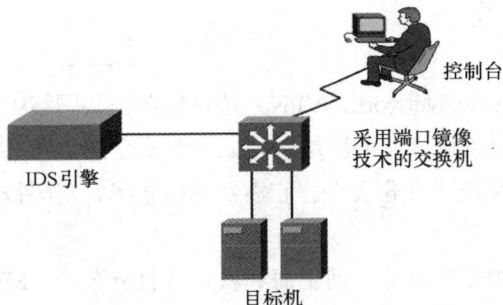

图 3-8 入侵检测系统的部署

基于网络的入侵检测系统需要有 IDS 引擎才能工作。要使基于网络的入侵检测系统工作时为最佳状态，一般可以采取以下措施。

（1）IDS 引擎放在防火墙之外：可以检测所有对被保护网络的攻击事件。

（2）IDS 引擎放在防火墙之内：防火墙不能检测来自网络内部的攻击，通过内部的 IDS 引擎可以检测网络内部的攻击。

（3）防火墙内外都装有 IDS 引擎：放在主要的网络中枢中，IDS 引擎可以监控大量的网络数据，可提高检测黑客攻击的可能性，可通过授权用户的权利边界来发现未授权用户的行为。

（4）将 IDS 引擎安装在其他关键的位置：如放在一些安全级别需求高的子网中，对非常重要的系统和资源进行入侵检测，如图 3-9 所示。

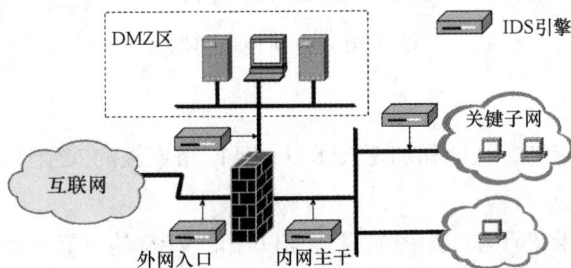

图 3-9 IDS 引擎分布

2. 入侵检测的常见产品

国外的入侵检测技术起步较早，有比较完善的技术和相关的产品。例如，开放源代码的 Snort，虽然它已经跟不上发展的脚步，但它也是各种商业入侵检测系统的参照系；NFR 公司的 NID 等都已相当的完善。虽然国内的入侵检测技术起步晚，但是也有不错的商业产品，如天阗入侵检测系统、绿盟冰之眼等。不过，国外有相当完善的技术基础，国内在这方面则相对较弱。

目前主要的入侵检测系统生产商与产品：国外 Cisco 公司的 NetRanger、Internet Security Systems 公司的 RealSecure 等；国内的有紫光网络的 UnisIDS、重庆爱思软件技术有限公司的 ODD_NIDS、上海金诺网络安全技术发展股份有限公司的 KIDS 等。

3.4 虚拟专用网技术

3.4.1 虚拟专用网的概念

虚拟专用网（Virtual Private Network，VPN）是建立在公共网络上的私有专用网。它是一个利用基于公众基础架构的网络来建立一个安全的、可靠的和可管理的企业间通信的通道。VPN 技术非常复杂，它涉及通信技术、密码技术和认证技术，是一项交叉科学。

视频 3-4

VPN 使用实例：某公司总部在北京，而上海和杭州各有分公司，MIS 主管需要彼此之间能够实时交换数据，为了安全考虑和提高工作效率，使用 VPN 技术。总公司路由器上开放两个 VPN 账户，允许分公司路由器拨入，以建立 VPN 通道，如图 3-10 所示。

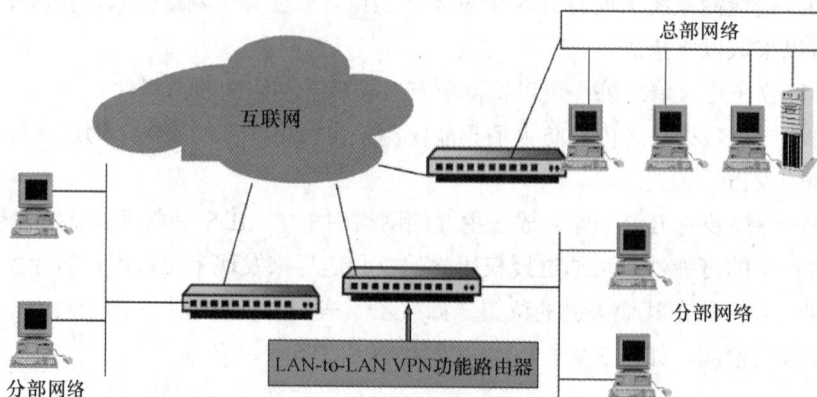

图 3-10 VPN 使用实例

VPN 的 3 个关键需求如下。

（1）安全：包括访问控制、认证和加密技术以保证网络连接的安全性、用户的真实性和数据通信的隐秘及完整性。

（2）通信控制：包括带宽管理和服务质量管理以保证 VPN 的可靠和高速。

（3）管理：保证 VPN 和企业安全策略的集成，近程或远程集成的管理和解决方案的可伸缩性。

3.4.2　VPN的工作原理

VPN 可以帮助远程用户、公司分支机构、商业伙伴及供应商同公司的内部网建立可信的安全连接，从而经济有效地连接到商业伙伴和用户的安全外联网 VPN。VPN 的工作原理是根据其应用环境和安全性要求的不同而采用不同的安全协议，其实现方法也有所区别。

1. VPN 的协议

VPN 中的隧道是由隧道协议形成的，它使用的隧道协议主要有点对点隧道协议（PPTP）、第二层转发协议（L2F）、第二层隧道协议（L2TP）以及互联网安全协议（Internet Protocol Security，IPSec）。

（1）点对点隧道协议。点对点隧道协议（Point to Point Tunneling Protocol，PPTP）是 1996 年 Microsoft 和 Ascend 等在 PPP（点对点协议）上开发的，是 PPP 的一种扩展。客户可以采用拨号方式接入公共的 IP 网。拨号客户首先按常规方式拨号到 ISP 的接入服务器中，建立 PPP 连接；在此基础上，客户进行二次拨号，建立与 PPTP 服务器的连接，该连接称为 PPTP 隧道。

PPTP 把建立隧道的主动权交给了客户，但客户需要在其 PC 机上配置 PPTP，这样做既会增加用户的工作量，又会造成网络的安全隐患。PPTP 的最大优势是 Microsoft 公司的支持，另外一个优势是它支持流量控制。

（2）第二层转发协议。第二层转发（Layer 2 Forwarding，L2F）协议是 1996 年 Cisco 开发的。远端用户能够通过任何拨号方式接入公共 IP 网络。拨号客户先按常规方式拨号到 ISP 的接入服务器中建立 PPP 连接；接入服务器根据用户名等信息发起第二次连接，呼叫用户网络的服务器。

在这种方式下，隧道的配置和建立对用户是完全透明的。

（3）第二层隧道协议。第二层隧道协议（Layer 2 Tunneling Protocol，L2TP）是 1997 年年底由 Microsoft 和 Cisco 共同开发的。L2TP 结合了 L2F 协议和 PPTP 的优点，可以让用户从客户端接入服务器端发起 VPN 连接。L2TP 定义了利用公共网络设施封装传输链路层 PPP 帧的方法。

L2TP 的好处在于支持多种协议，在安全性上，L2TP 仅仅定义了控制包的加密传输方式，对传输中的数据并不加密。L2TP 并不能满足用户对安全性的需求。如果需要安全的 VPN，则依然需要 IPSec。

（4）互联网安全协议。互联网安全协议是用来增强 VPN 安全性的标准协议。IPSec 包含了用户身份认证、查验和数据完整性等内容。该协议标准由 IETF 组织制定，其中规定了在两个 IP 工作站之间进行加密、数字签名等而使用的一系列 IP 级协议。IPSec 实现了来自不同厂商的设备在进行隧道开通和终止时的互操作。

2. VPN 的实现方法

VPN 的实现方法主要有以下几种。

（1）MPLS VPN。MPLS VPN 是一种基于 MPLS 技术的 IP VPN，是在网络路由和交换设备上应用多协议标记交换（Multi-Protocol Label Switching，MPLS）技术，简化核心路由器的路由选择方式，结合传统路由技术的标记交换实现的 IP 虚拟专用网（IP VPN）。

MPLS VPN 的优势在于将二层交换和三层路由技术结合起来，在解决 VPN、服务分类和流量工程这些 IP 网络的重大问题时具有很优异的表现。MPLS VPN 在解决企业互连、提供各种新业务方面也越来越被运营商看好，成为 IP 网络运营商提供增值业务的重要手段。

（2）SSL VPN。SSL VPN 是以超文本传输安全协议（Hyper Text Transfer Protocol over Secure Socket Layer，HTTPS）为基础的 VPN 技术，工作在传输层和应用层之间。SSL VPN 充分利用了 SSL 协议提供的基于证书的身份认证、数据加密和消息完整性验证机制，可以为应用层之间的通信建立安全连接。SSL VPN 广泛应用于基于 Web 的远程安全接入，为用户远程访问公司内部网络提供了安全保证。

（3）IPSec VPN。IPSec VPN 是基于 IPSec 的 VPN 技术，由 IPSec 提供隧道安全保障。IPSec 是一种由 IETF 设计的端到端的确保基于 IP 通信的数据安全性的机制。它为互联网上传输的数据提供了高质量的、可互操作的、基于密码学的安全保证。

3.4.3　VPN的应用环境

针对不同的用户要求，VPN 有 3 种解决方案：远程访问虚拟网（Access VPN）、企业内部虚拟网（Intranet VPN）和企业扩展虚拟网（Extranet VPN）。

这 3 种类型的 VPN 分别与传统的远程访问网络、企业内网，以及企业网和相关合作伙伴的企业网所构成的扩展网相对应。

（1）Access VPN 通过一个与专用网相同策略的共享基础设施，可提供对企业内网或外网的远程访问服务，使用户随时以所需方式访问企业资源，如模拟、拨号、ISDN、数字用户线路（xDSL）、移动 IP 和电缆技术等，可安全连接移动用户、远程工作者或分支机构。

（2）Intranet VPN 可在互联网上构建全球的 Intranet VPN，企业内部资源只需连入本地 ISP 的接入服务提供点 POP（Point of Presence）即可相互通信，而实现传统 WAN 组建技术均需要有专线。利用该 VPN 线路不仅可保证网络的互联性，还可利用隧道、加密等 VPN 特性保证在整个 VPN 上安全传输信息。

（3）Extranet VPN 主要用于企业之间的互联及安全访问服务，可通过专用连接的共享基础设施，将客户、供应商、合作伙伴或相关群体连接到企业内部网。企业拥有与专用网络相同的安全、服务质量等政策。

3.5　防病毒技术

3.5.1　病毒的基本概念

1.　病毒的概念

在《中华人民共和国计算机信息系统安全保护条例》中明确定义，计算机病毒指的是"编制或者在计算机程序中插入的破坏计算机功能或者毁坏数据，影响计算机使用，并能自我复制的一组计算机指令或者程序代码"。

从广义上讲，凡是人为编制的、干扰计算机正常运行并造成计算机软硬件故障，甚至破坏计算机数据的、可自我复制的计算机程序或指令集合都是计算机病

视频 3-5

54

毒。从这个概念来说计算机病毒就是恶意代码。

恶意代码是用来实现某些恶意功能的代码或程序。通常，这些代码在不被用户察觉的情况下寄宿到另一段程序中，从而达到破坏被感染计算机的数据、运行具有入侵性或破坏性的程序、破坏被感染的系统数据的安全性和完整性的目的。

从狭义上讲，具有病毒特征的恶意代码称为计算机病毒。所谓病毒特征，就是生物界病毒所具有的特征。

恶意代码所指范围比计算机病毒要广，一般包括病毒、蠕虫、木马、后门和逻辑炸弹等。部分类型的恶意代码如表 3-2 所示。

表 3-2　常见的恶意代码表

恶意代码类型	定义	特点
病毒	在计算机程序中插入的破坏计算机功能或数据、影响计算机使用，并能够自我复制的程序	传染性、破坏性、潜伏性
蠕虫	能够通过网络自我复制、消耗计算机资源和网络资源的恶意程序	扫描、攻击、传播
木马	能够与远程计算机建立连接，使远程计算机能远程控制本地计算机的恶意代码	欺骗、隐藏、窃取信息
后门	能够避开计算机的安全控制，使远程计算机能够连接本地计算机的程序	潜伏
逻辑炸弹	能够嵌入计算机程序、通过一定条件触发破坏的程序	潜伏、破坏

2. 病毒的特征

以当前流行的计算机病毒来看，它具有以下几个明显特征。

（1）非授权性：用户通常在调用并执行一个程序时，系统会将控制权交给这个程序，并分配给该程序相应的系统资源，从而使之能够非授权运行。

（2）隐蔽性：计算机病毒不管是在存在方式还是在传播途径上都会想方设法地隐藏自己，以尽量避开用户或查病毒软件。

（3）传染性：病毒程序一旦侵入计算机系统就开始搜索可以传染的程序或者磁介质，然后通过自我复制迅速进行传播。

（4）潜伏性：依靠病毒的寄生能力，计算机病毒在传染良性程序后，有时不会马上发作，而是在隐藏一段时间后在一定的条件下开始发作，如"黑色星期五病毒"。

（5）破坏性：病毒程序一旦侵入计算机系统都会对操作系统的运行造成不同程度的影响或破坏。

（6）可触发性：计算机病毒一般都有一个或者几个触发条件，当满足该触发条件后计算机病毒便会开始发作。

（7）针对性：计算机病毒要能够运行，就必须有赖以寄生和寻找机会发作的软硬件环境，即某一种病毒只能在某一种特定的操作系统和硬件平台上运行。

（8）与黑客技术的结合性：目前计算机病毒中存在的一个现象是与黑客技术相结合，出现了黑客型病毒。

3. 病毒的分类

着眼于不同的方式对计算机病毒进行分类，不但有利于进行计算机病毒工作机理的研究，而且有利于对计算机病毒的防治。常见的方式包括攻击方式、链接方式、破坏情况、传播方式、激活方式等。

本节主要根据计算机病毒传播方式的不同，将计算机病毒分为以下几种类型。

（1）文件型病毒。文件型病毒也称为文件传染源病毒，这些病毒通常感染可执行代码，如.com和.exe 等类型的文件。当受感染的程序在软盘、U 盘或硬盘上运行时，可以感染其他文件。这些病毒中有许多是内存驻留型病毒，即内存受到感染之后，运行的任何未感染的可执行文件都会受到感染。已知的文件传染源病毒包括 Jerusalem、Cascade 等。

（2）引导扇区病毒。引导扇区病毒感染磁盘的系统区域，即软盘、U 盘和硬盘的引导记录。引导扇区病毒将自身附加到磁盘的这一部分，并在用户试图从受感染的磁盘启动时激活。这些病毒本质上通常都是内存驻留型病毒，只要用受感染的软盘或 U 盘启动计算机就会被感染。引导扇区病毒主要包括 Form、Disk Killer、Michelangelo、Stoned 等。

（3）宏病毒。宏病毒是目前最常见的病毒类型，它主要感染数据文件。随着 Microsoft Office 中Visual Basic 的出现，编写的宏病毒不仅可以感染可执行文件，还可以感染其他文件。曾经广泛流行的宏病毒主要包括 W97M.Melissa、Macro.Melissa（美丽莎）、WM.NiceDay、W97M.Groov 等。

（4）复合型病毒。复合型病毒同时感染引导记录和程序文件，并且被感染的记录和程序文件较难修复。如果清除了引导区，但未清除文件，则引导区将再次被感染。如果未清除引导区的病毒，则清除过的文件将被再次感染。复合型病毒包括 One_Half、Emperor、Anthrax、Tequilla 等。

3.5.2　病毒检测技术

2018 年国家计算机网络应急技术处理协调中心（CNCERT）监测发现我国境内感染网络病毒的终端累计 616 万个，较 2017 年的 2 095 万个下降 70.6%，但数量仍然不容乐观。

查毒是针对内存、文件、引导区、网络等特定的环境，根据已制定的规则和信息代码库，准确地指出计算机病毒名称的过程。不管是采用专业的杀病毒软件（如江民、金山、瑞星、趋势、卡巴斯基等），还是利用其他辅助软件（如 debug、PCtools 等），或是采用人工操作等方式，杀毒的前提是对计算机病毒的检测，即查毒。目前常用的病毒检测方法可分为以下几种类型。

（1）特征码检测法。计算机病毒是一种人为编写的特殊的程序代码，不同病毒之间在代码上都存在着差异性。为此，可以采集已知病毒样本，并从样本中提取该病毒的特征代码，然后将各种已知病毒的代码集中存放于特征代码数据库中。在检测时，以扫描方式将待检测程序与特征代码数据库中的病毒特征代码进行逐条比对，如果发现有相同的代码，则可以判断该程序已感染了病毒。

特征码检测法的优点是检测准确，能够识别已知病毒的名称，而且很少会产生误报。其缺点是无法检测未知的病毒，而且检测不出变种、隐蔽性的病毒。对于传统的病毒，特征码检测法是最常用和最有效的一种检测方法，目前几乎所有的专业杀病毒软件都采用了此方法。

（2）校验和检测法。校验和检测法会先计算被查的对象（文件或一段程序代码）在正常状态时的校验和，并将校验和写入指定的文件中。之后，在每次对指定的对象进行检测时，首先计算其校验和，然后将结果与指定文件中的值进行比对。如果比对结果一致，说明该对象未感染病毒，否则说明该对象已感染了病毒。

校验和检测法的优点是既能发现已知病毒，也能发现未知病毒。校验和检测法的缺点是误报警率高，不能识别病毒的类型，不能指出病毒的名称，且对隐蔽性病毒不适用。

（3）行为监测法。行为监测法是指利用病毒的特有行为特征来监测病毒的一种方法。该方法基于对病毒的长期观察和研究，可以发现一些特殊的行为，并经验证确定为某一种病毒的共同行为。当程序运行时，对其行为进行监测，如果发现了与已确定病毒相同的行为，则认为该程序感染了病毒。行为监测法的优点是可以发现未知的病毒，但其缺点是不能识别出病毒的具体名称。

（4）软件模拟法。在计算机病毒中有一种特殊的病毒，该类病毒每次传染产生的病毒副本在外观形态上都会发生变化，没有固定的特征码，因此这种病毒被称为多态病毒。

为了检测多态病毒，软件模拟法出现了。所谓软件模拟法，是指用软件来模拟和分析程序的执行过程和结果。在利用软件模拟法进行病毒检测时，首先使用特征代码法检测病毒，如果发现有疑似的多态病毒时，启动软件模拟模块来监测病毒；等到病毒自身的密码译码后，再运用特征扫描法来识别和清除病毒。软件模拟法的主要优点是能够检测多态病毒，但其实现技术较为复杂。

3.5.3 病毒的防范方法

病毒的防范是一项系统工程，涉及提高安全意识、养成良好上网习惯、加强预防措施、及时更新补丁和病毒库、随时查杀等方面。同时针对不同的病毒也有特定的防范方法。

1. 非网络传播型病毒的防范方法

非网络传播型病毒一般是指通过软盘、U 盘、可移动硬盘和光盘等外部存储介质来传播和感染计算机系统的病毒。主要防范方法有以下几种。

（1）安装专业的反病毒软件，对存储介质进行定期的查、杀病毒操作。

（2）安装和启用防火墙软件，避免某些利用操作系统和软件漏洞的病毒和恶意代码侵入计算机系统。

（3）使用不明来路的磁盘中的数据（软件）前，应先进行查、杀毒操作，确认无病毒后再使用。

2. 网络传播型病毒的防范方法

（1）安装反病毒软件，对于组建了局域网的单位建议使用网络版反病毒软件。

（2）用户应及时修补操作系统和应用软件的漏洞，对于使用 Windows 操作系统、Office 办公软件及 SQL Server 数据库的用户，一定要及时下载并安装补丁程序，修补已发现的漏洞，以提高系统的安全性。

（3）安装网络防火墙，打开防 ARP 欺骗、DHCP 欺骗等主要功能。

（4）常备工具软件，如清理专家、procexp（一款进程管理工具）、AV 终结者木马专杀工具等。

（5）建议禁用操作系统中的自动运行功能，防止病毒程序的运行。

（6）对于来路不明的可疑邮件附件不要直接打开，可以先下载下来，经查毒处理后再查看其内容。

（7）不要贪图免费软件，如果实在需要，可以先下载并彻底查毒后再使用。

（8）不要浏览非法网站，尤其是在打开时需要安装不明插件的网站。

课后习题

一、填空题

1. 防火墙的应用模式分为包过滤、双穴主机、屏蔽主机、屏蔽子网 4 种。其中（   ）防火墙的结构最为复杂但安全性最高。

2．包过滤防火墙工作在（　　　）层。

3．基于检测理论的入侵检测可分为误用检测和（　　　）。

4．入侵检测系统通常分为基于（　　　）和基于（　　　）两类。

5．网络访问控制通常由（　　　）实现。

6．入侵检测系统一般包括（　　　）、（　　　）、（　　　）和（　　　）4 个部分功能。

7．屏蔽子网防火墙是既有（　　　）的功能，又能在（　　　）进行代理，能从链路层到应用层进行全方位安全处理。

二、选择题

1．Windows NT 和 Windows 2000 操作系统能设置为在几次无效登录后锁定账号，这可以防止（　　　）。

    A．木马　　　　　　　　B．暴力攻击　　　　　　C．IP 欺骗　　　　　　D．缓存溢出攻击

2．在网络安全中，截取是指未授权的实体得到了资源的访问权，这是对（　　　）。

    A．可用性的攻击　　　B．完整性的攻击　　　C．保密性的攻击　　　D．真实性的攻击

3．黑客利用 IP 地址进行攻击的方法有（　　　）。

    A．IP 地址欺骗　　　　B．解密　　　　　　　C．窃取口令　　　　　D．发送病毒

4．以下不属于代理服务技术优点的是（　　　）。

    A．可以实现身份认证　　　　　　　　　　B．内部地址的屏蔽和转换功能

    C．可以实现访问控制　　　　　　　　　　D．可以防范数据驱动侵袭

5．包过滤技术与代理服务技术相比较（　　　）。

    A．包过滤技术安全性较弱、但会对网络性能产生明显影响

    B．包过滤技术对应用和用户是绝对透明的

    C．代理服务技术安全性较高、但不会对网络性能产生明显影响

    D．代理服务技术安全性高，对应用和用户透明度也很高

6．在建立堡垒主机时，（　　　）。

    A．在堡垒主机上应设置尽可能少的网络服务

    B．在堡垒主机上应设置尽可能多的网络服务

    C．对必须设置的服务给予尽可能高的权限

    D．不论发生任何入侵情况，内部网始终信任堡垒主机

7．下面关于病毒的叙述正确的是（　　　）。

    A．病毒可以是一个程序　　　　　　　　B．病毒可以是一段可执行代码

    C．病毒能够自我复制　　　　　　　　　D．A、B、C 都正确

8．以下哪一项不属于入侵检测系统的功能？（　　　）

    A．监视网络上的通信数据流　　　　　　B．捕捉可疑的网络活动

    C．提供安全审计报告　　　　　　　　　D．过滤非法的数据包

9．入侵检测系统的第一步是（　　　）。

    A．信号分析　　　　　　B．信息收集　　　　　　C．数据包过滤　　　　　D．数据包检查

10．以下哪一项不是入侵检测系统利用的信息？（　　　）

    A．系统和网络日志文件　　　　　　　　B．目录和文件中的不期望的改变

    C．数据包头信息　　　　　　　　　　　D．程序执行中的不期望行为

11. 以下关于计算机病毒特征的说法，正确的是（　　）。

　　A. 计算机病毒只具有破坏性，没有其他特征

　　B. 计算机病毒具有破坏性，不具有传染性

　　C. 破坏性和传染性是计算机病毒的两大主要特征

　　D. 计算机病毒只具有传染性，不具有破坏性

12. 以下关于宏病毒的说法，正确的是（　　）。

　　A. 宏病毒主要感染可执行文件

　　B. 宏病毒仅对办公自动化程序编制的文档进行传染

　　C. 宏病毒主要感染软盘、硬盘的引导扇区或主引导扇区

　　D. CIH 病毒属于宏病毒

13. 以下关于 VPN 的说法，正确的是（　　）。

　　A. VPN 是用户自己租用的，和公共网络物理上完全隔离的、安全的线路

　　B. VPN 指的是用户通过公用网络建立的临时的、安全的连接

　　C. VPN 不能做到信息认证和身份认证

　　D. VPN 只能提供身份认证、不能提供加密数据的功能

14. 从系统结构上来看，入侵检测系统可以不包括（　　）。

　　A. 数据源　　　　　B. 分析引擎　　　　C. 审计　　　　　　D. 响应

15. 通用入侵检测框架（CIDF）模型中，（　　）的目的是从整个计算环境中获得事件，并向系统的其他部分提供此事件。

　　A. 事件产生器　　　B. 事件分析器　　　C. 事件数据库　　　D. 响应单元

16. NIDS 的数据来源主要是（　　）。

　　A. 系统的审计日志　　　　　　　　　　B. 系统的行为数据

　　C. 应用程序的事务日志文件　　　　　　D. 网络中的数据包

17. 仅利用交换机上的 ACL 实现的防火墙属于（　　）。

　　A. 包过滤防火墙　　　　　　　　　　　B. 双重宿主主机防火墙

　　C. 屏蔽主机防火墙　　　　　　　　　　D. 屏蔽子网防火墙

三、名词解释

1. 代理服务技术

2. DMZ

3. NIDS

4. 勒索病毒

四、简答题

1. 什么是网络安全？其特征有哪些？

2. 简述内部网络、外部网络和 DMZ 之间的关系。

3. 简述入侵检测系统的概念及常用的 3 种入侵检测方法。

4. 简述病毒、蠕虫、木马、后门的特征与区别。

案例分析

国路安"云纵深防御"为企业构筑创新边界安全 保护现代企业"成长基因"

【天极网网络安全频道11月21日消息】知识产权对依靠智力资本实现发展的现代企业尤其关键，一旦研发成果或销售机密被竞争者获取，企业的核心竞争力就很可能在瞬间化为乌有。然而，在利用各种网络安全防护手段对抗外部威胁的同时，传统的内网安全架构与缺乏实效性的监管措施已使数据泄密事件频发。为此，作为国内领先的解决与服务应用安全的厂商——国路安（GLA）创新性地提出了"云纵深防御"解决方案，通过安全桌面虚拟化和云安全网关技术帮助中小企业打造全新网络边界，保护企业赖以生存的智慧财富。

内网安全遭遇挑战，需求与现实差距甚远

Gartner的调查数据显示，时下有超过85%的安全威胁来自企业内网，而在针对企业内网的信息窃取和监守自盗中，30%～40%是企业高管或员工通过盗取电子文档来获取机密信息，其中14%的目标是针对专利信息进行窃取。由此可以看出，虽然很多企业的信息安全防护体系都将外部的威胁设为重中之重，但数据泄露事件却越演越烈，许多创新的产品信息、业务计划、客户资料等涉密数据信息都被暴露。

大量引以为戒的案例，致使许多现代企业都在调整安全资金投入的方向，并在改善内网安全环境的同时推出了更为严格的惩戒制度。但在内网安全实践的道路上，许多管理者却发现目标与现实之间存在着很大的差距。首先是网络中要不断地加入或升级防火墙、IDS、准入控制、行为审计等安全边界设备，大量的信息化资金被占用。其次是在终端设备上安装的防病毒软件、终端安全控制软件、移动存储介质管理软件、防非法外联软件、DLP软件等，都导致运维部门承受着人力匮乏、技术落后、执行力低下等极其不相称的安全职责。

作为"智慧财富"的载体，现代企业信息系统面临的安全风险日渐加剧。为此，国路安认为，有两个关键因素导致内网安全性提高效果不佳：一是在传统的防护结构中，每台终端及应用操作人员都是系统与外部环境之间的边界，这类边界数量多、分布范围广、类型复杂、安全管理控制难度大；二是安全机制问题，传统安全机制主要采用"黑名单"安全机制，如杀毒软件或入侵检测，但是生产系统具有相对明确的操作人员和运行流程，呈现出明显的"白名单"管理特征，因此在生产系统中采用"黑名单"传统机制，会出现系统安全性能低、安全效果差的缺点。

从架构到过程"闭环应用"严防数据泄露

为了解决现代企业内网安全遇到的财力与人力难题，国路安在业界率先推出了具有创新价值的"云纵深防御"解决方案（见图3-11）。云纵深防御架构通过安全虚拟化技术和应用安全网关系统，将应用系统（包括应用终端和应用服务器）整体部署到"云"端（即传统的数据中心或机房），从而有效减少应用系统与外部环境之间的边界数量和边界种类。另外，"云纵深防御"还采用"白名单"安全机制对应用操作人员及其操作行为进行安全控制和规范，从根本上提高应用系统的安全性和安全效率。

在产品、研发等涉密部门，通过安全云桌面系统，将内网信息系统的应用边界转移到机房，用户仅能通过机房内的应用终端访问涉密的应用系统，而日常的上网行为则与工作内容完全隔离。在这个"闭环"网络中，用户的操作终端与应用终端之间是物理分离的，它们之间的信息交换只能通过安全云桌面系统，从结构上减少系统的安全风险，并降低手动更新与维护管理的难度。另外，作为双重保护，云桌面中的应用程序只能在基于密码技术加密的"白名单"机制下运行，只有授权程序方可安装和访问，这有效防范了各种已知或未知的木马病毒。

技术服务于应用，不可反之。所以，每一个决策者都不愿意为了新技术而大幅调整应用，因为员工需要相当一段时间"再调整、再适应"。对此，云纵深防御中采用了国路安独有的业务系统前置应用安全网关，在不改变应用的前提下，对各区域应用进行协议代理和访问控制。前置应用安全网关可实现基于CA证书的身份认证，以及细粒度、标记化的访问控制，并确保整个应用过程可审计、可加密、可追踪。同时，由于所有的控制是针对应用而非针对物理资源的，因此，即使采用VPN等远程访问，同样实现了云计算环境下的应用安全隔离和访问控制。

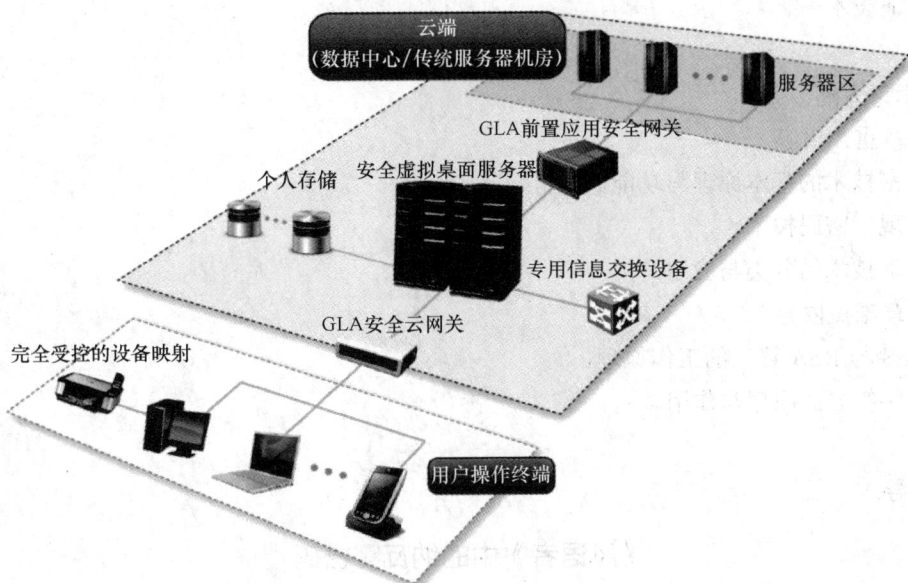

图 3-11　国路安"云纵深防御"部署图

数据已经成为现代企业改变现在、应对未来的黄金筹码，而它一旦遭遇盗取，落入不法之徒手中，也将成为悬在人们头上的达摩克利斯之剑。因此，现代企业的知识产权不但需要外部法规等各项措施的协同保护，同时也需要在内部环境中形成积极有效的措施，以此让企业最重要的"成长基因"得到真正保护。

（资料来源：天极网，2013-11-21）

根据案例回答问题

（1）简述企业内部网安全威胁的来源。

（2）本案例中涉及哪些安全技术的应用？

（3）结合案例说明多种安全技术综合应用、构建安全体系的重要性。

第4章 加密与认证技术

本章主要内容

- ◆ 加密技术基本理论
- ◆ 古典密码算法
- ◆ 对称密码算法
- ◆ 非对称密码算法
- ◆ 认证技术

本章学习方略

◆ 本章重点内容

（1）加密技术的基本原理与功能。

（2）近现代密码技术。

（3）认证技术的分类与应用。

◆ 本章难点内容

（1）DES 与 RSA 算法的工作原理。

（2）数字签名的原理与作用。

案例导入

《风语者》中的纳瓦霍密码

1942年4月，21岁的纳瓦霍人切斯特·内兹，谎报年龄加入了美国海军陆战队，和其他28名纳瓦霍小伙子一起，离开世代居住的印第安保留区，远赴二战中的太平洋战场。当时恐怕没有人会想到，他们将成为"风语者"，在战争中发挥难以估量的作用。吴宇森导演的电影《风语者》正是以他们为原型的。

这些纳瓦霍战士和密码专家一起编制了一套有211个军事术语的纳瓦霍语密码。为了保密，这套密码不能被书写、记录，只能被记在脑子里。这套密码设计完成后，美军情报部门找来密码专家，花了3周时间试图破译一条纳瓦霍语密码编写的信息，终告失败。

这套密码有两种编制方法：一是用一些不相干的纳瓦霍语单词连接起来表达一个英文单词；另一种编写方法就更简单了，是直接用一些纳瓦霍单词对应特定的事物。例如，"猫头鹰"对应"侦察机"，"蜂鸟"对应"战斗机"等。这套并不复杂的密码，对于不了解纳瓦霍语的日本人来讲无异于外星语言，难以破译。战场上，纳瓦霍语密码战士甚至可以直接使用通信器材对话。在塞班岛战役中，一支行进中的美军接连遭到自己人的炮击，他们在电台中疾呼："停止炮击！"但美军炮兵怀疑是日本人在模仿美军电台的通信，只好问道："你们有纳瓦霍战士吗？"直到一名纳瓦霍语密码战士传达了同样的指令，炮击才停止。这一真实事件被展现在电影《风语者》中。

日军为了破译这些密码，曾俘虏了一名未经训练的普通纳瓦霍士兵。冰天雪地中，日军把这名士兵的衣服剥光，让他的脚和地面冻在一起，逼他破解密码。但这名可怜的士兵根本就翻译不出来。

这些"人体密码机"的成功，使纳瓦霍语密码战士的需求量骤然加大。整个战争期间，训练营一共招收训练了420名纳瓦霍语密码战士，经过严格的筛选，最终走上战场的有379人。他们的主要任务是随先头部队向日军纵深突进，随时和指挥部保持联系，汇报战斗的情况、传达上级命令、呼叫炮火和空中支援。在1945年2月的硫磺岛战役中，6名纳瓦霍语密码战士在战斗打响的48小时内，共收发800多条信息，无一错误，为美军在登陆初期压制并克服日军防御部队的顽抗立下战功。海军陆战队第五师信号官霍华德•康纳后来说："如果没有这些纳瓦霍语密码战士，我们根本无法攻克硫磺岛。"

从瓜达尔卡纳尔岛、塞班岛、硫磺岛到冲绳岛，纳瓦霍语密码战士参加了美军1942年到1945年间在太平洋战场上对日的所有战役。他们使用的密码被称为"无敌密码"。

（资料来源：《国家人文历史》，2014（13））

电子商务要求用户可以在网上进行各种商务活动，不必担心交易信息被窃取、自己的信用卡被人盗用。在过去，用户为了防止信用卡的号码被窃取，一般是通过电话订货，然后使用用户的信用卡进行付款。现代加密技术的应用在很大程度上解决了电子商务交易机密性和支付安全性的问题。例如，通过对称加密技术可以保障交易的机密性，通过公钥体系可以实现数字证书、数字签名等认证问题。

本章主要介绍加密技术、认证技术的基本理论，主要包括古典加密算法、对称加密算法、非对称加密算法、数字签名等技术的原理与应用。

4.1 加密技术基本理论

4.1.1 加密技术的起源与发展

数据加密技术已经有两千多年的历史了，古埃及人就用过象形文字来表述自己想要表达的意愿，但是随着时代的进步，古巴比伦和古希腊都开始用一些方法来保护他们的古文明和古文化。由于科技的进步，加密技术也被用于军事，如第二次世界大战及美国内战中都运用过此技术。随着计算机的不断演变，计算能力也在增强，所以加密技术逐渐发展，趋向高深难懂。

视频 4-1

密码学是一个既古老又新兴的学科。密码学有一个奇妙的发展历程，密码技术几乎与文字的历史一样长，大概可以分为 4 个阶段。

1. 古典密码（远古至 1949 年）

古典密码时期可以看作科学密码学的前夜，这阶段的密码技术可以说是一种艺术，而不是一种科学，密码学专家常常是凭知觉和信念来进行密码设计和分析，而不是推理和证明。

古代加密方法大约起源于公元前 440 年的古希腊战争中的隐写术。斯

芦花丛中一扁舟，
俊杰俄从此地游，
义士若能知此理，
反躬难逃可无忧。

图 4-1　藏头诗

巴达人于公元前 400 年将密码棒（Scytale）加密工具用于军官间传递秘密信息。我国古代也早就出现以藏头诗（见图 4-1）、藏尾诗、漏格诗及绘画等形式，将需表达的消息或"密语"隐藏在诗文或画卷中特定位置的记载。尽管这些古代加密方法只能限定在局部范围内使用，但却体现了密码学的若干典型特征。

在第一次世界大战进行到关键时刻时，英国破译密码的专门机构"40 号房间"利用缴获的德国密码本破译了著名的"齐默尔曼电报"，促使美国放弃中立参战，改变了战争进程。在第二次世界大战期间，德国人创建了加密信息的机器——Enigma 编码机。最后，由于艾伦·图灵（Alan Turing）等的努力，英国情报部门在一些波兰人的帮助下，于 1940 年破译了德国直至 1944 年还自认为是可靠的转轮机密码系统，使德方遭受重大损失。

2. 近代密码（1949—1975 年）

1949 年，香农（C. E. Shannon）发表的《保密系统的通信理论》为近代密码学建立了理论基础。密码学直到今天仍具有艺术性，是具有艺术性的一门科学。从 1949 年到 1967 年，密码学文献近乎空白。许多年前，密码学是军队独家专有的领域。美国国家安全局和苏联、英国、法国、以色列及其他国家的安全机构已将大量的财力投入加密自己的通信，同时又千方百计地加入破译别人的通信的游戏之中，面对这些政府行为，个人既无专门知识又无足够财力保护自己的秘密。

1967 年，大卫·卡恩（David Kahn）所著《破译者》（The Codebreakers）的出现，对以往的密码学历史做了相当完整的记述。《破译者》的意义不仅在于涉及相当广泛的领域，更在于它使成千上万的人了解了密码学。

此后，密码学文章开始大量涌现。大约在同一时期，早期为空军研制敌我识别装置的德国密码学家霍斯特·费斯特（Horst Feistel）在纽约约克镇高地的 IBM Watson 实验室里花费了毕生精力致力于密码学的研究。在那里他开始着手美国数据加密标准（DES）的研究，到 20 世纪 70 年代初期，IBM 发表了霍斯特·费斯特和他的同事在这个课题方面的几篇技术报告。

3. 现代密码（1976 年至今）

1976 年迪菲（Diffie）和赫尔曼（Hellman）发表的文章《密码学的新动向》一文导致了密码学上的一场革命。他们首先证明了在发送端和接收端无密钥传输的保密通信是可能的，从而开创了公钥密码学的新纪元。

1978 年，罗纳德·李维斯特（R. L. Rivest）、阿迪·沙米尔（A. Shamir）和伦纳德·阿德曼（Leonard M. Adleman）实现了 RSA 公钥密码体制。

根据 1969 年哥伦比亚大学的斯蒂芬·威斯纳（Stephen Wiesner）首次提出的"共轭编码"（Conjugate Coding）的概念，1984 年，班奈特（Bennett）和布拉萨尔（Brassard）在其思想的启发下，提出量子理论 BB84 协议，从此量子密码理论宣告诞生。其安全性在于：可以发现窃听行为，可以抗击无限能力计算行为。

1985 年，米勒（Miller）和科布利茨（Koblitz）首次将有限域上的椭圆曲线用到了公钥密码系统中，其安全性基于椭圆曲线上的离散对数问题。

1989 年，马修斯（Mathews）、维勒（Wheeler）、佩科拉（Pecora）和卡罗尔（Carroll）等人首次把混沌理论应用到序列密码及保密通信理论中，为序列密码研究开辟了新途径。

2000 年，欧洲联盟启动了新欧洲数据加密、数字签名、数据完整性计划（NESSIE），研究适应于 21 世纪信息安全发展全面需求的序列密码、分组密码、公开密钥密码、Hash 函数，以及随机噪声发生器等技术。

4. 量子密码（未来）

近年来，由于量子力学和密码学的合作，出现了量子密码学（Quantum Cryptography），它可完成单由数学无法完成的完善保密系统。量子密码装置一般采用单个光子实现，根据海森堡的测不准原理，测量这一量子系统会对该系统产生干扰并且会产生该系统测量前状态的不完整信息。因此，窃听一量子通信信道就会产生不可避免的干扰，合法的通信双方则可由此察觉到有人在窃听。量子密码学利用这一效应，使从未见过面且事先没有共享秘密信息的通信双方建立通信密钥，然后再采用香农已证明的是完善保密的一次一密钥密码通信，即可确保双方的秘密不泄露。

密码技术的发展历程如表 4-1 所示。

表 4-1　密码技术的发展历程

1949 年，香农发表的《保密系统的通信理论》为近代密码学建立了理论基础
1949—1967 年，密码学文献近乎空白
1967 年，大卫·卡恩的《破译者》出现
1974 年，IBM：卢西弗（Luciffer）密码，128 位密钥进行分组加密
1976 年，迪菲和赫尔曼在《密码学的新动向》中首次提出适应网络保密通信的公开密钥思想，揭开现代密码学研究的序幕，具有划时代的意义
1976—1977 年，美国国家标准局正式公布实施 DES
1977—1978 年，罗纳德·李维斯特、阿迪·沙米尔和伦纳德·阿德曼第一次提出公开密钥密码系统的实现方法 RSA
1981 年，成立国际密码学研究协会
1985 年，厄格玛尔（ElGamal）提出概率密码系统 ElGamal 算法
1990—1992 年，瑞士联邦技术学院来学嘉（X.J.Lai）和梅西（Massey）提出 IDEA 算法
2000 年，高级加密标准 AES 诞生
2015 年，美国国家标准及技术研究所（NIST）正式公布了针对后量子算法的标准化项目

4.1.2　加密模型与密码体制

密码系统将消息从明文加密成密文，再从密文转换回明文，密钥和算法是密码系统中的两个基本要素。

任何一个密码系统都包含明文空间、密文空间、密钥空间和算法。密码系统的两个基本单元是算法和密钥。其中算法是相对稳定的，视为常量；密钥则是不固定的，视为变量。密钥的安全性是系统安全的关键，因此为了密码系统的安全，频繁更换密钥是必要的，在密钥的分发和存储时应当特别小心。

发送方用加密密钥，通过加密设备或算法，将信息加密后发送出去。接收方在收到密文后，用解密密钥将密文解密，恢复为明文。如果传输中有人窃取，他只能得到无法理解的密文，从而对信息起到保密作用。简单加密、解密过程如图 4-2 所示。

在密码学中，有一个五元组：{明文、密文、密钥、加密算法、解密算法}，对应的加密方案称为密码体制。密码体制一般是指密钥空间与相应的加密运算结构，同时还包括明文和密文的结构特征。密码体制的构成包括以下要素。

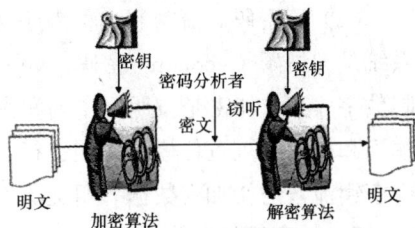

图 4-2　加密、解密过程示意图

M：明文消息空间，表示所有可能的明文组成的有限集。

C：密文消息空间，表示所有可能的密文组成的有限集。

K：密钥空间，表示所有可能的密钥组成的有限集。

E：加密算法集合，是将明文变换为密文的变换函数，相应的变换过程称为加密。加密算法一般表示为 $C=E(M, k_e)$。

D：解密算法集合，是将密文恢复为明文的变换函数，相应的变换过程称为解密，即解码的过程。解密算法一般表示为 $M=D(C, k_d)$，*D* 是 *E* 的逆变换。

4.1.3　密码技术的分类

密码技术可以按照不同的分类方法划分，常用的密码分类方法为以下 3 种。

1. 按发展阶段分类

密码技术的发展分为 3 个阶段，但最早期的古代密码没有一定的规律，还不能成为一门科学，所以按照时间可以分为古典密码和近现代密码。

（1）古典密码。古典密码编码方法归根结底主要有两种：置换和代换。把明文中的字母重新排列，字母本身不变，但其位置改变了，这样编成的密码称为置换密码。最简单的置换密码是把明文中的字母顺序倒过来，然后截成固定长度的字母组作为密文。代换密码则是将明文中的字符替代成其他字符。

（2）近现代密码。密码学的发展与计算机技术的发展密不可分，随着计算机性能的提高，密码技术得到很大提高，主要包括对称加密技术（如 DES）和非对称加密技术（如 RSA），这些技术也成了现代信息安全的主要支撑。

2. 按加密方式分类

由于明文的大小是不同的，因而人们在加密过程中必须进行分段逐步加密。不管何种内容的明文在计算机中都是以二进制方式存储的，所以加密过程中可以对每位二进制进行加密变换，也可以多个字节为单位进行加密变换。按加密方式，密码技术可分为分组密码与流密码。

（1）分组密码。分组密码取用明文的一个区块和钥匙，输出相同大小的密文区块。由于信息通常比单一区块还长，因此有了各种方式将连续的区块编织在一起。DES 和 AES 是美国联邦政府核定的分组密码标准（AES 将取代 DES）。尽管将从标准上废除，但 DES 依然很流行（Triple-DES 变形仍然相当安全），从自动交易机、电子邮件到远端存取，DES 在非常多的应用上被使用。也有许多其他的区块加密被发明和使用，它们的品质与应用各有不同，其中不乏被破解者。

（2）流密码。流密码也称为序列密码，其思想起源于 20 世纪 20 年代，最早的二进制序列密码系统是弗纳姆（Vernam）密码。Vernam 密码将明文消息转化为二进制数字序列，密钥序列也为二进制数字序列，加密是按明文序列和密钥序列逐位模 2 相加（异或操作 XOR）进行，解密也是按密文序列和密钥序列逐位模 2 相加进行。序列密码的工作原理如图 4-3 所示，其中在加密端所使用的"加密密钥流"与待加密数据"明文流"的数据比特长度相同。

3. 按密钥体制分类

在密码体制中，加密、解密可以采用相同的密钥也可采用不同的密钥。根据密码体制中所用密钥的不同，密码技术可以分为单钥密码体制、双钥密码体制和混合密码体制。

（1）单钥密码体制。单钥密码体制也称为对称密码体制或私钥体制，本质特征是所用的加密密钥和解密密钥相同，或实质上等同，从一个可以推出另外一个。单钥体制不仅可用于数据加密，也可用于消息的认证，最有影响的单钥密码是 1977 年美国国家标准学会颁布的 DES 算法。系统的保密性主要取决于密钥的安全性。

图 4-3　序列密码的工作原理

如何将密钥安全可靠地分配给通信对方，包括密钥产生、分配、存储、销毁等多方面的问题，统称为密钥管理，这是影响系统安全的关键因素。

（2）双钥密码体制。双钥密码体制也称为非对称密码体制或公钥体制，双钥密码体制是由迪菲和赫尔曼于 1976 年提出的，双钥密码体制的主要特点是加密和解密所使用的密钥不同，它既可用于实现公共通信网的保密通信，也可用于认证系统中对消息进行数字签名。为了同时实现保密性和对消息进行确认，在明文消息空间和密文消息空间等价且加密、解密运算次序可换的情况下，可采用双钥密码体制实现双重加密、解密的功能。

双钥密码体制的优点是可以公开加密密钥，适应网络的开放性要求且仅需保密解密密钥，所以密钥管理问题比较简单。此外，双钥密码可以用于数字签名等新功能。最有名的双钥密码体制是 1977 年由李维斯特、沙米尔和阿德曼等人提出的 RSA 密码体制。双钥密码的缺点是双钥密码算法一般比较复杂，加解密速度慢。

（3）混合密码体制。实际应用时，人们多采用双钥和单钥密码相结合的混合密码体制（见图 4-4），即加密、解密时采用单钥密码，密钥传送则采用双钥密码。这样既解决了密钥管理的困难，又解决了加密、解密速度的问题。

例如，数字信封就是通过非对称加密的结果分发对称密钥的方法，是实现信息完整性的技术。数字信封包含被加密的内容和被加密的用于加密该内容的密钥，采用的对称加密算法是 DES。

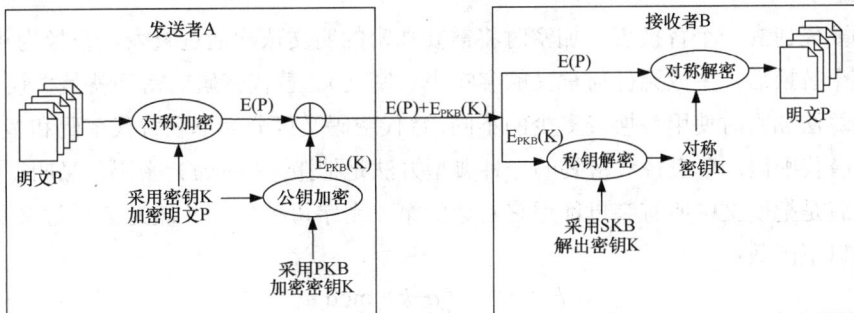

图 4-4　混合密码体制

4.1.4　密码学概述

密码学作为数学的一个分支，是研究信息系统安全保密的科学，是密码编码学和密码分析学的统称。

（1）密码编码学。密码编码学是使消息保密的技术和科学。密码编码学是密码体制的设计学，即怎样编码、采用什么样的密码体制保证信息被安全地加密。

（2）密码分析学。密码分析学是与密码编码学相对应的技术和科学，即研究如何破译密文的科学和技术。密码分析学是在未知密钥的情况下从密文推演出明文或密钥的技术。

常用的密码分析攻击方法包括唯密文攻击、已知明文攻击、选择明文攻击、自适应选择明文攻击、选择密文攻击、软磨硬泡攻击等。

4.2 古典密码算法

4.2.1 古典密码的基本思想

古典密码也称为传统密码技术，一般是指在计算机出现之前所采用的密码技术，主要由文字信息构成。在计算机出现前，密码学是由基于字符的密码算法构成的。不同的密码算法主要是由字符之间互相代换或互相之间换位所形成的算法。

传统加密方法加密的对象是文字信息。文字由字母表中的字母组成，在表中，字母是按顺序排列的，可赋予它们相应的数字标号，再用数学方法进行变换。古典密码作为密码学的渊源，其基本思想是基于"替代"与"换位"，其多种方法充分体现了单钥加密的思想。

古典密码大都比较简单，可用手工或机械操作实现加解密，虽然现在很少采用，但研究这些密码算法的原理，对于理解、构造和分析现代密码是十分有益的。古典密码算法主要有代码加密、替代加密、变位加密、一次性密码本加密等几种算法。

4.2.2 几种古典密码及其算法

1. 替代密码

替代密码要先建立一个替换表，加密时将需要加密的明文依次通过查表，替换为相应的字符，明文字符被逐个替换后，生成无任何意义的字符串（密文）。替代密码的密钥就是替换表。

根据密码算法加密时使用替换表多少的不同，替代密码又可分为单表替代密码和多表替代密码。

（1）单表替代密码。单表替代密码的一种典型方法是恺撒（Caesar）密码，又叫循环移位密码。它的加密方法就是把明文中所有字母都用它右边的第 k 个字母替代，并认为 Z 后边又是 A。这种映射关系表示为以下函数：

$$F(a) = (a+k) \bmod n$$

其中：a 表示明文字母，n 为字符集中字母个数，k 为密钥。

映射表中，明文字母在字母表中的相应位置数为 C（如 A=1，B=2 等），形式如下：

设 k=3，对于明文 P=COMPUTE SYSTEMS，则

$f(C) = (3+3) \bmod 26=6=F$

$f(O) = (15+3) \bmod 26=18=R$

f（M）=（13+3）mod 26=16=P

…

f（S）=（19+3）mod 26=22=V

密文 $C=E_k$（P）=FRPSXRWHUVBVWHPV。

除了恺撒密码，在其他的单表替代法中，有的字母表被打乱。例如，在字母表中首先排列出密钥中出现的字母，然后在密钥后面填上剩余的字母。如密钥是 HOW，那么新的字母表就是：

HOWABCDEFGIJKLMNPQRSTUVXYZ

这个密钥很短，多数明文字母离开其密文等价字母，仅有一个或几个位置。若用长的密钥字，则距离变大，因而便难以判断密钥是何字母。

（2）多表替代密码。周期替代密码是一种常用的多表替代密码，又称为维吉尼亚（Vigenere）密码。这种替代法是循环地使用有限个字母来实现替代的一种方法。若明文信息 $M_1M_2M_3\cdots M_n$，采用 n 个字母（n 个字母为 B_1，B_2，…，B_n）替代法，那么，M_1 将根据字母 B_n 的特征来替代，M_{n+1} 又将根据 B_1 的特征来替代，M_{n+2} 又将根据 B_2 的特征来替代……如此循环。可见 B_1，B_2，…，B_n 就是加密的密钥。

这种加密表以字母表移位为基础，把 26 个英文字母进行循环移位，排列在一起，形成 26×26 的方阵。该方阵被称为维吉尼亚表（见图 4-5）。

	A	B	C	D	E	F	G	H	I	J	K	L	M	N	O	P	Q	R	S	T	U	V	W	X	Y	Z
A	A	B	C	D	E	F	G	H	I	J	K	L	M	N	O	P	Q	R	S	T	U	V	W	X	Y	Z
B	B	C	D	E	F	G	H	I	J	K	L	M	N	O	P	Q	R	S	T	U	V	W	X	Y	Z	A
C	C	D	E	F	G	H	I	J	K	L	M	N	O	P	Q	R	S	T	U	V	W	X	Y	Z	A	B
D	D	E	F	G	H	I	J	K	L	M	N	O	P	Q	R	S	T	U	V	W	X	Y	Z	A	B	C
E	E	F	G	H	I	J	K	L	M	N	O	P	Q	R	S	T	U	V	W	X	Y	Z	A	B	C	D
F	F	G	H	I	J	K	L	M	N	O	P	Q	R	S	T	U	V	W	X	Y	Z	A	B	C	D	E
G	G	H	I	J	K	L	M	N	O	P	Q	R	S	T	U	V	W	X	Y	Z	A	B	C	D	E	F
H	H	I	J	K	L	M	N	O	P	Q	R	S	T	U	V	W	X	Y	Z	A	B	C	D	E	F	G
I	I	J	K	L	M	N	O	P	Q	R	S	T	U	V	W	X	Y	Z	A	B	C	D	E	F	G	H
J	J	K	L	M	N	O	P	Q	R	S	T	U	V	W	X	Y	Z	A	B	C	D	E	F	G	H	I
K	K	L	M	N	O	P	Q	R	S	T	U	V	W	X	Y	Z	A	B	C	D	E	F	G	H	I	J
L	L	M	N	O	P	Q	R	S	T	U	V	W	X	Y	Z	A	B	C	D	E	F	G	H	I	J	K
M	M	N	O	P	Q	R	S	T	U	V	W	X	Y	Z	A	B	C	D	E	F	G	H	I	J	K	L
N	N	O	P	Q	R	S	T	U	V	W	X	Y	Z	A	B	C	D	E	F	G	H	I	J	K	L	M
O	O	P	Q	R	S	T	U	V	W	X	Y	Z	A	B	C	D	E	F	G	H	I	J	K	L	M	N
P	P	Q	R	S	T	U	V	W	X	Y	Z	A	B	C	D	E	F	G	H	I	J	K	L	M	N	O
Q	Q	R	S	T	U	V	W	X	Y	Z	A	B	C	D	E	F	G	H	I	J	K	L	M	N	O	P
R	R	S	T	U	V	W	X	Y	Z	A	B	C	D	E	F	G	H	I	J	K	L	M	N	O	P	Q
S	S	T	U	V	W	X	Y	Z	A	B	C	D	E	F	G	H	I	J	K	L	M	N	O	P	Q	R
T	T	U	V	W	X	Y	Z	A	B	C	D	E	F	G	H	I	J	K	L	M	N	O	P	Q	R	S
U	U	V	W	X	Y	Z	A	B	C	D	E	F	G	H	I	J	K	L	M	N	O	P	Q	R	S	T
V	V	W	X	Y	Z	A	B	C	D	E	F	G	H	I	J	K	L	M	N	O	P	Q	R	S	T	U
W	W	X	Y	Z	A	B	C	D	E	F	G	H	I	J	K	L	M	N	O	P	Q	R	S	T	U	V
X	X	Y	Z	A	B	C	D	E	F	G	H	I	J	K	L	M	N	O	P	Q	R	S	T	U	V	W
Y	Y	Z	A	B	C	D	E	F	G	H	I	J	K	L	M	N	O	P	Q	R	S	T	U	V	W	X
Z	Z	A	B	C	D	E	F	G	H	I	J	K	L	M	N	O	P	Q	R	S	T	U	V	W	X	Y

图 4-5　维吉尼亚表

采用的算法为：

$$f(a)=(a+B_i)\ \mathrm{mod}\ n \qquad [i=(1,2,\cdots,n)]$$

例如，以 YOUR 为密钥，加密明文为 HOWAREYOU。

M　　=HOWAREYOU

K　　=YOURYOURY

E_k（M）=FCQRPSSFS

其加密过程就是以明文字母选择列，以密钥字母选择行，两者的交点就是加密生成的密文字母。解密时，以密钥字母选择行，从中找到密文字母，密文字母所在列的列名即为明文字母。

2. 移位密码

移位密码是采用移位法进行加密的。它把明文中的字母重新排列，本身不变，但位置变了。例如，把明文中的字母的顺序倒过来写，然后以固定长度的字母组发送或记录。

明文：computer systems

密文：smetsy sretupmoc

（1）列换位法将明文字符分割成 5 个一列的分组，并按一组后面跟着另一组的形式排好。如明文是：

WHAT YOU CAN LEARN FROM THIS BOOK

分组排列为：

W	H	A	T	Y
O	U	C	A	N
L	E	A	R	N
F	R	O	M	T
H	I	S	B	O
O	K	X	X	X

密文则以下面的形式读出：WOLFHOHUERIKACAOSXTARMBXYNNTOX

这里的密钥是数字 5。

移位密码是指明文的字母保持不变，但字母顺序被打乱后形成的密码。移位密码的特点是只对明文字母重新排序，改变字母的位置，而不隐藏它们，是一种打乱原文顺序的替代法。

（2）矩阵换位法是把明文中的字母按给定的顺序安排在一个矩阵中，然后用另一种顺序选出矩阵的字母来产生密文。如将明文 ENGINEERING 按行排在 3×4 矩阵中，最后一行不全则用 ABC…填充，如下所示，再给定一个置换。

根据给定的置换，将明文按第 2 列、第 4 列、第 1 列、第 3 列的次序排列，就得到密文：NIEGERNEN IG。（解密过程相同）

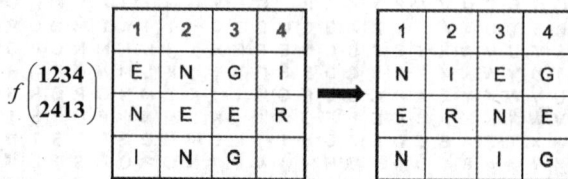

$$f\binom{1234}{2413}$$

1	2	3	4
E	N	G	I
N	E	E	R
I	N	G	

→

1	2	3	4
N	I	E	G
E	R	N	E
N		I	G

3. 一次一密钥密码

一次一密钥密码是指一个包括多个随机密码的密码字母集，这些密码就好像一个记事本，其中每页上记录一条密码。其使用方法类似日历的使用过程，每使用一个密码加密一条信息后，就将该页撕掉作废，下次加密时再使用下一页的密码。因此，一次一密钥密码是一种理想的加密方案。

1917 年，约瑟夫·莫博涅（Joseph Mauborgne）和 AT&T 公司的吉尔伯特·维尔南（Gilbert Vernam）发明了一次一密乱码本的加密方案。通常，一次一密乱码本是一个大的不重复的真随机密钥字母集，这个密钥字母集被写在几张纸上，并一起黏成一个乱码本，它最初用于电传打字机。发送方用乱码本中的每一密钥字母准确地加密每一个明文字符。加密是明文字符和一次一密乱码本密钥字符的模 26 加法。

例如，如果消息是 ONETIMEPAD，而取自乱码本的密钥序列是：TBFRGFARFM，那么密文就是 IPKLPSFHGQ，因为

(O+T)mod26=I

(N+B)mod26=P

(E+F)mod26=K

……

使用一次一密乱码本需要注意的是：密钥字母必须随机产生，密钥序列不能重复使用。尽管一次一密乱码本不能被破译，但却只能局限于某些应用。

4.2.3　转轮机

在 20 世纪 20 年代，人们发明了各种机械加密设备来自动处理加密。大多数是基于转轮的概念，将机械转轮用线连起来完成通常的密码代替。

转轮机有一个键盘和一系列转轮，它是维吉尼亚密码的一种实现。每个转轮是字母的任意组合，有 26 个位置，并且完成一种简单代替。例如，一个转轮可能用线连起来以完成用 F 代替 A、用 U 代替 B、用 L 代替 C 等，而且转轮的输出栓连接到相邻的输入栓。

为使机器更安全，可把多种转轮和移动的齿轮结合起来。因为所有转轮以不同的速度移动，所以 n 个转轮机器的周期是 $26n$。为进一步阻止密码分析，有些转轮机在每个转轮上还有不同的位置号。

恩尼格马（Enigma）是著名的转轮装置，它在第二次世界大战期间由德国人使用。它主要由经电线相连的键盘、转子和显示器组成，转子本身集成了 26 条线路（图 4-6 中显示了 6 条），把键盘的信号对应到显示器不同的小灯上去。

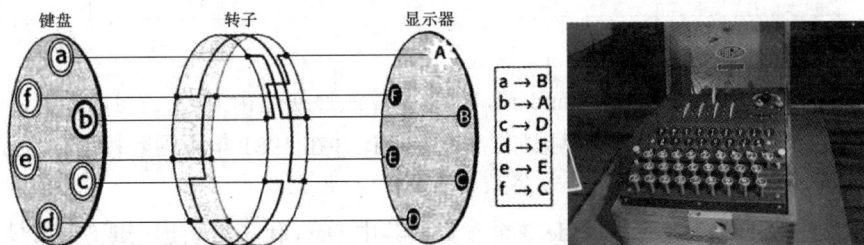

图 4-6　恩尼格马（Enigma）密码机原理图

4.3 对称密码算法

4.3.1　对称密码算法基础

1. 对称密钥密码思想

对称密钥密码算法的基本思想与传统密钥密码算法类似，采用移位和置换的方法。在该算法中，

加密密钥和解密密钥相同或相近，由其中一个很容易得出另一个，加密密钥和解密密钥都是保密的。

在大多数对称密钥密码算法中，加密密钥和解密密钥是相同的，对称密钥密码的算法是公开的，其安全性完全依赖于密钥的安全。

对称密钥密码体制的优点：算法简单、加密或解密速度快、便于用硬件实现。对称密钥密码体制的缺点：密钥位数少、保密强度不够、密钥管理（密钥的生成、保存和分发等）复杂。

2. Feistel 密码结构

1973 年 IBM 公司的霍斯特·费斯特描述了大部分对称分组（块）密码算法所具有的结构，其中包括 DES。加密算法的输入是长度为 20 000 位的明文块和密钥 K。把明文块分成 L_0 和 R_0 两部分。数据的这两个部分经过 n 次循环处理，然后结合在一起产生密文块。每个循环 i 都以上一次循环产生的结果 L_{i-1} 和 R_{i-1} 及总密钥 K 产生的子密钥 K_i 作为输入。在一般情况下，子密钥 K_i 是总密钥 K 经过一定算法产生的。

所有的循环都具有相同的结构。每次循环都对左半部分数据执行取代，具体做法是对右半部分的数据实施循环函数 F，然后将函数的输出结果与数据的左半部分进行异或（XOR）操作。对于每次循环来说，循环函数都具有通用的结构，只是使用不同的循环子密钥 K_i 为参数。

3. 数据加密标准的要求

（1）必须提供高度的安全性。

（2）具有相当高的复杂性，使得破译的开销超过可能获得的利益，同时又应便于理解和掌握。

（3）安全性应不依赖于算法的保密，其加密的安全性仅以加密密钥的保密为基础。

（4）必须适用于不同的用户和不同的场合。

（5）实现算法的电子器件必须很经济、运行有效。

（6）必须能够验证，允许出口。

4.3.2 DES算法简介

1. DES 算法的概念与特点

数据加密标准（Data Encryption Standard，DES）算法最初是由 IBM 公司研制的，于 1977 年由美国国家标准学会作为非机密数据的数据加密标准颁布，并在 1981 年由国际标准化组织作为国际标准颁布。

在 DES 算法中有 Data、Key、Mode 3 个参数。其中 Data 代表需要加密或解密的数据，由 8 字节（64 位）组成；Key 代表加密或解密的密钥，也由 8 字节（64 位）组成；Mode 代表加密或解密的状态。

DES 是一个分组加密算法，它以 64 位为一组对数据加密。64 位一组的明文从算法的一端输入，64 位的密文从另一端输出。DES 是一个对称算法：加密和解密用的是同一算法。密钥的长度为 56 位（密钥通常表示为 64 位的数，但每个第 8 位都用作奇偶校验，可以忽略）。密钥可以是任意的 56 位的数，且可在任意的时候改变。其中极少量的数被认为是弱密钥，但能容易地避开它们。所有的保密性依赖于密钥。

2. DES 对称密码算法

DES 算法的加密过程大体分为以下几个步骤。

① 初始置换（Initial Permutation，IP）是对输入的 64 位数据按照规定的矩阵改变数据位的排列顺序的换位变换，此过程与密钥无关。

② 子密钥生成是由 64 位外部输入密钥通过置换和移位操作生成加密和解密所需的 16 组（每组 56 位）子密钥的过程。

③ 乘积变换过程非常复杂，是加密过程的关键。该过程通过 16 轮重复的替代、移位、异或和置换操作打乱原输入数据。

④ 逆初始置换（IP^{-1}）与初始置换过程相同，只是置换矩阵是初始置换的逆矩阵。

具体的运算过程如下。

（1）初始置换（IP）。将 64 位明文按照初始置换表（见表 4-2）的规则进行置换。其置换过程为：将输入明文的第 58 位置换到第 1 位，第 50 位置换到第 2 位，第 42 位置换到第 3 位……第 7 位置换到第 64 位。

表 4-2 初始置换表

58	50	42	34	26	18	10	2	60	52	44	36	28	20	12	4
62	54	46	38	30	2	14	6	64	56	48	40	32	24	16	8
57	49	41	33	25	17	9	1	59	51	43	35	27	19	11	3
61	53	45	37	29	21	13	5	63	55	47	39	31	23	15	7

（2）子密钥生成。输入的密钥 K 是 64 位数据，但其中第 8、16、24、32、40、48、56、64 位用于奇偶校验，实际使用的密钥位只有 56 位。子密钥 K_i 的生成流程如图 4-7 所示。

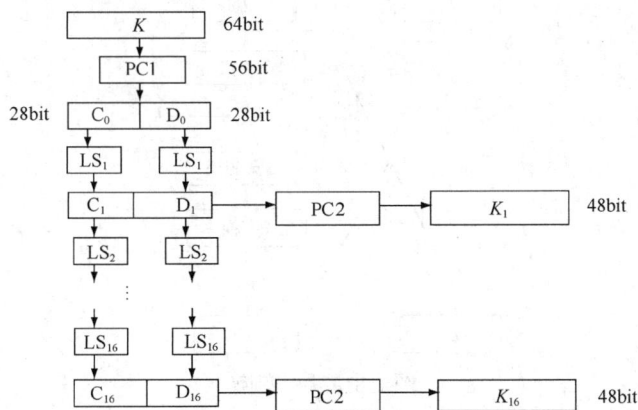

图 4-7 子密钥 K_i 的产生

第 1 步：PC1 变换。将 56 位密钥按位置换选择（PC1）的规律（见表 4-3）进行置换，变换后分为左右两路（C_0、D_0）各 28 位。

表 4-3 PC1 变换表

57	49	41	33	25	17	9	1	58	50	42	34	26	18
10	2	59	51	43	35	27	19	11	3	60	52	44	36
63	55	47	39	31	23	15	7	62	54	46	38	30	22
14	6	61	53	45	37	29	21	13	5	28	20	12	4

第 2 步：数据左移。将两个 28 位的 C_0 和 D_0 按表 4-4 的规则进行循环左移。表 4-4 中第 1 行表示迭代轮次，第 2 行表示左移的位数。左移的规律是将 C_0 和 D_0 所有的位按表中规定的位数循环左移。

表 4-4　循环移位表

轮	1	2	3	4	5	6	7	8	9	10	11	12	13	14	15	16
位数	1	1	2	2	2	2	2	2	1	2	2	2	2	2	2	1

第 3 步：PC2 变换和子密钥生成。C_0 和 D_0 左移 1 位后得到 C_1 和 D_1，再将 C_1 和 D_1 数据组合后（56 位）按照 PC2 变换的要求变换得到 48 位的子密钥 K_1，在进行第 1 轮迭代时使用 K_1；同理，将 C_1 和 D_1 左移 1 位得到 C_2 和 D_2，再将 C_2 和 D_2 数据组合后按照 PC2 变换的要求变换得到 48 位的子密钥 K_2……以此类推，就可以得到 K_3，K_4，…，K_{16}。PC2 变换如表 4-5 所示。PC2 变换是将输入的56 位数据变换为 48 位输出，该变换是一种压缩变换（见表 4-5）。

表 4-5　PC2 变换表

14	17	11	24	1	5	3	28	15	6	21	10
23	19	12	4	26	8	16	7	27	20	13	2
41	52	31	37	47	55	30	40	51	45	33	48
44	49	39	56	34	53	46	42	50	36	29	32

根据不同轮数分别进行左移和压缩变换，分别得到 16 个 48 位的子密钥 K_1，K_2，…，K_{16}。

（3）乘积变换。初始置换后的数据分为各 32 位的两部分，左部分为 L_0，右部分为 R_0，这样，$L_0 = D_{58}D_{50}D_{42}\cdots D_8$，$R_0 = D_{57}D_{49}D_{41}\cdots D_7$。乘积变换过程就是将 L_0 和 R_0 按照乘积变换运算公式进行迭代运算，最后得出 L_{16} 和 R_{16}，如图 4-8 所示。

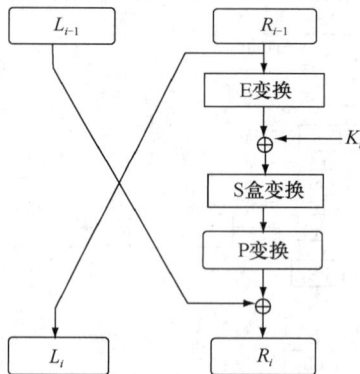

图 4-8　乘积变换

第 1 步：E 变换。E 变换是一个扩展变换，其过程是将 32 位的数据 R_{i-1} 变换成 48 位，变换规则如表 4-6 所示。

表 4-6　E 变换表

32	1	2	3	4	5	4	5	6	7	8	9
8	9	10	11	12	13	12	13	14	15	16	17
16	17	18	19	20	21	20	21	22	23	24	25
24	25	26	27	28	29	28	29	30	31	32	1

第 2 步：异或变换。将 E 变换输出的 48 位数据与 48 位的子密钥 K_i 进行异或运算，得到 48 位的 S 盒数据。

第 3 步：S 盒变换。将 48 位的 S 盒数据均分为 8 部分，每部分为 6 位，用 8 个 S 盒 S1～S8 表示。每个 S 盒的输入为 6 位，变换后输出为 4 位，即经过 8 个 S 盒 S1～S8 变换后输出为 32 位，如

图 4-9 所示。

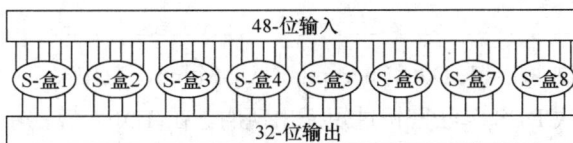

图 4-9　S 盒变换

S 盒的变换规则：以 S1 盒为例，将 6 位输入数据（a1a2a3a4a5a6）的中间 4 位（a2a3a4a5）对应的数值作为列，两端的 2 位（a1a6）对应的数值作为行，找到表 4-7 所示的 S1 转换表中相应的位，得到的数值再转换成二进制形式的 4 位数据，此即为 S1 盒的输出。其他 S 的转换表参见相关资料。

表 4-7　S1 转换表

14	4	13	1	2	15	11	8	3	10	6	12	5	9	0	7
0	15	7	4	14	2	13	1	10	6	12	11	9	5	3	8
4	1	14	8	13	6	2	11	15	12	9	7	3	10	5	0
15	12	8	2	4	9	1	7	5	11	3	14	10	0	6	13

第 4 步：P 变换。P 变换的过程是将 S 盒输出的 32 位数据进行位置变换，得到一个新的 32 数据组，因此 P 变换为线性变换，其变换规则如表 4-8 所示。

表 4-8　P 盒置换表

16	7	20	21	29	12	28	17	1	15	23	26	5	18	31	10
2	8	24	14	32	27	3	9	19	13	30	6	22	11	4	25

第 5 步：异或变换。P 变换输出的 32 位数据与 32 位的 L_{i-1} 异或后输出 32 位数据，此数据就是 R_i。当 $i \leqslant 15$ 时，R_i 与 L_i 各 32 位数据将被用来进行下一轮迭代变换。

（4）逆初始置换（IP^{-1}）。将第 16 轮迭代变换的输出 R_{16} 与 L_{16} 组合在一起构成 64 位数据组，作为逆初始置换（IP^{-1}）的输入。逆初始置换的变换规则如表 4-9 所示，置换完成后的数据即为 64 位密文。

表 4-9　逆初始置换表

40	8	48	16	56	24	64	32	39	7	47	15	55	23	63	31
38	6	46	14	54	22	62	30	37	5	45	13	53	21	61	29
36	4	44	12	52	20	60	28	35	3	43	11	51	19	59	27
34	2	42	10	50	18	58	26	33	1	41	9	49	17	57	25

（5）DES 算法的解密过程。DES 的解密算法与加密算法相同，解密密钥也与加密密钥相同，区别仅在于进行 16 轮迭代运算时使用的子密钥顺序与加密时是相反的，即第 1 轮用子密钥 K_{16}、第 2 轮用 K_{15}……最后一轮用子密钥 K_1。

（6）DES 算法的安全性。DES 是世界上使用最为广泛和流行的一种分组密码算法，被公认为世界上第一个实用的密码算法标准。

DES 的缺点是密钥位数太短（56 位），而且算法是对称的，使得这些密钥中还存在一些弱密钥和半弱密钥，因此容易被采用穷尽密钥方法解密。

由于 DES 算法完全公开，其安全性完全依赖于对密钥的保护，必须有可靠的信道来分发密钥。

4.3.3　其他对称密码算法

（1）三重数据加密算法（Triple Data Encryption Algorithm，TDEA）。TDEA 算法本质与 DES 算法是一致的。它是为了解决 DES 算法密钥过短而出现的。在 TDEA 算法中，使用三个密钥，执行 3 次 DES 算法（也称为 3DES），该算法的总密钥长度为 168 位（56 位的 3 倍）。

（2）高级加密标准（Advanced Encryption Standard，AES）算法。AES 算法是一个非保密的、全球免费使用的分组加密算法，并被确定为替代 DES 的数据加密标准。

美国国家标准局将 Rijndael（分组密码）算法制定为高级加密标准，Rijndael 算法具有加密强度高、可抵御所有已知攻击、运算速度快和灵活性好等特点。

（3）国际数据加密算法（International Data Encryption Algorithm，IDEA）。IDEA 算法是瑞士著名学者提出的。该算法是在 DES 算法的基础上发展起来的，类似于三重 DES，也是一种分组密码算法，分组长度为 64 位，但密钥长度为 128 位。该算法就是用 128 位密钥对 64 位二进制码数据进行加密的，同样用 128 位密钥对 64 位密文进行解密变换。

4 种对称密码算法的比较如表 4-10 所示。

表 4-10　4 种对称密码算法的比较

算法名称	密钥长度（位）	分组长度（位）	循环运算次数
DES	56	64	16
TDEA	112、168	64	48
AES	128、192、256	128	10、12、14
IDEA	128	64	8

4.4　非对称密码算法

4.4.1　非对称密码的基本思想

非对称密钥密码算法也叫作公开密钥密码算法。在该算法中，信息发送方和信息接收方所使用的密钥是不同的，即加密密钥与解密密钥不同，且由其中的一个密钥很难导出另一个密钥。

1976 年，迪菲和赫尔曼在其划时代的文献《密码学新方向》中提出公钥加密的概念，公钥加密是基于单向陷门（Trap Door）函数来实现的。单向陷门函数是指满足下列条件的函数 $f(x)$：

（1）给定 x，计算 $y=f(x)$ 是容易的；

（2）给定 y，计算 $x=f^{-1}(y)$ 是困难的；

（3）存在 δ，已知 δ 时，对给定的任何 y，若相应的 x 存在，则计算 $x=f^{-1}(y)$ 是容易的。

仅满足第一条、第二条的称为单向函数，第三条称为陷门性，δ 称为陷门信息。当用陷门函数 $f(x)$ 作为加密函数时可将 $f(x)$ 公开，这相当于公钥。$f(x)$ 函数的设计者将 δ 保密，用作解密密钥时，这相当于私钥。由于加密函数是公开的，任何人都可以将信息 x 加密成 $y=f(x)$，然后送给函数的设计者，当然可以通过不安全信道传送，由于设计者拥有 δ（私钥），他可以容易地解出 $x=f^{-1}(y)$。单向陷门函数的第二条性质表明窃听者由截获的密文 $y=f(x)$ 推测 x 是不可行的。

目前公钥密码系统单向陷门函数的设计主要依赖下面 3 种数学难题：背包问题、大整数因子分解问题、离散对数问题。

第 1 类公钥系统的安全性依赖于背包问题的多项式复杂程度的非确定问题（Non-deterministic Polynomial，NP）完全性。

第 2 类公钥系统是由麻省理工学院的三位科学家罗纳德•李维斯特（Ron Rivest）、阿迪•萨莫尔（Adi Shamir）和伦纳德•阿德曼（Leonard Adleman）于 1978 年提出的，简称 RSA 系统。

第 3 类公钥系统的安全性依赖于离散对数的计算困难性。著名的椭圆曲线加密算法（Elliptic Curve Cryptography，ECC）的安全性就是依赖于定义在椭圆曲线上点的离散对数问题的难解性。

公钥密码体制应满足以下要求。

（1）对任意明文进行加密变换是很容易的，并且若知道解密密钥，那么对密文的解密也是很容易的。

（2）信息的发送方对任意明文进行加密变换后，接收方进行解密变换就可以得到明文。

（3）若不知道解密密钥，那么即使知道加密密钥、具体的加密与解密算法以及密文，确定明文在计算上也是不可行的。

4.4.2　RSA算法

1．RSA 算法的原理

RSA 由其发明人罗纳德•李维斯特、阿迪•沙米尔和伦纳德•阿德曼姓名的第一个字母组合得来。RSA 的基础是数论的欧拉定理，它的安全性依赖于大数的因数。

RSA 算法研制的最初理念与目标是努力使互联网安全可靠，旨在解决 DES 算法的密钥利用公开信道传输分发不安全的问题。而实际结果不但很好地解决了这个难题，还可利用 RSA 来完成对电文的数字签名以对抗电文的否认与抵赖，同时还可以利用数字签名较容易地发现攻击者对电文的非法篡改，以保护数据信息的完整性。

RSA 是第一个比较完善的公开密钥算法，它既能用于加密，也能用于数字签名。在已公开的公钥算法中，RSA 是最容易理解和实现的。

2．RSA 算法的过程

RSA 的安全性基于数论中大整数的素数分解难题，其密钥对是一对大素数（100～200 位十进制数或更大），从一个公开密钥和密文中恢复出明文的难度等价于分解两个大素数之积。

（1）随机地选取两个不同的大素数 p 和 q（一般为 100 位以上的十进制数），并予以保密。

（2）计算 $n=p·q$，作为 A 的公开模数。

（3）计算 Euler（欧拉）函数：$\phi(n)=(p-1)·(q-1)$。

（4）随机地选取一个与 $\phi(n)$ 互素（即两个或多个整数的公因数只有 1 的非零自然数）的整数 e，作为 A 的公开密钥。

（5）用欧几里得算法，计算满足同余方程

$$e·d\equiv1\ (\mathrm{mod}\ \phi(n))$$

的解 d，作为 A 用户的保密密钥。

（6）任何向 A 发送明文的用户，均可用 A 的公开密钥 e 和公开模数 n，根据公式

$$C=M^e \pmod{n}$$

得到密文 C。

（7）用户 A 收到 C 后，可利用自己的保密密钥 d，根据公式

$$M=C^d \pmod{n}$$

得到明文 M。

3. RSA 算法实例：对"HI"进行加密

（1）密钥生成。

设 $p=5$，$q=11$，

则 $n=55$，$\phi(n)=40$

取 $e=3$，公钥（3，55）

$$3d \bmod 40=1$$

则 $d=27$，私钥（27，55）。

（2）加密（产生密文）。

设明文编码为：

空格=00，A=01，B=02，…，Z=26

则明文 HI=0809。

$$C1=(08)^3 \pmod{55}=512 \pmod{55}=17$$
$$C2=(09)^3 \pmod{55}=729 \pmod{55}=14$$
$$N=14,\ Q=17$$

所以，密文为 QN。

（3）解密（恢复明文）。

$$M1=C^d \pmod{55}=(17)^{27} \pmod{55}=08$$
$$M2=C^d \pmod{55}=(14)^{27} \pmod{55}=09$$

因此明文为"HI"。

4. RSA 算法的安全性

RSA 算法的安全性建立在难于对大数进行质因数分解的基础上，因此大数 n 是否能够被分解是 RSA 算法安全的关键。

由于用 RSA 算法进行的都是大数运算，这使得 RSA 算法无论是用软件实现还是硬件实现，其速度要比 DES 慢得多。因此，RSA 算法一般只用于加密少量数据。

RSA 的发明者建议取 p 和 q 为 100 位以上的十进制数，这样，n 为 200 位的十进制数。按每秒 2019 次运算的高速计算机也要计算 106 年。

4.4.3 其他非对称密码算法

其他常见的非对称密码算法：ElGamal（厄格玛尔）、背包算法、Rabin（拉宾）（RSA 方法的特例）、Diffie-Hellman（D-H）密钥交换协议中的公钥加密算法、椭圆曲线加密算法（Elliptic Curve Cryptography，ECC）。

ElGamal 算法是一个基于迪菲·赫尔曼密钥交换的非对称加密算法。它是在 1985 年由塔希尔·盖莫尔提出的，它的安全性取决于 G 上的离散对数难题。

椭圆曲线第一次运用于公钥密码算法是在 1985 年由尼尔·科布利茨和米勒提出来的。椭圆曲线数字签名算法（Elliptic Curve Digital Signature Algorithm，ECDSA）由 IEEE 工作组和美国国家标准学会（American National Standards Institute，ANSI）X9 组织开发。随即学者们展开了椭圆曲线密码学研究，除椭圆曲线外，还有人提出在其他类型的曲线（如超椭圆曲线）上实现公钥密码算法。其根据是有限域上的椭圆曲线上的点群中的离散对数问题（Elliptic Curve Discrete Logarithm Problem，ECDLP）。ECDLP 是比因子分解问题更难的问题，许多密码专家认为它有指数级的难度。从目前已知常用的求解算法来看，160bit 的椭圆曲线密码算法的安全性相当于 1 024bit 的 RSA 算法。

常用公钥密码体制功能的对比，如图 4-10 所示。

算法	RSA	椭圆曲线	Diffie-Hellman	DSS
1. 加密或解密	是	是	否	否
2. 数字签名	是	是	否	是
3. 密钥交换	是	是	是	否

图 4-10　常用公钥密码体制功能的对比图

4.5 认证技术

4.5.1　认证技术概述

1. 认证技术的概念

在网上购物和支付系统中，用户对网上商店身份的真实性更加关注，这就需要身份认证。用户的个人信息（如银行账号、身份证、密码等）和提交的购物信息未被第三方修改或伪造，并且网上商家不能抵赖，这就需要消息认证。

所谓"认证"，即确认和证实，一般是为了确认身份的真实性和信息的有效性而采取的一些方法。如生活当中，身份确认方法包括出示身份证或户口本、熟人介绍等，信息认证包括单位印章、协议签字、摁手印、公证处公证等。

视频 4-2

同样，在网络环境中，认证技术是信息安全中的一个重要内容，也是电子商务安全的重要保障，认证可分为消息认证（也称数据源认证）和身份认证。

认证技术是解决电子商务活动中安全问题的技术基础，认证主要采用对称密码、公钥加密、散列函数等技术为电子商务活动中的信息完整性、不可否认性，以及电子商务实体的身份真实性提供技术保障。

2. 认证技术的分类

身份认证与鉴别是信息安全中的第一道防线，对信息系统的安全有着重要的意义。从鉴别对象上分类，认证技术分为消息认证和身份认证。

（1）消息认证：用于保证信息来源的真实性和信息内容的完整性及不可否认性。

（2）身份认证：鉴别用户身份，包括识别和验证两部分。识别是鉴别访问者的身份，验证是对访问者身份的合法性进行确认。

3. 消息认证的目的

消息认证是指通过对消息或消息相关信息进行加密或签名变换进行的认证，其目的可能是多方面的。

（1）消息内容认证。消息发送者在消息中加入一个鉴别码（消息验证码 MAC、篡改检测码 MDC 等），经加密后发送给消息接收者（有时只需加密鉴别码即可），消息接收者利用约定的算法对解密后的消息进行鉴别运算，若获得的鉴别码与原鉴别码相等，则接收，否则拒绝接收。

（2）消息的信息源和信息宿认证。一种是通信双方事先约定发送消息的数据加密密钥，接收者只需证实发送来的消息是否能用该密钥还原成明文就能鉴别发送者。另一种是通信双方事先约定用于各自发送消息的通行字，发送消息时将通行字一并进行加密，接收者只需判别消息中解密的通行字是否与约定通行字相符就可鉴别发送者。

（3）消息序号和操作时间认证。消息的序号和时间性的认证主要用于阻止消息的重放攻击。常用的方法有消息的流水作业号、链接认证符、随机数认证法和时间戳等。

4. 身份认证的方法

身份认证，又称身份鉴别，是指被认证方在没有泄露自己身份信息的前提下，能够以电子的方式来证明自己的身份，其本质就是被认证方拥有一些秘密信息，除被认证方自己外，任何第三方（某些需认证权威的方案中的认证权威除外）无法伪造，被认证方能够使认证方相信被认证方确实拥有那些秘密，则其身份就得到了认证。

目前常见的身份认证系统及方式有以下几种。

（1）用户名及密码方式。用户名及密码方式是最简单、最常用的身份认证方法，是基于"你知道什么"的验证手段。

（2）智能卡认证。智能卡是一种内置集成的电路芯片，存有与用户身份相关的数据，由专门厂商通过专用设备生产。智能卡认证是基于"你有什么"的认证方式，由合法用户随身携带，硬件不可复制，无法被仿冒，登录时需将智能卡在专用读卡器上读取身份验证信息。

（3）动态令牌认证。动态口令技术是一种让用户密码按照时间或使用次数不断变化、每个密码只能使用一次的技术。它采用一种动态令牌的专用硬件，内置电源、密码生成芯片和显示屏，密码生成芯片运行专门的密码算法，根据当前时间或使用次数生成当前密码并显示在显示屏上。

（4）身份认证系统。身份认证系统的组成：认证服务器、认证系统用户端软件、认证设备。身份认证系统主要是通过身份认证协议和有关软硬件实现的。其主要方式为 CA 对网络用户身份证的发放、管理和认证的过程。

（5）USB Key 认证。采用软硬件相结合、一次一密的强双因素（两种认证方法）认证模式。其身份认证系统有两种认证模式：基于冲击或响应模式和基于 PKI 体系的认证模式。

（6）生物识别技术。生物识别技术是指通过可测量的身体或行为等生物特征进行身份认证的技术。包括指纹识别技术、视网膜识别技术、声音识别技术，还有人的面相、身形、DNA 等个人特征信息。

4.5.2　消息验证码技术

1. 消息验证码

消息验证码（Message Authentication Code，MAC）是用来保证数据完整性的一种方法。MAC

算法以密钥 K（K 是收、发双方共享的密钥）和变长消息 M 作为输入，计算出一个定长的函数值 MAC=$C_k(M)$，称为消息认证码或密码校验和，如图 4-11 所示。

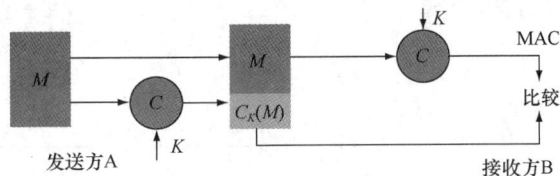

图 4-11　消息验证码（MAC）的工作原理

消息验证码是与密钥相关的单向散列函数[哈希（Hash）函数]。MAC 与其他单向函数不同的是，它包括一个密钥，不同的密钥会产生不同的密码校验和，这样就能同时验证消息完整性和消息来源的真实性。

哈希函数对要发送的报文提供报文鉴别码，而加密系统则提供安全的通道来实现数字签名。哈希函数以一个变长的报文 M 作为其输入，输出一个定长的哈希值，这个哈希值是报文中所有比特信息的函数值，并有差错检测能力：即报文改变任意一点，报文的哈希值都将发生改变。哈希函数的目的是为文件、报文或其他分组数据产生"指纹"。我们也称哈希函数为单向函数、散列函数、抗冲突散列函数、压缩函数、消息摘要函数和指纹函数等。

2．散列函数的特征

（1）散列函数易于实现：对任何给定的输入 M，输出 $H(M)$ 是相对易于计算的，且输出是固定长度的数。

（2）散列函数具有单向性：已知散列函数的输出散列码 $H(M)$，计算其输入 M 是很困难的，即已知 $C=H(M)$，求 M 是很困难的。

（3）散列函数具有防伪造性（又称弱抗冲突性）：已知 $C1=H(M1)$，构造不等于 $M1$ 的 $M2$ 使得 $H(M2)=C1$ 是很困难的。

（4）散列函数具有很好的抵抗攻击能力（又称强抗冲突性）：对任何 $M1$，寻找不等于 $M1$ 的 $M2$ 使得 $H(M2)=H(M1)$ 在计算上是不可行的。

3．常用的散列算法

散列函数是公开的，对处理的过程不用保密，它的安全性来源于它的单向性。目前，常用的散列算法主要有 MD5、SHA-1 和 RIPEMD-160。MD5 的散列码长度是 128bit，可以在 24 小时内找到一个冲突，使不同的输入得到相同的结果，因此该函数已经过时。而 SHA-1 和 RIPEMD-160 散列码为 160bit，理论上需要很多年才能找到一个冲突，被认为是安全性极好的散列函数。哈希函数处理的过程如图 4-12 所示。

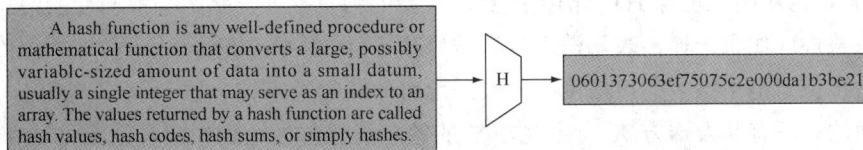

图 4-12　哈希函数处理的过程

值得一提的是散列函数并不是绝对安全的。我国山东大学王小云教授于 2004 年 8 月在美国加州召开的国际密码大会上所做的 Hash 函数研究报告中指出，他们已成功破译了 MD4、MD5、

HAVAL-128、RIPEMD-128 等 Hash 算法。2006 年，王小云宣布了攻破 SHA-1 的消息。她的研究成果表明了：从理论上讲，电子签名可以伪造，因此必须及时添加限制条件，或者重新选用更为安全的密码标准，以保证电子商务的安全。

4.5.3 数字签名技术

1．数字签名的概念

数字签名（Digital Signature）又称公钥签名或电子签章，是以电子形式存在于信息中的、作为其附件的或逻辑上与之有联系的数据，可用于辨别数据签署人的身份，并表明签署人对数据中所包含信息的认可。

数字签名其实就是附加在待发送信息上的一些数据，或是对信息所做的密码变换。这种数据或变换允许信息的接收者用来确认消息的来源和完整性，防止被人伪造。进行数字签名时最常见的处理方法是先提取信息的"指纹"，这个"指纹"一般长度都很短，然后通过对"指纹"加密实现信息的完整性校验。消息"指纹"也称为消息摘要。信息的"指纹"提取一般采用哈希函数来实现。

视频 4-3

数字签名和手写签名的功能非常类似，好的数字签名比手写签名更能够防止别人伪造。数字签名的特点如下。

（1）签名是可以被确认的，接收方可以确认或证实签名确实是由发送方签署的。

（2）签名是不可伪造的，接收方和第三方都不能伪造签名。

（3）签名不可重用，即签名是消息（文件）的一部分（绑定在一起），不能把签名移到其他消息（文件）上。

（4）签名是不可抵赖的，即发送方不能否认他所签发的消息。

（5）第三方可以确认收发双方之间的消息传送但不能篡改消息。

2．数字签名的过程

最简单的数字签名就是发送方将整个消息用自己的私钥加密，接收方用发送方的公钥解密，解密成功就可验证确实是发送方的签名，称为直接数字签名技术。

直接数字签名体制只有通信双方参与，并假定接收一方知道发送方的公开密钥才能实现。数字签名的形成方式可以用发送方的密钥加密整个消息。

在实际中一般是先用 Hash 函数计算消息摘要（散列值），然后发送方用其私钥加密该散列值，这个被发送方私钥加密的散列值就是数字签名，将其附在文件后，一起发送给接收方就可以让其验证签名了；在接收端，用发送方的公钥解密数字签名，确认消息的来源（用谁的公钥可以解密，消息就是谁发的），再对明文进行 Hash 函数运算产生新的消息摘要，将其与解密后的消息摘要对比以确认消息的完整性（如果一样，表示消息没有被修改），如图 4-13 所示。

为了进一步保障电子签名的可信度，一般采用可仲裁的数字签名体制。

通常的做法是所有从发送方 X 到接收方 Y 的签名消息首先送到仲裁者 A 处，A 将消息及其签名进行一系列测试，以检查其来源和内容，然后将消息加上日期并与已被 A 验证通过的指示一起发给 Y。仲裁者在这类签名模式中扮演敏感和关键的角色，一般由 CA 担当。直接数字签名体制与可仲裁的数字签名体制的特点如表 4-11 所示。

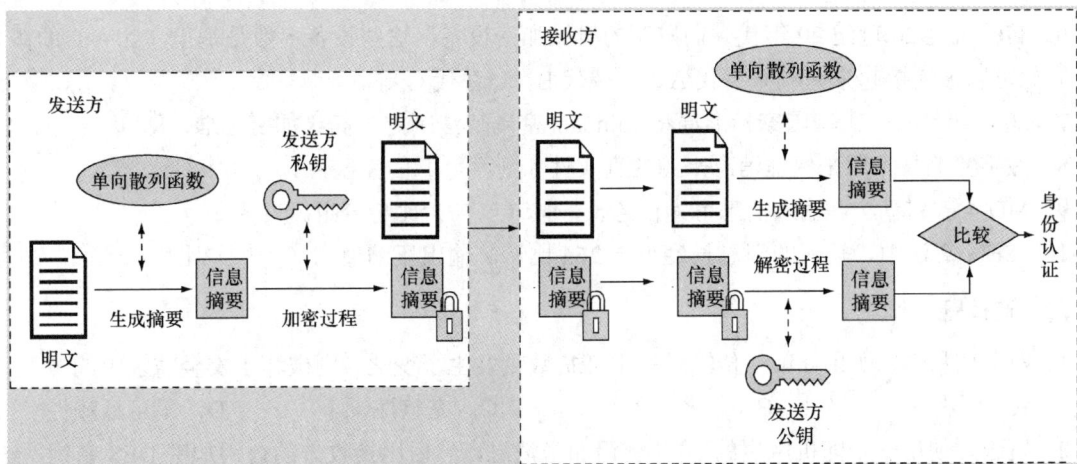

图 4-13　直接签名与验证的工作原理

表 4-11　直接数字签名体制与可仲裁的数字签名体制的特点

名称	具体实现	优点	缺点
直接数字签名体制	发送方先对要签名的消息进行 Hash 处理，再用私钥对得到的散列值进行加密	思想简单可行且易于实现	有效性依赖于签名者私钥的安全性
可仲裁的数字签名体制	发送方先对消息执行签名操作，再将签名和被签名消息一起发给仲裁者，仲裁者对其进行验证，通过验证的签名保证了其真实性，最后仲裁者将消息和签名发送给接收者	签名者没有作弊的机会，签名不能被伪造	更复杂，仲裁可能成为系统的瓶颈，仲裁者必须公正可信

3. 数字签名算法

目前，广泛应用的数字签名算法主要有 3 种：RSA 签名、DSS（数字签名系统）签名和 Hash 签名。这 3 种算法可单独使用，也可综合在一起使用。数字签名是通过密码算法对数据进行加密、解密变换实现的，用 DES 算法、RSA 算法都可实现数字签名。

另外，在电子交易文件中，时间是十分重要的信息，在经过数字签名的交易上打上一个可信赖的时间戳，可解决一系列的实际和法律问题。这就需要一个可信任的第三方时间戳权威 TSA（Time Stamp Authority）来提供可信赖的且不可抵赖的时间戳服务。

课后习题

一、填空题

1. 由密文恢复成明文的过程称为（　　　）。

2. 替代密码就是明文中每一个字符被替换成密文中的另外一个字符，接收者对密文进行（　　　）以恢复明文。

3. 非对称密码体制又称为（　　　），即加密密钥公开，解密密钥不公开，从一个推导出另一个是不可行的。

4. 采用密码技术保护的现代信息系统，其安全性取决于对（　　　）的保护，而不是对算法和硬件本身的保护。

5. 密码学可分为密码编码学和（　　　），这两部分相互对立、相互促进、相辅相成。

6. 转轮机是 20 世纪 20 年代人们发明的机械加密设备，这些设备多数是基于（   ）的概念。一个转轮可以被连接起来完成 F 替代 A、U 替代 B、L 替代 C 等。

7. 2000 年 9 月，美国国家标准局将 Rijndael 密码算法制定为高级加密标准，即（   ）。

8. 数字签名技术用来保证消息来源的真实性和（   ）的完整性。

9. MD-4 散列算法，输入消息可为任意长，按（   ）比特分组。

10. SHA 算法中，输入的消息长度小于 264 比特，输出压缩值为（   ）比特。

二、选择题

1. 网上交易中，如果订单在传输过程中订货数量发生了变化，则破坏了安全需求中的（   ）。

    A. 可用性　　　　　　B. 机密性　　　　　　C. 完整性　　　　　　D. 不可抵赖性

2. 发送方使用一个随机产生的 DES 密钥加密消息，然后用接收方的公钥加密 DES 密钥，这种技术称为（   ）。

    A. 双重加密　　　　　B. 数字信封　　　　　C. 双联签名　　　　　D. 混合加密

3. 用户对口令的选择中，哪一种安全性较高？（   ）

    A. "姓名+数字"　　　　　　　　　　　　　　B. 字母数字混合

    C. 用单词或命令　　　　　　　　　　　　　　D. 多个系统使用统一口令

4. 对称密码算法存在的问题不包括（   ）。

    A. 密钥必须秘密分配，缺乏自动检测密钥泄露的能力

    B. 网络中密钥数量庞大

    C. 由于密钥管理困难，无法解决消息确认问题

    D. 算法复杂、速度慢

5. 一个密码系统的安全性取决于对（   ）。

    A. 密钥的保护　　　B. 加密算法的保护　　　C. 明文的保护　　　D. 密文的保护

6. 数字信封中采用的加密算法是（   ）。

    A. AES　　　　　　B. DES　　　　　　C. RC-5　　　　　　D. RSA

7. 保证身份的精确性，分辨参与者所声称身份的真伪，防止伪装攻击，这样的业务称为（   ）。

    A. 认证业务　　　　B. 保密业务　　　　C. 控制业务　　　　D. 完整业务

8. 对称密码体制中的分组密码的特点不包括（   ）。

    A. 按一定长度对明文进行分组，然后以组为单位进行加解密

    B. 容易用软件实现

    C. 当前使用的几乎所有对称加密算法都基于分组结构

    D. 容易用硬件实现

9. 消息用散列函数处理得到（   ）。

    A. 公钥　　　　　　B. 消息摘要　　　　C. 私钥　　　　　　D. 数字签名

10. 关于散列函数的概念，下列阐述中正确的是（   ）。

    A. 散列函数的算法是公开的

    B. 散列函数的算法是保密的

    C. 散列函数中给定长度不确定的输入串，很难计算出散列值

    D. 散列函数中给定散列函数值，能计算出输入串

11. 基于有限域上的离散对数问题的双钥密码体制是（　　　）。

    A．ELGamal   B．AES   C．IDEA   D．RSA

12. 以下说法不正确的是（　　　）。

    A．RSA 的公钥-私钥对既可用于加密，又可用于签名

    B．需要采用两个不同的密钥对分别作为加密-解密和数字签名-验证签名用

    C．一般公钥体制的加密用的密钥的长度要比签名用的密钥长

    D．并非所有的公钥算法都具有 RSA 的特点

13. 以下加密算法中属于双钥密码体制的是（　　　）。

    A．DES   B．AES   C．IDEA   D．ECC

14. （　　　）可以作为鉴别个人身份的证明：证明在网络上具体的公钥拥有者就是证书上记载的使用者。

    A．公钥对   B．私钥对   C．数字证书   D．数字签名

15. 以下加密法中将原字母的顺序打乱，然后将其重新排列的是（　　　）。

    A．替换加密法   B．转换加密法   C．单表置换密码   D．多字母加密法

三、名词解释

1. 密码分析学

2. 流密码

3. 凯撒密码

4. 消息摘要

5. 散列函数

6. 时间戳

四、简答题

1. 密码体制是如何划分的？比较对称加密体制与非对称加密体制。

2. 简述 DES 算法的加密和解密过程。

3. 简述数字签名及其验证过程。

4. 谈谈公钥密码在实现保密通信中的作用。

5. 在 RSA 密码体制中，若两个素数分别为 p=7、q=11，私钥 d=13，计算公钥 e；若明文 M=15，求用公钥加密后的密文 C。

6. 在 RSA 公钥系统中，已知 p=3、q=5、e=13，手工计算符合条件的私钥 d。

案例分析

电子合同云平台安心签怎么样

编者按：安心签是中国金融认证中心（China Financial Certification Authority，CFCA）旗下的电子合同云服务平台，那么安心签怎么样呢？通过安心签平台签署电子合同可靠吗、合法可信吗？安心签安全吗？企业服务汇将结合以上问题为您介绍安心签电子合同。

　　安心签本质上是一个第三方的电子签名云服务平台，关于电子合同平台怎么样、是否安全可靠的问题一般从以下几个方面展开：①合同有效性，包括企业是否能够提供合法可靠的电子签名技术、是否对接了可靠的实名认证服务和CA证书发放服务、是否有可靠的时间源和时间戳技术；②信息安全，即平台本身的信息安全问题，包括数据传输和存储安全；③产品功能及服务的友好度和完备度、公司资质也是企业需要关注的问题；等等。我们主要从以上几个方面为大家简单介绍安心签。

　　（1）合同有效性。安心签以数字签名和加密存储为核心，围绕签署主体身份认证、在线传输、第三方存储、合同验真等各个环节提出了一体化的技术方案，确保了电子合同全流程的安全性和可靠性。安心签的签署方式：用户实名认证后下载签名及数字证书控件并进行安装，以上控件是合同查阅和签署的重要工具。这与主流的电子合同云服务商有所不同，主流的电子合同平台不需要下载数字证书控件，每次签署时会为用户在线申请一张数字证书，用户通过嵌有数字证书的数字签名进行合同签署，即可实现用户身份的认证。安心签在使用体验上，门槛更高。

　　（2）合同存储安全。安心签采用的是自建服务器的方式，签署后所有合同均会存储在"安心签"平台的服务器中。这是与其他几家电子合同厂商不同的，以上上签、法大大、e签宝为例，它们均采用阿里金融云或阿里云、腾讯云的云服务器。"安心签"自行存储相关数据，并在多地运行数据中心、设计了其固有的数据灾备恢复体系。在数据传输方面，"安心签"应用HTTPS等加密技术，实现加密传输。

　　（3）平台资质。安心签隶属于北京中金国信科技有限公司，是CFCA旗下全资子公司。CFCA是国内最大的CA证书发放机构，安心签的优势也在于可以直接使用由CFCA为用户发放的CA证书，同时依托CFCA在网络信任体系构建方面的技术和经验积累。

　　➤　小结

　　安心签的优势在于背靠CFCA，可以充分挖掘CFCA的客户资源，使用CFCA提供的CA证书服务，并借鉴其在信用体系搭建方面的经验。就电子合同云服务产品而言，安心签能够提供从合同签署到合同存储以及司法鉴定报告在内的一站式服务；不过在产品使用上应用场景较为单一，官网没有提到关于系统集成的介绍，以公有云在线签署为主；在使用体验上，需要下载安装控件，使用流程烦琐；就数据安全来说，安心签使用了自有的服务器，但平台未提供与服务器环境安全相关的资质证书文件，如信息安全管理体系ISO27001认证、公安部信息安全等级保护等。与在官网显著位置提到关于网络环境安全认证并获得可信云服务认证的服务商相比，其安全性需要更多客观信息指标辅助判断。

（资料来源：企业服务汇网站，2018-08-10）

根据案例回答问题

（1）根据案例分析数字签名的功能及解决的安全问题。

（2）查找资料了解安心签的基本功能和市场应用情况。

本章主要内容

- ✧ 公钥基础设施（PKI）的基本概念
- ✧ PKI 的组成与工作原理
- ✧ 数字证书的管理
- ✧ PKI 的应用现状

本章学习方略

- ✧ 本章重点内容
- （1）PKI 产生的背景及重要性。
- （2）PKI 的组织管理方式。
- （3）数字证书的组成与功能。
- ✧ 本章难点内容
- （1）CA 的管理模式。
- （2）数字证书的产生与管理。

案例导入

电子身份验证有漏洞 身份信息在黑市上被明码标价

2018年5月16日，有报道显示中国银联通过大数据统计分析，得出个人网络财产安全的"蚁溃之堤"——个人信息泄露是90%的电信诈骗案件的成因。

这意味着，在网络世界中，别人可以通过证明"他是我"，借由"我"的身份"招摇撞骗"，掳走"我"的财产。在安全专家的语系里，这样的产业链条被称为黑产。亚信安全副总裁陆光明表示，"从产业规模看，2016年年底我国网络电子认证市场还不到200亿元，但是黑产的规模已经在千亿元左右。"

身份信息在黑市上被明码标价

"850元，就能买到开房记录、列车记录、航班记录等11项个人隐私数据。在身份黑市上，隐私的买卖是被明码标价的，一条能够用于制作假通缉令等的身份证户籍信息只需要10~40元。"中国科学院信息工程研究所副所长荆继武展示了一张明晰的价码账单，仿造一个企业身份信息的"五证"仅需要千元左右。无论对于自然人还是法人来说，我国网络信息保护的形势都非常严峻。

"易获得"是个人电子信息难以规避的"软肋"。在安全领域内，八成以上的信息泄露由相关企业内部人员所为。"很少有黑客愿意花那么大的代价从外攻破系统获取信息，从内攻破是更便利、更容易的。"陆光明说。

网络身份验证难有"防骗"功效

当下使用的网络身份验证难有"防骗"功效，沈昌祥将问题归纳为3类：方法不安全、难保真实性，欠公平公正、难防篡改，缺乏法律效力、难以执法。沈昌祥解释："如大量汇集在微信、支付宝上的个人信息，虽然是实名认证，但隶属于第三方企业，难以保障它们的不可更改性、不可复制性。"

除被泄露之外，被利用更使身份信息安全问题"雪上加霜"。陆光明说，韩国2011年就爆发过一次非常严重的身份数据泄露事件，当时有3 500万用户数据被泄露，占当时韩国网民的95%左右，此事使得韩国政府开始限制网络身份收集。

"身份非法买卖严重影响网络实名制的实施效果。"荆继武说，身份黑市交易可以将个人的网络身份绑定到一个完全不属于本人的现实身份上。

搭建有公信力的第三方验证平台

"一些互联网公司开发的App，注册时需要身份证、姓名、电话等信息。我相信很多人都不愿意透露、被捆绑。"陆光明说，用户很难确定企业是否会将这些信息挪作他用。通过搭建第三方平台的方法，或能解决这个"隐患"。

一个保有用户信息的第三方认证平台，可以帮助互联网企业认证用户、也确保用户的信息只用于约定的用途。"对于新型互联网企业来说，平台把认证结果反馈给企业，企业获得的是平台处理过的可信的用户认证。而用户（消费者）需要面对的则是一个有公信力的平台，而不是多个信息不对等的企业。"

先前已经聚集了大量客户信息的淘宝、微信等已经开始担负起这样的角色，目前，已经有"授权认证"等模式，让用户无须再次注册新应用的账号。荆继武表示，背后基于多模式多安全等级的电子认证技术，也保证了"不同等级的数据库使用者，能够接触到的信息是不同的。"

目前国家层面正在构建具有法律效力的权威性公民网络电子身份标识基础设施，并加快与电子身份应用相关的技术和标准的研制推广工作，未来将会加速构建和网络电子身份基础设施配套的基础服务能力，基于网络电子身份标识基础设施将会出现更多的行业化、跨领域的高可信、互信任的认证平台系统。

（资料来源：中国新闻网，2018-05-22）

上一章我们学习了现代加密技术的基本原理，包括对称密码算法和非对称密码算法等，解决了信息加密、密钥传输和认证技术方面的难题，但还不能解决密钥管理、公证等方面的问题。公钥基础设施的出现，使其成为现代电子商务的基础设施，成为互联网应用的安全基石。

本章主要包括PKI的由来、PKI的概念与组成、PKI的信任模型、数字证书及PKI的应用现状等内容。

5.1 公钥基础设施的基本概念

5.1.1 第三方认证机构

加密技术的出现为信息安全提供了良好的技术基础，如对称密码体系解决了信息保密的问题；非对称密码体系（公钥体系）的出现是密码学中最重要的一次革命，它不但有效解决了密钥传递问题，也可以生成数字证书，在一定程度上解决了身份认证问题。但公钥的分发安全、权威性、有效性还是不能得到保障的。公钥的分发虽然不需要保密，但需要保证公钥的真实性，就好像银行的客服电话，虽然不需要保密，但需要保证真实性。公钥体系能解决哪些问题？还存在哪些缺陷呢？下面我们以问答题的形式来说明。

如果只有公钥体系，在实际应用中，发送者和接收者可将自己的公开密钥告知对方（通过电子邮件、电话、传真、信件、当面等方式）。

问：如果其他人看到公开密钥怎么办？

答：没关系，这种密钥本来就是公开的。

问：侵入者可能篡改公开密钥吗？

答：很不幸，答案是可能……

通过以下模型图我们来了解公钥被调包的风险。图 5-1 中爱丽丝（Alice）要与鲍勃（Bob）进行通信，为了认证发送方的身份（信息的来源），按照公钥体系工作原理，正常情况下如果 Bob 收到一封密函，用 Alice 的公钥可以解密，就可以认证此信息是由 Alice 发来的。这是在 Alice 的公钥没有被调包且 Alice 的公钥真实可信的情况下。不幸的是黑客 Mallory 可以通过解密 Alice 的公钥，并将自己的公钥伪装成 Alice 的公钥来加密和发送信息，在这种情况下，公钥体系的可信度就不存在了。

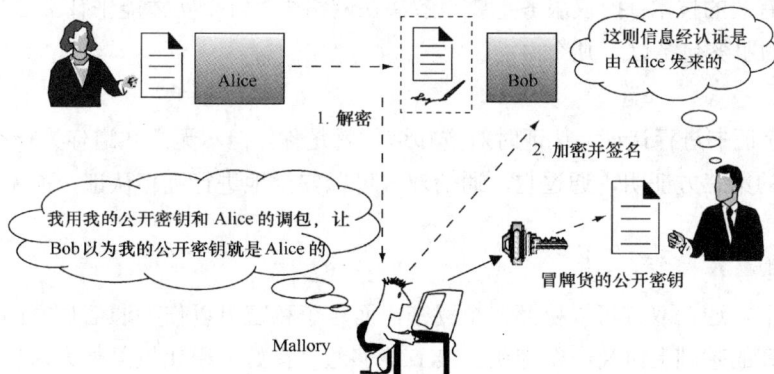

图 5-1 公开密钥被调包风险模型图

就像现实生活当中，如果没有公安机关，虽然有居民身份证，也无法验证身份证的来源和有效性，并且身份证还有可能被伪造和盗用。所以就需要一个公证的第三方对各方的公钥进行认证、保密和管理，就像我们的居民身份证需要公安机关进行统一生产、颁发、管理一样，以保证其合法性和有效性，这就是网上的第三方认证机构。

第三方认证机构，是指具有可靠的执行认证制度的必要能力，并在认证过程中能够客观、公正、独立地从事认证活动的机构。认证机构是独立于制造商、销售商和使用者（消费者）的，是具有独立的法人资格的第三方机构，故被称为第三方认证机构。

5.1.2 公钥基础设施的定义

公钥基础设施（Public Key Infrastructure，PKI）是利用公钥密码理论和技术为电子商务、电子政务、网上银行和网上证券等所有网络应用提供一套安全技术的平台，它是创建、颁发、管理、撤销数字证书等一系列基础服务的所有软件和硬件的集合。

PKI 的基础技术包括加密、数字签名、数据完整性机制、数字信封、双重数字签名等。从技术层面上来看，PKI 是以公钥密码体制为理论基础，以认证机构为核心，以数字证书为工具来提供安全服务功能的。

视频 5-1

美国是最早提出 PKI 概念的国家，并于 1996 年成立了美国联邦 PKI 筹委会。与 PKI 相关的绝大部分标准都由美国制定，其 PKI 技术在世界上处于领先地位。中国的 PKI 技术的应用是从 1998 年开始起步的，最早在中国的商业银行、政府采购以及网上购物中得到成功的应用，有着广阔的应用前景。由于政府和各有关部门近年来对 PKI 产业的发展给予了高度重视，国家发改委也在制订新的计划来支持 PKI 产业的发展，在国家电子政务工程中明确提出了要构建 PKI 体系。目前，我国已全面推动 PKI 技术研究与应用。

5.1.3　PKI的功能

PKI 安全平台提供智能化的信任服务与有效的授权服务。其中，信任服务主要是解决在茫茫网海中如何确认"你是你、我是我、他是他"，即交易者的真实身份的确认问题，PKI 是在网络上建立信任体系最行之有效的技术；授权服务主要是解决在网络中"每个实体能干什么"，即交易者权限问题。PKI 所提供的服务包括以下几个方面。

1．身份认证

PKI 通过数字证书进行认证，认证时对方知道你就是你，但却无法知道你为什么是你。在这里，证书是一个可信的第三方证明，通过它，通信双方可以安全地进行互相认证，而不用担心对方是假冒的。

2．密钥管理

通过加密证书，通信双方可以协商一个秘密，而这个秘密可以作为通信加密的密钥。在需要通信时，可以在认证的基础上协商一个密钥。PKI 能够通过良好的密钥恢复能力，提供可信的、可管理的密钥恢复机制。PKI 普及应用能够保证在全社会范围内提供全面的密钥恢复与管理能力，保证网上活动健康有序地发展。

3．完整性和不可否认性

完整性和不可否认性是 PKI 提供的最基本的服务。一般情况下，完整性也可以通过双方协商一个秘密来实现，但一方有意抵赖时，这种完整性就无法接受第三方的仲裁。PKI 提供的完整性是可以通过第三方仲裁的，并且这种可以由第三方进行仲裁的完整性是通信双方都不可否认的。

5.1.4　PKI的标准

为满足电子商务交易的可交互性，PKI 必须遵循一定的标准。PKI 的标准化是其发展的前提和基础，只有符合一定的标准，才能保证不同的 PKI 产品之间的正常交互。

PKI 的标准化包括两个方面的内容，一方面用于定义 PKI，另一方面用于 PKI 的应用。在 PKI

的标准框架中，许多方面都经过了严格的定义，如用户的注册程序、数字证书的申请格式、数字证书格式、数字签名格式和作废证书列表格式等。

从历史上看，PKI 自身的标准大致可以分为两代。

第一代 PKI 标准主要包括国际电信联盟电信标准化部门（ITU-T）的 X.509；美国 RSA 公司的公钥加密标准 PKCS 系列；IETF 和 PKI 工作组定义的，具有互操作性的公钥基础设施协议 PKIX（基于 X.509 和 PKCS）标准系列；无线应用协议论坛的 WPKI 标准；等等。

第二代 PKI 标准是 2001 年由微软（Microsoft）、威瑞信（Verisign）和美国著名软件业务整合供应商 Web Methods 这 3 家公司共同发布的 XML 密钥管理规范 XKMS。它通过向 PKI 提供 XML 接口，使用户从烦琐的配置中解脱出来，开创了一种新的信任服务。它由两部分组成：XML 密钥信息服务规范 X-KISS 和 XML 密钥注册服务规范 X-KRSS。目前，XML 已经成了 W3C 的推荐标准。

由于该技术的前卫性和先进性，这项技术至今没有非常固定的标准，目前出现的并且已经投入使用的有以下几个。

（1）X.209（1988）——ASN.1 基本编码规则的规范。ASN.1 是描述在网络上传输信息格式的标准方法。它由两部分组成。第一部分（ISO 8824/ITU-T X.208）描述信息内的数据、数据类型及序列格式，也就是数据的语法；第二部分（ISO 8825/ITU-T X.209）描述如何将各部分数据组成消息，也就是数据的基本编码规则。

（2）X.500（1993）——信息技术之开放系统互联的概念、模型及服务简述。X.500 是一套已经被国际标准化组织接受的目录服务系统标准，它定义了一个机构如何在全局范围内共享其名字和与之相关的对象。X.500 是层次性的，被认为是实现目录服务的最佳途径，但 X.500 的实现需要较大的投资，并且比其他方式慢；而其优势是具有信息模型、多功能性和开放性。

（3）X.509（1993）——信息技术之开放系统互联：鉴别框架。X.509 是由 ITU-T 制定的数字证书标准。在 X.500 确保用户名称唯一性的基础上，X.509 为用户名称提供了通信实体的鉴别机制，并规定了实体鉴别过程中广泛适用的证书语法和数据接口。

（4）PKCS 系列标准。由 RSA 实验室制定的 PKCS 系列标准，是一套针对 PKI 体系的加解密、签名、密钥交换、分发格式及行为标准，该标准目前已经成为 PKI 体系中不可缺少的一部分。

（5）在线证书状态协议（Online Certificate Status Protocol，OCSP）是 IETF 颁布的用于检查数字证书在某一交易时刻是否仍然有效的标准。该标准为 PKI 用户提供了一条方便快捷的数字证书状态查询通道，使 PKI 体系能够更有效、更安全地在各个领域中被广泛应用。

（6）轻量级目录访问协议（Lightweight Directory Access Protocol，LDAP）规范（RFC 1487）简化了笨重的 X.500 目录访问协议，并且在功能性、数据表示、编码和传输方面都进行了相应的修改。1997 年，LDAP 第 3 版本成了互联网标准。目前，LDAP 第 3 版本已经在 PKI 体系中被广泛应用于证书信息发布、证书吊销列表（Certificate Revocation List，CRL）信息发布、CA 政策以及与信息发布相关的各个方面。

除了以上协议外，还有一些构建在 PKI 体系上的应用协议，这些协议是 PKI 体系在应用和普及化方面的代表作，包括 SET 协议和 SSL 协议。

5.2 | PKI 的组成与工作原理

5.2.1 PKI的组成

使用基于公钥技术系统的用户建立安全通信信任机制的基础：网上进行的任何需要安全服务的通信都是建立在公钥的基础之上的，而与公钥成对的私钥只掌握在与他们通信的另一方手中。这个信任的基础是通过公钥证书的使用来实现的。PKI 必须具有权威认证机构在公钥加密技术的基础上对证书的生产、管理、存档、发放以及作废进行管理的功能，包括实现这些功能的全部硬件、软件、人力资源、相关政策和操作程序，以及为 PKI 体系中的各成员提供全部的安全服务。

一个典型的全国性权威认证机构如图 5-2 所示。

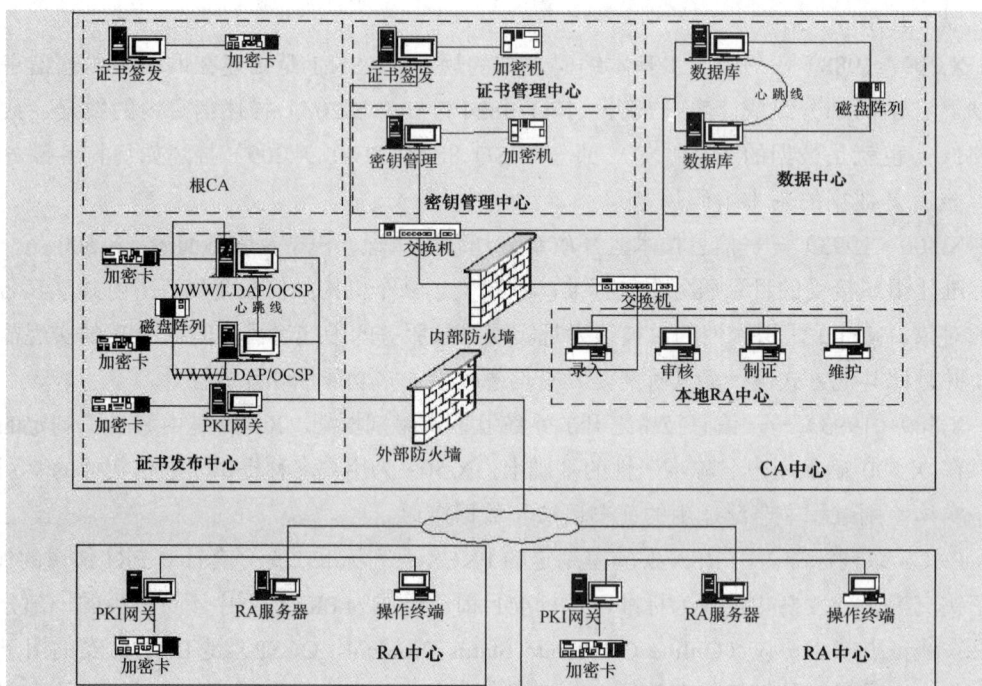

图 5-2　一个典型的全国性权威认证机构

完整的 PKI 系统必须具有权威认证机构、数字证书库、密钥备份及恢复系统、证书作废系统、应用接口（API）等基本构成部分，构建 PKI 认证体系也将围绕着这五大系统来着手。PKI 认证体系的基本模型如图 5-3 所示。

（1）认证机构（Certificate Authority，CA）。CA 是 PKI 的核心执行机构，是 PKI 的主要组成部分，业界人士通常称它为认证中心。从广义上讲，CA 还应该包括证书申请注册机构（Registration Authority，RA），它是数字证书的申请注册、签发和管理的机构。CA 的主要职责包括验证并标识证书申请者的身份，对证书申请者的信用度、申请证书的目的、身份的真实可靠性等问题进行审查，从而确保证书与身份绑定的正确性。

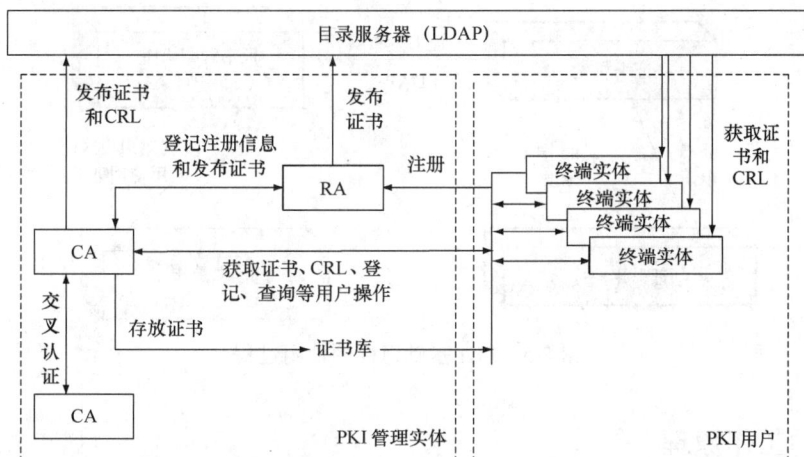

图 5-3　PKI 认证体系的基本模型

（2）证书和证书库。证书是数字证书或电子证书的简称，它符合 X.509 标准，是网上实体身份的证明。证书是由具备权威性、可信任性和公正性的第三方机构签发的，因此，它是权威性的电子文档。证书库是证书的集中存放地，是网上的一种公用信息库，用户可以从中获得其他用户的证书和公钥。证书库的构造方法是采用支持 LDAP 的目录系统，用户或相关应用者通过 LDAP 来访问证书库。系统必须确保证书库的完整性，防止伪造、篡改证书。

（3）密钥备份及恢复。密钥备份及恢复是密钥管理的主要内容，用户可能会由于某些原因将解密数据的密钥丢失，从而使已被加密的密文无法解开。为避免这种情况的发生，PKI 提供了密钥备份与密钥恢复机制。当用户证书生成时，加密密钥即被 CA 备份存储；当需要恢复时，用户只需向 CA 提出申请，CA 就会为用户自动进行恢复。

（4）证书作废处理系统。证书作废处理系统是 PKI 的一个重要组件。同其他证件一样，CA 签署的证书同样具有有效期和作废的情况，PKI 必须提供一系列证书作废机制。一般有 3 种策略：作废一个或多个主体的证书，作废由某一对密钥签发的所有证书，作废由某 CA 签发的所有证书。

（5）客户端证书处理系统。客户端证书与浏览器有关，证书申请人可以通过浏览器申请、下载证书，并且安装在浏览器上使用。

下面是一个典型的 PKI 系统组成实例，包括 PKI 策略、软硬件系统、证书机构、注册机构、证书发布系统和 PKI 应用等，PKI 的组成如图 5-4 所示，PKI 基础组件的使用过程如图 5-5 所示。

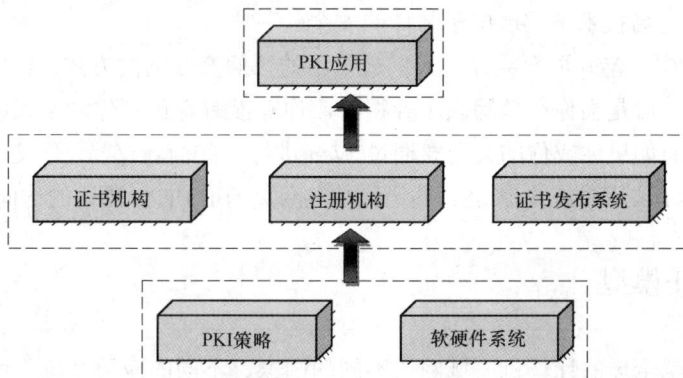

图 5-4　PKI 的组成框

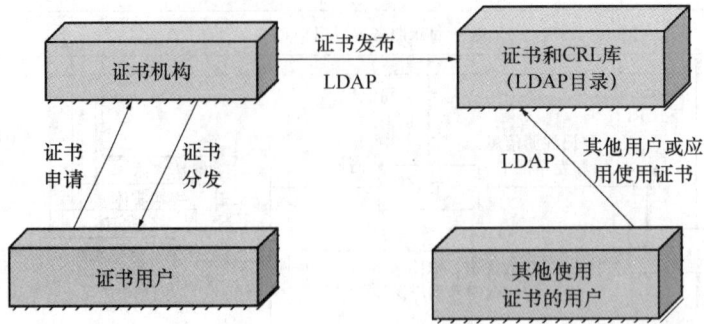

图 5-5　PKI 基础组件的使用过程

5.2.2　PKI的工作原理

公共密钥算法使用加密算法和一对密钥，即一个公共密钥（Public Key）和一个私有密钥（Private Key）。其基本流程：由一个密钥进行加密的信息内容，只能由与之配对的另一个密钥才能进行解密；公钥可以广泛地发给与自己有关的通信者，私钥则需要十分安全地存放起来；使用中，甲方可以用乙方的公钥对数据进行加密并传送给乙方，乙方可以使用自己的私钥完成解密；公钥通过数字证书与其拥有者的姓名、工作单位、邮箱地址等捆绑在一起，由权威机构 CA 负责认证、发放和管理；把证书交给对方时就把自己的公钥传送给了对方，证书也可以存放在一个公开的地方，让别人能够方便地找到和下载。

公共密钥算法还提供了进行数字签名的办法：签字方对要发送的数据提取摘要并用自己的私钥对其进行加密；接收方验证签字方证书的有效性和身份，用签字方公钥进行解密和验证，确认被签字的信息的完整性和抗抵赖性。

PKI 系统可以应用于以下几个方面。

（1）VPN。企业在架构 VPN 时，通常会利用防火墙和访问控制技术来提高 VPN 的安全性。这只解决了很少一部分问题，而一个现代 VPN 所需要的安全保障，如认证、机密、完整、不可否认，以及易用性都需要采用更完善的安全技术。

（2）安全电子邮件。随着互联网的持续发展，商业机构或政府机构都开始用电子邮件交换一些秘密的或有商业价值的信息，这就引发了一些安全方面的问题。如消息和附件可以在不为通信双方所知的情况下被读取、篡改或截掉，没有办法确定一封电子邮件是否真的来自某人等。我们可以通过基于 PKI 的加密和签名技术来实现电子邮件的安全。

（3）Web 安全。浏览 Web 页面或许是人们最常用的访问互联网的方式。一般的浏览也许并不会让人产生不妥的感觉，可是当你在填写表单数据时，你有没有意识到你的私人敏感信息可能被一些居心叵测的人截获？而如果你或你的公司要通过 Web 进行一些商业交易，你又如何保证交易的安全呢？我们可以通过 PKI 认证系统构建 SSL 通道，实现网页的 HTTPS 协议的访问，以保证其安全性。

5.2.3　PKI的信任模型

互联网是一个跨越全球的计算机广域网，不同的国家、不同的应用系统不可能只建立一个 PKI 的认证中心，就像我们国家管理居民身份证不可能只有一个公安管理部门一样，一般 PKI 需要建立多个 CA。多个 CA 之间的组织关系就是 PKI 的信任模型，也可称为 PKI 的体系结构。

PKI 信任模型就是用来描述 PKI 体系在分布式网络环境下如何进行信任传递和信任管理的模型。选择适当的信任模型是构筑和操作 PKI 所必需的一个环节，选择正确的信任模型及与它相应的安全级别是绝对重要的，同时也是实施 PKI 时早期的和基本的决策之一。

PKI 的信任模型主要解决以下 3 个问题。

（1）一个实体能够信任的证书是怎样确定的？

（2）这种信任是怎样建立的？

（3）在什么情形下能够限制或控制这种信任？

1. 单 CA 信任模型

单 CA 信任模型是最基本的一种信任模型，也是在小型企业环境中比较实用的一种信任模型。在这个信任模型中，整个 PKI 体系只有一个 CA，它为 PKI 中所有的终端用户签发和管理证书，PKI 中的所有终端用户都信任这个 CA。每个证书路径都起始于该 CA 的公钥，并且该 CA 的公钥成了 PKI 体系中唯一的用户信任锚（可信的信任签发者）。

此模型系统结构简单、容易实现、易于管理，只需要建立一个根 CA，所有的终端用户都能实现相互认证（见图 5-6）。但所有用户只能从一个组织获得证书，容易形成垄断，一旦 CA 的公钥改变或私钥泄露，必将影响所有的用户服务。因此，此信任模型只适合用户少并且集中的地区。

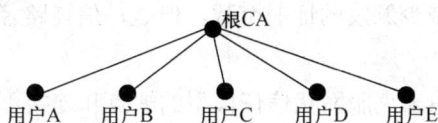

图 5-6　单 CA 信任模型

2. 严格层次结构信任模型

严格层次结构信任模型是一个以主从 CA 关系建立的分级 PKI 结构。它可以描绘为一棵倒转的树，根在顶上，树枝向下伸展，树叶在最下面。在这棵倒转的树上，根代表一个对整个 PKI 域内的所有实体都有特别意义的根 CA，它作为信任的根或信任锚，所有实体都信任它。根 CA 不仅是网络、通信或子结构的始点，它还是信任的始点，系统中所有的实体（终端实体和所有的子CA）都以根 CA 的公钥作为它们的信任锚。根 CA 的公钥还是所有证书验证决策中的信任始点或终点。

根 CA 通常不直接为终端实体颁发证书，而只为子 CA 颁发证书，在根 CA 的下面是零层或多层子 CA，子 CA 是所在实体集合的根。与非 CA 的 PKI 实体相对应的树叶通常被称作终端实体，如图 5-7 所示。

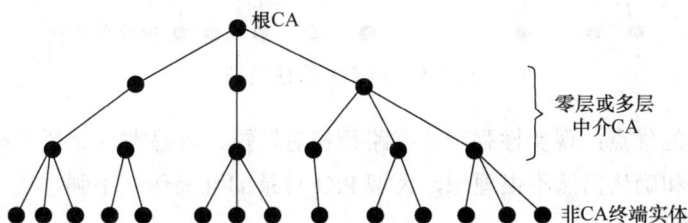

图 5-7　严格层次结构信任模型

此模型增加新的认证域容易，证书短小、简单，路径容易扩展，建立的信任关系可信度高。缺点是单个 CA 的失败会影响整个 PKI 体系、要求参与的各方都信任根 CA、根 CA 的策略制定也要考虑各个参与方。

3. 网状信任模型

网状信任模型的 CA 间存在着交叉认证，如果任何两个 CA 间都存在着交叉认证，则这种模型就被称为严格网状信任模型。与在 PKI 系统中的所有实体都信任唯一的根 CA 的严格层次结构信任模型不同，网状信任模型把信任分散到两个或更多个 CA 上，如图 5-8 所示。

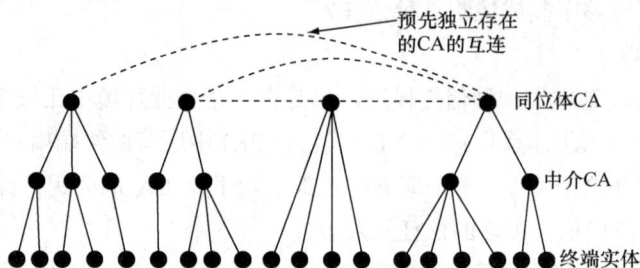

图 5-8 网状信任模型

此种模型具有更好的灵活性、从安全性较弱的 CA 中恢复相对容易、增加新的认证域更为容易、信任关系可以传递，从而可以减少颁发的证书个数。但是，信任路径的发现比较困难、扩展性差。

4. 桥 CA 信任模型

桥 CA 信任模型被设计成用来克服网状信任模型的缺点和连接不同的 PKI 体系。不同于网状信任模型中的 CA，桥 CA 与不同的信任域建立对等的信任关系，允许用户保持原有的信任锚。这些关系被结合起来形成信任桥，使得来自不同信任域的用户通过指定信任级别的桥 CA 相互作用（见图 5-9）。桥 CA 不是一个树状结构的 CA，也不像网状 CA，它不直接向用户颁发证书；不像根 CA 一样成为信任锚，它只是一个单独的 CA；它与不同的信任域之间建立对等的信任关系，允许用户保留他们自己的原始信任锚。任何结构类型的 PKI 都可以通过桥 CA 连接在一起，实现彼此之间的信任，每一个单独的信任域都可以通过桥 CA 扩展到整个 PKI 体系。桥 CA 信任模型的吸引力在于：对于 n 个根 CA 来说，完全连接时仅需要 n 个交叉认证协议（因为每个根 CA 只要与桥 CA 进行交叉认证即可）。

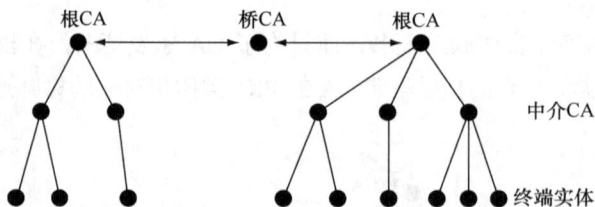

图 5-9 桥 CA 信任模型

桥 CA 信任模型的优点：现实性强，证书路径相对较短、容易发现。桥 CA 信任模型的缺点：证书路径的有效发现和确认仍然不很理想，大型 PKI 目录的互操作性不强，证书复杂。

5. Web 信任模型

Web 信任模型建构在浏览器的基础上，浏览器厂商在浏览器中内置了多个根 CA，每个根 CA

相互间是平行的，浏览器用户信任这么多个根 CA 并把这么多个根 CA 作为自己的信任锚（见图 5-10）。这种模型表面上与分布式信任模型颇为相似，实际上，它更接近严格层次结构信任模型。它通过与相关域进行互连而不是扩大现有的主体群，使客户实体成为在浏览器中所给出的所有域的依托方。各个嵌入的根 CA 并不被浏览器厂商显示认证，而是物理地嵌入软件来发布，作为对 CA 名字和它的密钥的安全绑定。但是，由于各个根 CA 是浏览器厂商内置的，浏览器厂商隐含认证了这些根 CA。这样，浏览器厂商就成了事实上的隐含的根 CA。

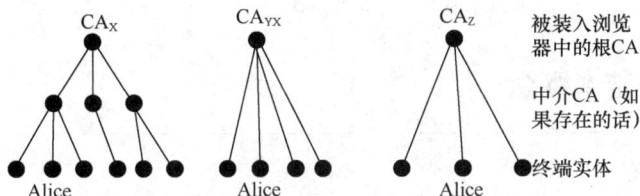

图 5-10　Web 信任模型

Web 信任模型的优点：方便简单，互操作性强，对终端用户的要求较低，用户只需简单地信任嵌入的各个根 CA。Web 信任模型的缺点：安全性较差，根 CA 与终端用户之间的信任关系模糊，扩展性差。

6. 以用户为中心的信任模型

以用户为中心的信任模型中，每个用户自己直接决定信赖哪个证书和拒绝哪个证书。没有可信的第三方作为 CA，终端用户自己就是根 CA，如图 5-11 所示。

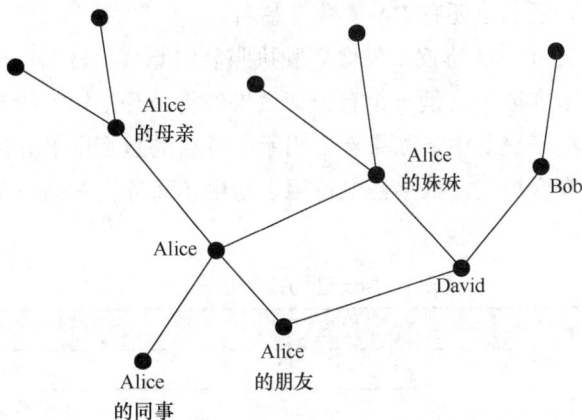

图 5-11　以用户为中心的信任模型

以用户为中心的信任模型安全性和用户可控性很强。但使用范围较窄，这种模型在公司、金融或者政府环境中都是不适宜的。

现有大多数的应用都采用以上的一种模型或几种模型的混合体，以严格层次结构信任模型最为常见；要求信任的层次关系较强的中小型应用多采用严格层次结构信任模型；结构比较松散的应用往往采用网状信任模型（如 PGP）；Web 信任模型在方便性和简单互操作性方面有明显的优势（如 IE 浏览器中的证书管理），但是在安全性方面存在着比较大的问题；桥 CA 信任模型是在大量组织中扩展 PKI 的一种重要方法，但是桥 CA 必须有一个大家都信任的第三方来充当桥 CA，在实践中是很难确立这样一个可信的第三方的。

例如，上海市数字证书认证中心（SHECA）基于 PKI 架构，根据我国国情，与地区行业联合共建的认证体系，采用的便是严格层次结构信任模型。SHECA 代表了目前我国 PKI 信任模型的实施现状，即大多采用严格层次结构信任模型，多个信任域间的证书难以相互认证，互操作性不好。

5.3 数字证书的管理

5.3.1 数字证书的基本概念

1. 数字证书的定义

电子商务系统可以使在网上购物的顾客能够极其方便轻松地获得商家和企业的信息，但同时也增加了某些敏感或有价值的数据被滥用的风险。为了保证互联网电子交易及支付的安全性，防范交易及支付过程中的欺诈行为，必须在网上建立一种信任机制。这就要求参加电子商务的买方和卖方都必须拥有合法的身份，并且在网上能够有效无误地被认证。数字证书和相关认证技术就能比较好地解决该问题。

视频 5-2

数字证书是用电子手段来证实一个用户的身份和对网络资源的访问权限。证书就是一份文档，记录了用户的公开密钥和其他身份信息。数字证书是由 CA 颁发的、包含了公开密钥持有者的信息，以及公开密钥的数据文件，证书上还有 CA 的数字签名。

证书的格式遵循 ITU X.509 v3 协议。就像驾驶执照能将照片、姓名、出生日期进行有公证效果的关联一样，一个用户的数字证书就是一个有公证效果的将公开密钥与所有者的身份信息相联系的"数字身份证"。在网上的电子交易中，如果双方出示了各自的数字证书并用它来进行交易操作，那么双方都可不必为对方的身份担心。数字证书可用于与电子商务相关的各个领域。表 5-1 中对身份证和数字证书进行了对比。

表 5-1　身份证与数字证书的对比

身份证项目	数字证书项目
姓名	主体名称
身份证号	序列号
起始日期	起始日期
终止日期	终止日期
签发者	发证机构
照片	公钥
签章	数字签名

2. 数字证书的功能

数字证书可用于发送安全电子邮件、访问安全站点、网上证券、网上招标采购、网上签约、网上办公、网上缴费、网上税务等网上安全电子事务处理和安全电子交易活动。数字证书主要有以下功能。

（1）信息加密：通过使用数字证书对信息进行加密来保证信息的保密性，采用基于公钥密码体制的数字证书能很好地解决网络信息的加密通信。

（2）数字签名：数字证书可以用来实现数字签名，以防止他人篡改文件，保证文件的正确性、完整性、可靠性和不可抵赖性。

（3）身份认证：利用数字证书实现身份认证可以解决网络上的身份验证，能很好地保障电子商务活动中的交易安全。

3. 数字证书的内容

数字证书中一般包含证书持有者的名称、公开密钥、认证中心的数字签名，此外还包括密钥的有效时间、认证中心的名称以及该证书的序列号等信息。交易伙伴可以利用数字证书来交换彼此的公开密钥。国际电信联盟（ITU）在其制定的 X.509 标准中，对数字证书进行了详细的定义，其格式如图 5-12 所示。

一个标准的 X.509 数字证书包含以下的内容，如图 5-13 所示。

（1）版本号：标示证书的版本（v1、v2 或 v3）。

（2）序列号：由证书颁发者分配的本证书的唯一标识符。

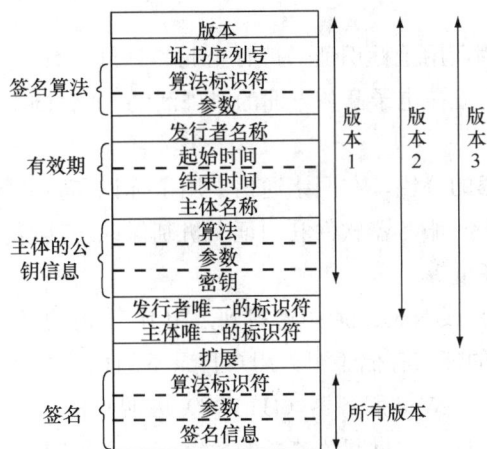

图 5-12　X.509 数字证书的格式

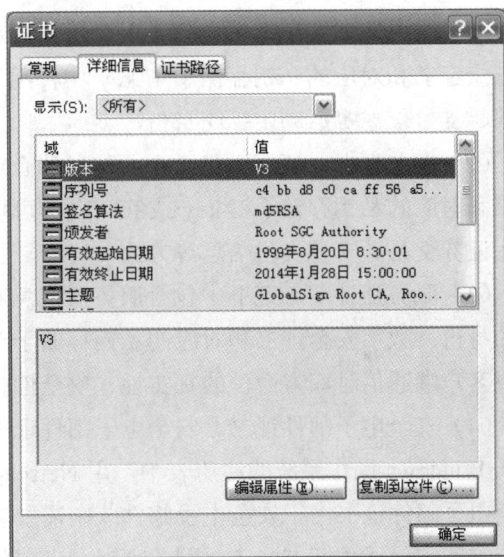

图 5-13　Windows 操作系统中的证书

（3）签名算法：签名算法标识符（由 OID 加上相关参数组成），用于说明本证书所用的数字签名算法，如 SHA-1 和 RSA 的标识符用来说明该签名是利用 RSA 对 SHA-1 摘要值加密得来的。

（4）颁发者：证书颁发者的可识别名，这是必须说明的。

（5）有效期：证书有效的时间段，本字段由"Not Valid Before"和"Not Valid After"两项组成，它们分别由 UTC 时间或一般的时间表示（在 RFC 2459 中有详细的时间表示规则）。

（6）主体：证书拥有者的可识别名称，此字段必须是非空的，除非使用了其他名字形式。

（7）主体公钥信息：主体的公钥及算法标识符，这是必须说明的。

（8）颁发者唯一标识符：证书颁发者的唯一标识符，仅在版本 2 和版本 3 中要求，属于可选项。该字段在实际中很少使用，并且不被 RFC 2459 推荐使用。

（9）主体唯一标识符：证书拥有者的唯一标识符，仅在版本 2 和版本 3 中要求，属于可选项。该字段在实际中很少使用，并且不被 RFC 2459 推荐使用。

（10）扩展：可选的标准和专用扩展，仅在版本 3 中使用。

4. 数字证书的类型

数字证书从使用对象角度来说主要有以下 6 种类型，如图 5-14 所示。

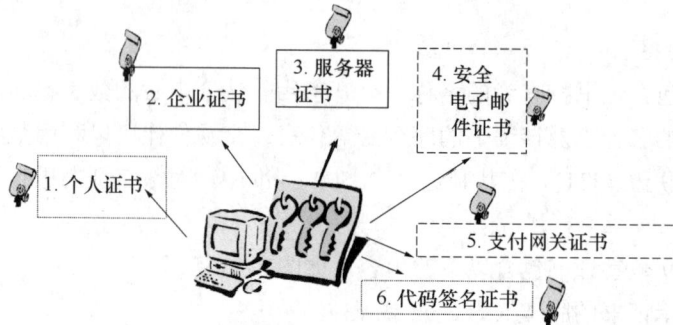

图 5-14　数字证书的类型

（1）个人证书。证书中包含个人身份信息和个人的公钥，用于标识证书持有人的个人身份。数字安全证书和对应的私钥存储于 E-key 中，用于个人在网上进行合同签订、订单、录入审核、操作权限、支付信息等活动中标明身份。

（2）企业证书。证书中包含企业信息和企业的公钥，用于标识证书持有企业的身份。数字安全证书和对应的私钥存储于 E-key 或 IC 卡中，可以用于企业在电子商务方面的对外活动，如合同签订、网上证券交易、交易支付信息等方面。

（3）服务器证书。证书中包含服务器信息和服务器的公钥，在网络通信中用于标识和验证服务器的身份。数字安全证书和对应的私钥存储于 E-key 中。服务器软件利用证书机制保证与其他服务器或客户端通信时双方身份的真实性、安全性、可信任度等。

（4）安全电子邮件证书。安全电子邮件证书通过 IE 或 Netscape 申请得到，用 IE 申请的证书存储于 Windows 操作系统的注册表中，用 Netscape 申请的证书存储于个人用户目录下的相关文件中。安全电子邮件证书用于安全电子邮件或向需要客户验证的 Web 服务器（HTTPS）表明身份。

（5）支付网关证书。支付网关证书是证书签发中心针对支付网关签发的数字证书，是支付网关实现数据加密、解密的主要工具，用于数字签名和信息加密。支付网关证书仅用于支付网关提供的服务（互联网上各种安全协议与银行现有网络数据格式的转换）。

（6）代码签名证书。代码签名证书是 CA 签发给软件提供商（或个人）的数字证书，包含软件提供商的身份信息、公钥及 CA 的签名。软件提供商使用代码签名证书对软件进行签名后放到互联网上，当用户在互联网上下载该软件时，将会得到提示，从而可以确信软件的来源及软件自签名后到下载前，没有遭到修改或破坏。

5.3.2　认证机构

1. 认证机构的概念

认证机构（Certificate Authority，CA）是采用 PKI 公开密钥基础架构技术，专门提供网络身份认证服务，负责签发和管理数字证书，且具有权威性和公正性的第三方信任机构，它的作用就像我们现实生活中颁发证件的公司，如护照办理机构。图 5-15 所示为 CA 的作用图。

图 5-15　CA 的作用

CA 用于创建和发布证书，它通常为一个称为安全域的有限群体发放证书。创建证书的时候，CA 系统首先获取用户的请求信息，其中包括用户公钥（如果用户端是个人使用或测试用，则公钥一般由用户端产生，如电子邮件程序或浏览器等，或者使用第三方开发的具有独立 CSP 的智能终端，如 USBkey），CA 将根据用户的请求信息产生证书，并用自己的私钥对证书进行签名。其他用户、应用程序或实体将使用 CA 的公钥对证书进行验证。如果一个 CA 系统是可信的，则验证证书的用户可以确信，其所验证的证书中的公钥属于证书所代表的那个实体。

2．CA 系统的组成

典型的 CA 系统包括安全服务器、RA、CA 服务器、LDAP 服务器和数据库服务器等，如图 5-16 所示。

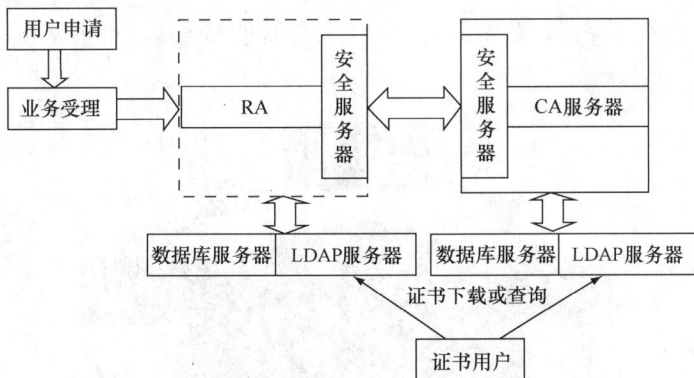

图 5-16　典型的 CA 系统

（1）安全服务器：安全服务器面向普通用户，用于提供证书申请、浏览、证书撤销列表，以及证书下载等安全服务。安全服务器与用户通信采取安全信道方式（如 SSL 的方式，不需要对用户进行身份认证）。用户首先得到安全服务器的证书（该证书由 CA 系统颁发）；然后用户与服务器之间的所有通信，包括用户填写的申请信息及浏览器生成的公钥均以安全服务器的密钥进行加密传输。

（2）CA 服务器：CA 服务器是整个证书机构的核心，负责证书的签发。CA 服务器首先产生自身的私钥和公钥（密钥长度至少为 1 024 位），然后生成数字证书，并且将数字证书传输给安全服务器。CA 服务器还负责为操作员、安全服务器，以及注册机构服务器生成数字证书。

（3）RA：登记中心服务器面向登记中心操作员，在 CA 体系结构中起承上启下的作用，一方面向 CA 服务器转发安全服务器传输过来的证书申请请求，另一方面向 LDAP 服务器和安全服务器转发 CA 服务器颁发的数字证书和证书撤销列表。

（4）LDAP 服务器：LDAP 服务器提供目录浏览服务，负责将 RA 服务器传输过来的用户信息和数字证书加到服务器上。这样，用户通过访问 LDAP 服务器就能得到其他用户的数字证书。

（5）数据库服务器：数据库服务器是 CA 中的核心部分，用于 CA 中数据（如密钥和用户信息等）、日志和统计信息的存储和管理。实际的数据库系统应采用多种措施，如磁盘阵列、双机备份和多处理器等方式，以维护数据库系统的安全性、稳定性、可伸缩性和高性能。

3．CA 的功能

（1）证书申请：接收证书申请者的申请并验证身份。

（2）证书审批和发放：审批证书的申请，确定是否给申请者发放证书，若同意则发放公钥证书，反之，则拒绝发放。

（3）证书更新：接收并处理申请者的证书更新请求。

（4）接收并处理合法身份者的证书查询和撤销申请。

（5）产生并管理 CRL。

（6）将各用户的数字证书归档。

（7）产生并管理密钥，包括密钥备份及恢复。

（8）将用户的历史数据归档。

5.3.3 数字证书的管理过程

数字证书的管理由 CA 完成，数字证书管理主要包含证书生成、证书发布、证书注销和证书归档等过程，如图 5-17 所示。

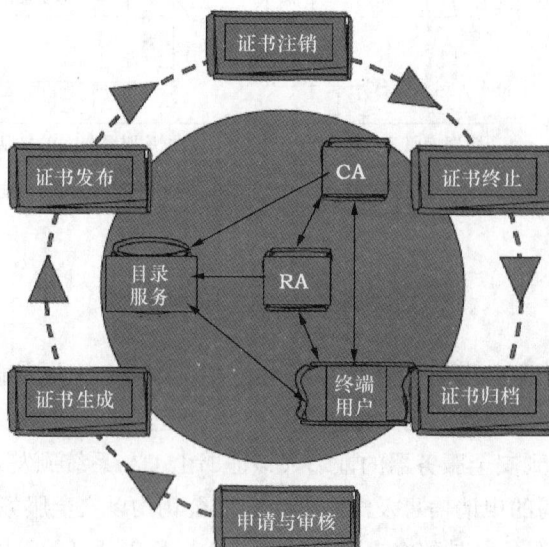

图 5-17 数字证书的管理流程

1. 证书的生成

第一是密钥对的生成，用户可以使用某种软件随机生成一对公钥或私钥；第二是 RA 的验证。RA 要验证用户的身份信息是否合法并有资格申请证书，如果用户已经在该 CA 申请过证书了，则不允许重复申请。另外，必须检查用户持有证书请求中公钥所对应的私钥，这样可表明该公钥确实是用户的。

2. 证书的发布

数字证书的发布过程如下：用户产生了自己的密钥对，并将公共密钥及部分个人身份信息传送给一家 CA；CA 在核实身份后，将执行一些必要的步骤，以确信请求确实由用户发送而来；然后，CA 将发给用户一个数字证书，该证书内附有用户和他的密钥等信息，同时还附有对 CA 公共密钥加以确认的数字证书。当用户想证明其公开密钥的合法性时，就可以提供这一数字证书。

3. 数字证书的使用

用户安装数字证书后可以实现信息加密、数字签名、身份认证等安全需求。假设现有发送者（持证人）向接收者（持证人）传送数字信息，为了保证信息传送的真实性、完整性和不可否认性，需要对要传送的信息进行数字加密和数字签名，其传送过程如图 5-18 所示。

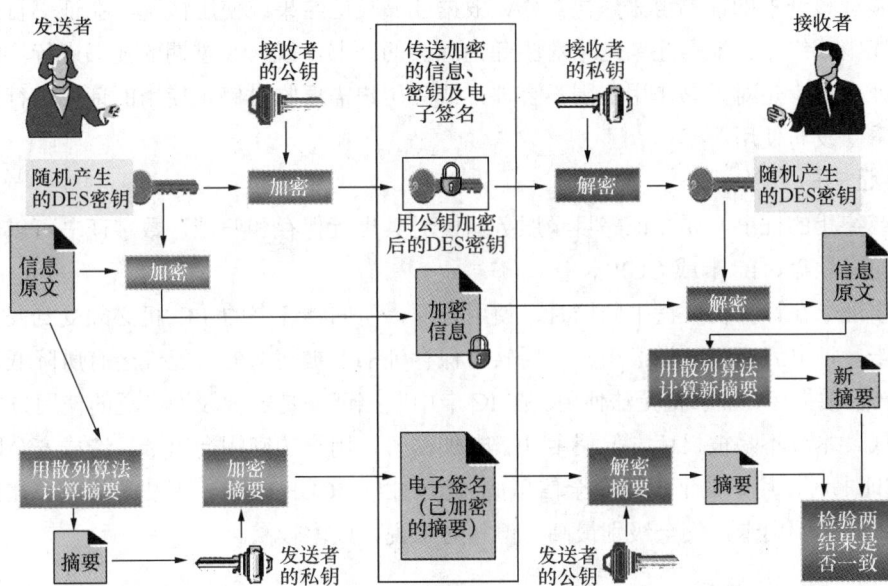

图 5-18　数字证书的传送过程

（1）发送者准备好要传送的数字信息（明文）。

（2）发送者对数字信息进行 Hash 运算，得到一个信息摘要。

（3）发送者用自己的私钥对信息摘要进行加密，得到发送者的数字签名，并将其附在信息上。

（4）发送者随机产生一个加密密钥，并用此密钥对要发送的信息进行加密。

（5）发送者用接收者的公钥对随机产生的加密密钥进行加密，将加密后的密钥同密文一起传给接收者。

（6）接收者收到发送者传送过来的密文和加密过的密钥，先用自己的私钥对加密的密钥进行解密，得到会话密钥。

（7）接收者用密钥对收到的密文进行解密，得到明文的数字信息，并将密钥抛弃。

（8）接收者用发送者的公钥对发送者的数字签名进行解密，得到信息摘要。接收者用相同的 Hash 算法对收到的明文再进行一次 Hash 运算，得到一个新的信息摘要。

（9）接收者将收到的信息摘要和新产生的信息摘要进行比较，如果一致，说明收到的信息没有被修改过。

4. 数字证书的验证

第一，证书必须是真实的，没有被篡改或伪造。如果一张证书经验证发现是伪造的，我们肯定不会信任它了；第二，颁发证书的机构必须是某个可以信任的权威机构，如果是一家小店颁发的身份证书，即使这个证书是真实的，我们也不会信任它。所以有效的证书需要确认两点：

（1）验证该数字证书是否真实有效；

（2）检查颁发该证书的 CA 是否可以信任。

如果验证者收到李四的数字证书，发现李四的证书和自己的证书是同一 CA 颁发的，则验证者可以信任李四的证书，因为验证者信任自己的 CA，而且已经知道自己 CA 的公钥，可以用该公钥去验证李四的证书。

但如果李四的数字证书是另一个 CA 颁发的，验证者怎么验证颁发李四证书的 CA 是否可信呢？这就要通过验证该证书的证书链来解决。CA 根据证书验证结果或使用情况，在证书目录服务器中对证书进行注销或终止。证书注销是指对验证为虚假的证书，或已经过期的证书进行注销，使其不能再使用。证书终止是对证书作用范围不合理，或应用户需要临时停止使用的证书进行停用，在需要时还可以重新发布使用。

5. 数字证书的归档

对注销或终止的证书，要在证书目录服务器中对其进行保存和归档，数字证书可以归档在计算机的硬盘、随身软盘、IC 卡或 CUP 卡中。

用户数字证书在计算机硬盘中归档时，使用方便，但归档证书的 PC 机必须受到安全保护，否则一旦被攻击，证书就有可能被盗用。使用软盘保存证书，被窃取的可能性会有所降低，但软盘容易被损坏，一旦被损坏，证书将无法使用。在 IC 卡中归档证书是一种较为广泛的使用方式，因为 IC 卡的成本较低，本身不易被损坏，但使用 IC 卡加密时，用户的密钥会出卡，造成安全隐患。使用 CUP 卡归档证书时，用户的证书等安全信息被加密归档在 CUP 卡中，无法被盗用。在进行加密的过程中，密钥可以不出卡，安全级别最高，但相对来说，成本较高。

5.4 PKI 的应用现状

5.4.1 PKI的应用领域

PKI 作为网络安全的基础平台，广泛用于需要身份认证、消息认证的各个网络应用系统，尤其在电子商务、电子政务、网上银行、网上证券等应用领域有着极其重要的作用，可以满足信息加密、身份认证、消息完整性、抗否认等安全需求。

1. 电子商务

电子商务的参与方一般包括买方、卖方、银行和作为中介的电子交易市场。买方通过自己的浏览器上网，登录到电子交易市场的 Web 服务器并寻找卖方。当买方登录服务器时，买方、卖方互相之间需要通过 PKI 验证对方的证书以确认其身份，这被称为双向认证。 在双方身份被互相确认后，建立起安全通道，并进行讨价还价，之后向商场提交订单。整个交易过程都是在 PKI 所提供的安全服务之下进行（SET 的交易流程）的，实现了安全、可靠、保密和不可否认性。

2. 电子政务

电子政务包含的主要内容有网上信息发布、办公自动化、网上办公、信息资源共享等。电子政务按应用模式也可分为 G2C、G2B、G2G，PKI 在其中的应用主要是解决身份认证、数据完整性、数据保密性和不可抵赖性等问题。例如，一个保密文件发给谁或者哪一级公务员有权查阅某个保密文件等，这些都需要进行身份认证，与身份认证相关的还有访问控制，即权限控制。

3. 网上银行

网上银行是指银行借助互联网技术向客户提供信息服务和金融交易服务。银行通过互联网向客户提供信息查询、对账、网上支付、资金划转、信贷业务、投资理财等金融服务。网上银行的应用模式有 B2C 个人业务和 B2B 对公业务两种。

网上银行的交易方式是点对点的，即客户对银行。双向认证通过以后，建立起安全通道，客户端提交交易信息，经过客户的数字签名并加密后传送到银行服务器，由银行后台信息系统进行划账，并将结果进行数字签名，返回给客户端（SSL 的工作过程）。这样就做到了支付信息的保密和完整，以及交易双方的不可否认。

4. 网上证券

网上证券广义地讲是证券业的电子商务，它包括网上证券信息服务、网上股票交易和网上银证转账等。一般来说，在网上证券应用中，股民为客户端，装有个人证书；券商服务器装有 Web 证书。在线交易时，券商服务器只需要认证股民证书，验证是否为合法股民，是单向认证过程，认证通过后，建立起安全通道。股民在网上的交易提交同样要进行数字签名，网上信息要加密传输；券商服务器收到交易请求并解密，进行资金转账并做数字签名，将结果返回给客户端。

5.4.2　国内外PKI的发展

1. 国外 PKI 的发展

2000 年 6 月 30 日，美国时任总统克林顿正式签署美国《全球及全国商业电子签名法》，给予电子签名、数字证书以法律上的保护，这一决定使电子认证问题迅速成为各国政府关注的热点。

加拿大在 1993 年就已经开始了政府 PKI 体系雏形的研究工作，到 2000 年已在 PKI 体系方面获得重要的进展，已建成的政府 PKI 体系为联邦政府与公众机构、商业机构等进行电子数据交换时提供信息安全的保障，推动了政府内部管理电子化的进程。加拿大与美国代表了发达国家 PKI 发展的主流。

欧洲在 PKI 基础建设方面也成绩显著，已颁布了 93/1999EC 法规，强调技术中立、隐私权保护、国内与国外相互认证以及无歧视等原则。为了解决各国 PKI 之间的协同工作问题，欧洲采取了一系列策略，如积极资助相关研究所、大学和企业研究 PKI 相关技术；资助 PKI 互操作性的相关技术研究，并建立 CA 网络及顶级 CA。并且欧洲于 2000 年 10 月成立了欧洲桥 CA 指导委员会，于 2001年 3 月 23 日成立了欧洲桥 CA。

在亚洲，韩国是最早开发 PKI 体系的国家。韩国的认证架构主要分 3 个等级：最上一级是信息通信部，中间是由信息通信部设立的国家 CA，最下一级是由信息通信部指定的下级授权认证机构（LCA）。日本的 PKI 应用体系按公众和私人两大类领域来划分，而且在公众领域的市场还要进一步细分，主要分为商业、政府，以及公众管理内务、电信、邮政三大块。此外，还有很多国家都在开展 PKI 方面的研究，并且都成立了 CA。

较有影响力的国外 PKI 公司有爱尔兰的 Baltimore 公司和加拿大的 Entrust 公司，其产品如 Entrust/PKI 5.0，已经能较好地满足商业企业的实际需求。威瑞信（Verisign）公司也已经开始提供 PKI 服务，互联网上很多软件的签名认证都来自威瑞信公司。

2．我国 PKI 的发展

1998 年，我国第一家以实体形式运营的 SHECA 成立。此后，我国先后建成了几十家不同类型的 CA，CA 认证的概念也逐步从电子商务领域渗透至电子政务、金融、科教等各个领域。

2001 年 11 月，上海 CA 组织京津沪等地的 CA 成立了中国协卡体系，希望在全国纵向合作的前提下，不仅实现地域 CA 间的互联互通，还要打通电子商务和电子政务。

2003 年是 PKI 技术全面走向规范化和标准化的一年，全国都明显加快了各种规范的制定。其中《中华人民共和国电子签章条例》的内容包括电子签章的法律效力和有效要件，有关认证机构的市场准入、管理，以及证书的内容、申请、颁发、认证各方的权利和义务等。

从目前情况看，CA 的概念已经深入电子商务的各个层面，但就其应用而言，还远远不够。在 CA 建设和分布格局上，无论是在建的还是已经启用的，都还存在一些问题。

（1）我国 CA 行业建设"群雄并立"：各地区、各行业分而治之的局面，不利于 CA 行业的长期有序发展，现在国内一哄而上创建认证中心，形成这种各自为政又大量重复的建设格局。

（2）CA 的技术基础差：因为涉及许多先进的密码技术，CA 的建立与运作需要强大的技术支撑。

（3）CA 的责任、义务不清：当前有的公司在网上发放的 CA 证书安全性和可信度不高。

从应用前景来看，随着互联网应用的不断普及和深入，政府部门需要 PKI 支持管理，商业企业内部、企业与企业之间、区域性服务网络、电子商务网站都需要 PKI 的技术和解决方案，大企业需要建立自己的 PKI 平台，小企业需要社会提供商业 PKI 服务。PKI 应用有着非常巨大的市场需求。

5.4.3　我国典型的CA

全球 CA 认证服务市场被三大巨头——Verisign、Thawte、GeoTrust 所主导。我国的 CA 如雨后春笋般发展起来，主要可分为三大类：行业性 CA、区域性 CA、商业性 CA。行业性 CA 有中国人民银行联合 12 家银行建立的 CFCA、中国电信认证中心（CTCA），以及海关认证中心（SCCA）、商务部 EDI 中心建立的国富安 CA 等。区域性 CA 主要包括以广东电子商务认证中心（广东 CA）为首的"网证通"认证体系和以 SHECA 为首的 UCA 协卡认证体系。另外，还有新兴的民间商业认证机构和港台地区的认证机构。代表性的 CA 介绍如下。

视频 5-3

1．行业 CA

（1）中国金融认证中心（CFCA）。CFCA 于 2000 年 10 月开始运行，是一个由 13 家银行参与建设和运行的 CA 认证体系，目前 CFCA 具有覆盖全国的认证服务体系，提供多种用途的证书和信息安全服务，支持金融领域及其他各界用户的应用需求，包括网上购物、网上银行、网上证券、网上

保险、网上申报缴税、网上购销和其他安全业务（OA、MIS）等，CFCA 证书全面支持电子商务的各种业务运作模式。CFCA 是国内唯一一家能够全面支持电子商务安全支付业务的第三方网上专业信任服务机构。它由吉大正元做技术支持，其相关认证机构有中国银行网上银行认证系统、光大银行银企通等。

CFCA 系统体系结构如图 5-19 所示。

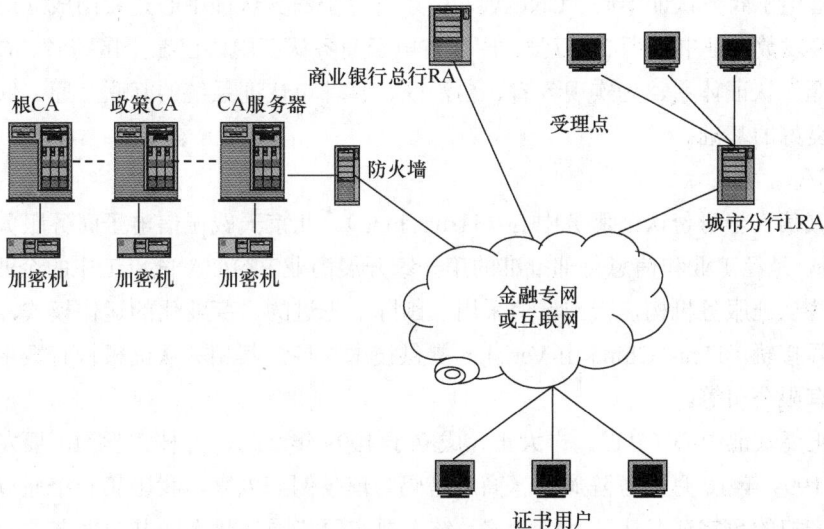

图 5-19　CFCA 系统体系结构

（2）中国电信认证中心（CTCA）。CTCA 于 1999 年 6 月开始运行，是一个全部由中国电信集团建设和运行的 CA 认证体系，主要市场是企业与个人的电子商务应用。中国电信已经与银行、证券、民航、工商、税务等多个行业联合开发出了网上安全支付系统、电子缴费系统、电子银行系统、电子证券系统、安全电子邮件系统、电子订票系统、网上购物系统、网上保税等一系列基于 CTCA 安全认证系统的电子商务应用，已经初步建立起中国电信电子商务平台。CTCA 是独立开发的系统，其相关认证机构有福建电信分公司的 CTCA 安全电子邮件证书服务，以及各省自治区、直辖市的 CTCA 认证代理。

（3）中国电子邮政安全证书管理中心（CPCA）。由中国邮政局牵头开发的，并在各省自治区、直辖市建立的 RA，构成了中国邮政安全认证系统。它的业务范围包括提供网上客户身份认证、数字签名、电子公证、安全电子邮件等服务。它可以给用户提供个人数字证书、服务器数字证书、机构数字证书、代码签名数字证书等。

（4）泰康认证中心。泰康认证中心是泰康人寿保险股份有限公司于 2000 年 8 月 22 日正式推出的认证中心，由吉大正元提供技术支持。业务范围涉及提供安全、可靠、高效的保险销售服务，实现真正意义的"在线保险"。其特点是由于保险业务要求承担更大的人身信息识别的风险，其对客户个人信息的准确性、合法性就提出了更高的要求，其认证体系就必然更深入、更审慎。因此，保险类 CA 认证与一般金融认证相比，具有更全面、更权威的优点，这一优点是保险行业的自身特点所决定的。

2．地方政府建立的 CA

（1）南方认证中心（NFCA）。1999 年 6 月开始运行，是一个由广东电信数据局建设和运行的 CA 认证体系，主要市场是企业和个人的电子商务应用。

（2）上海市数字证书认证中心（SHECA）。SHECA 成立于 1998 年 12 月 31 日，是中国第一家专业的第三方网络安全和信任服务提供商，专门从事信息安全技术认证、安全新人服务，以及相关产品的研发和整合，以其领先的技术和精湛的服务为客户提供信息安全整体解决方案与第三方服务。SHECA 拥有全国 400 余个证书受理网点，证书发放量、证书应用范围全国第一，相关认证机构有北京数字证书认证中心、天津市 CA 等。

（3）广东省电子商务认证中心（CNCA）。广东省电子商务认证中心是我国成立最早的数字认证机构之一，已签发数字证书接近 20 万张。广东省电子商务认证中心已在全国跨省、自治区、直辖市建立了"网证通"认证体系，为实现各省、自治区、直辖市认证系统的互联互通、低成本建设、高效运营奠定了良好的基础。

3. 企业 CA

（1）天威诚信安全身份认证服务中心（iTrusChina）。北京天威诚信电子商务服务有限公司成立于 2000 年 9 月，是经工业和信息化部批准的第一家开展商业 PKI/CA 试点工作的企业。相对于国内已经建立的一些认证服务机构，天威诚信采用了国际上先进的、商业化的运作模式，从而使用户可以顺利地与国际接轨。iTrus China 由 Verisign 提供技术支持，其相关认证机构有数字中国网、创原世纪信息技术有限公司等。

（2）吉大正元认证中心（JIT）。吉大正元成立于 1999 年 2 月，吉林大学为主要发起人和技术依托。该系统是 1999 年 10 月国务院颁布《商用密码管理条例》以来，我国第一个通过国家级鉴定的拥有自主知识产权的数字证书认证系统。该系统主要应用范围是数字证书的生产。

（3）国富安（GFAPKI）。北京国富安电子商务安全认证有限公司（以下简称国富安公司）成立于 1998 年 12 月，是商务部中国国际电子商务中心直属的专业提供信息安全产品和服务的高新技术企业。国富安 CA 是首家获得工业和信息化部颁发的电子认证服务许可证资质的 CA，已经在全国各省、直辖市、自治区设有 32 个 RA，100 个技术支持服务机构，服务范围覆盖全国。

课后习题

一、填空题

1. 公钥基础设施 PKI 是利用（　　）理论和技术为电子商务、电子政务、网上银行和网上证券等所有网络应用提供一套安全技术的平台，它是创建、颁发、管理、撤销数字证书等一系列基础服务的所有软件和硬件的集合。

2. CA 主要负责电子商务安全交易的认证服务，主要负责生产、分配和管理用户的（　　）。

3. PKI 的信任模型主要包括严格层次结构信任模型、（　　）、Web 信任模型和桥 CA 信任模型。

4. 数字证书：网络通信中标识通信各方身份信息的一系列数据，是由一个权威机构发行的，它类似于现实生活中的（　　）。一个数字证书一般包含有持有者的名称、公开密钥、认证中心的数字签名。

二、选择题

1. 在下列选项中，不属于公钥证书的证书数据的是（　　）。

A．CA 的数字签名　　　　　　　　　　B．CA 的签名算法

C．CA 的识别码　　　　　　　　　　　D．使用者的识别码

2. 公钥证书的申请方式不包括（　　　）。

    A. 电话申请　　　　　　　　　　　　B. Web 申请

    C. E-mail 申请　　　　　　　　　　　D. 到认证机构申请

3. 数字证书主要的功能不包括（　　　）。

    A. 避免流量分析　　　　　　　　　　B. 保证信息的保密性、完整性

    C. 保证不可否认性　　　　　　　　　D. 保证交易者身份的真实性

4. CA 设置的地区注册 CA 不具有的功能是（　　　）。

    A. 制作证书　　　　　　　　　　　　B. 撤销证书注册

    C. 吊销证书　　　　　　　　　　　　D. 恢复备份密钥

5. 关于认证机构 CA，下列哪种说法是错误的？（　　　）

    A. CA 可以通过颁发证书证明密钥的有效性

    B. CA 有着严格的层次结构，其中根 CA 要求在线并被严格保护

    C. CA 的核心职能是发放和管理用户的数字证书

    D. CA 是参与交易的各方都信任的且独立的第三方机构组织

6. 密钥交换的最终方案是使用（　　　）。

    A. 公钥　　　　　　B. 数字信封　　　　　C. 数字证书　　　　　D. 消息摘要

7. CA 用（　　　）签名数字证书。

    A. 用户的公钥　　　B. 用户的私钥　　　　C. 自己的公钥　　　　D. 自己的私钥

8. 数字证书是将用户的公钥与其（　　　）相联系。

    A. 私钥　　　　　　B. CA　　　　　　　　C. 身份　　　　　　　D. 序列号

9. 证书中不含有以下哪项内容？（　　　）

    A. 序列号　　　　　B. 颁发机构　　　　　C. 主体名　　　　　　D. 主体的私钥

10. 为了验证 CA（非根 CA）的证书，需要使用（　　　）。

    A. 该 CA 的公钥　　　　　　　　　　B. 上级 CA 的公钥

    C. 用户的公钥　　　　　　　　　　　D. 该 CA 的私钥

三、名词解释

1. 桥 CA 信任模型

2. PKI 标准

3. 数字证书

4. CFCA

5. LDAP 服务器

四、简答题

1. 什么是 PKI？它有哪些组成部分？

2. PKI 的核心服务有哪些？

3. PKI 实体是如何实现认证、保密、不可否认服务的？

4. 说明数字证书的产生和验证过程。

5. 简述国内外 PKI 的发展现状。

案例分析

防骗案例：有数字证书保护，我的钱再也不会被盗

龙龙是一名上班族，平时放假的时候，喜欢和老同学一起玩游戏，有在财付通保留余额的习惯。

一天，他接到一个自称是"财付通客服"的电话，说他的账号被盗，为保护其资金安全，需要龙龙提供登录密码和支付密码。龙龙担心账号余额被盗，一着急就告知了"客服"自己的密码信息。

其实，这个所谓的"客服"是一个不折不扣的网络骗子。骗子拿到登录密码和支付密码后，想要立刻用龙龙的财付通余额进行消费。可是他万万没想到，龙龙的财付通账号启用了数字证书，骗子如果要消费掉龙龙的财付通余额，则需要在他自己的计算机上安装数字证书，才能进行支付。而安装数字证书，需要龙龙本人的手机短信验证。骗子只好放弃龙龙的账号。

而这一边，挂断电话的龙龙接收到了财付通安装数字证书的短信验证码。这不是龙龙本人的操作，他瞬间意识到，自己的账号密码刚刚泄露出去了。幸好，有数字证书保障了龙龙的财付通余额安全，骗子无法安装证书。于是他赶紧修改了自己的登录密码和支付密码。

安装数字证书，避免了一场惨痛的骗局。

财付通温馨提醒：

1. 任何情况下，都不要将登录密码和支付密码告诉他人，财付通客服不会向您索要任何密码信息；

2. 未装数字证书的用户，请尽快安装数字证书，以保护您的账户资金安全。

（资料来源：财付通）

根据案例回答问题

（1）本案例中数字证书的应用起到了哪些安全作用？没有数字证书将会怎样？

（2）财付通温馨提醒有什么实际意义？

（3）哪些网络应用系统还需要安装和使用数字证书？

本章主要内容

- ◇ TCP/IP 的体系结构与安全协议
- ◇ 几种主要的网络安全协议
- ◇ 安全套接层协议
- ◇ 安全电子交易协议

本章学习方略

- ◇ 本章重点内容
（1）安全协议的内容。
（2）SET 协议的工作原理。
- ◇ 本章难点内容
（1）SSL 与 SET 的区别。
（2）SET 的交易流程。

案例导入

谷歌浏览器将 HTTP 网站全部标为不安全

谷歌最近宣布，该公司旗下的浏览器Chrome将在最新的68稳定版中将所有HTTP网站标记为不安全网站。如果网站使用的是HTTP，而不是HTTPS，当前版本的浏览器会在网站地址栏旁边显示一个"i"图标。而目前已经使用HTTPS的网站，在浏览器中会被标记为"安全"。

网址旁边出现"i"图标的网站，用户会收到浏览器提示"您与此网站的连接不安全"，并建议用户不要输入任何敏感数据，因为黑客很可能会窃取用户输入的数据。谷歌浏览器将一些HTTP网站标记为"不安全"，尤其是让用户输入密码或者信用卡号码的网页。在2017年1月Chrome更新后，带有密码或信用卡号码的网页就被浏览器标记为"不安全"。

根据谷歌的统计，安卓和Windows操作系统上所有流量的68%，以及Chrome OS和Mac OS操作系统上所有流量的78%已经被HTTPS保护。与2017年同期相比，使用HTTPS的网站大大增加。Chrome的新界面将帮助用户了解所有的HTTP网站都不安全，并且默认情况下继续将网络移动到安全的HTTPS网站。

运行开发版本的Chrome用户现在可以在浏览器中启用该功能。只需在浏览器中加载chrome：// flags / # enable-mark-http-，然后单击默认值并将首选项设置为启用即可。Chrome的某些开发版本会自动显示"不安全"标志。

（资料来源：中关村在线，2018-02-10）

电子商务的一个重要技术特征是利用互联网技术来传输和处理商业信息。因此，电子商务安全从整体上可分为两大部分：计算机网络安全和商务交易安全。而互联网由于其最初设计时的缺陷，存在许多漏洞和风险，所以基于 TCP/IP 的网络安全协议的设计和应用已经成为电子商务安全的必要保障。

本章主要介绍 TCP/IP 的安全缺陷、常见的网络安全协议，以及与电子商务相关的电子商务安全协议，重点介绍安全套接层协议和安全电子交易协议的概念、原理、功能等内容。

6.1 TCP/IP 的体系结构与安全协议

6.1.1 TCP/IP的体系结构

TCP/IP 起源于 20 世纪 60 年代末美国政府资助的一个分组交换网络研究项目，到 20 世纪 90 年代已发展成为计算机之间最常用的组网形式，是一个真正的开发系统，支持不同操作系统的主机和不同类型网络的互联。TCP/IP 是一组不同层次上的多个协议的组合，通常被分为 4 层：链路层、网络层、传输层、应用层。TCP/IP 体系结构如图 6-1 所示。

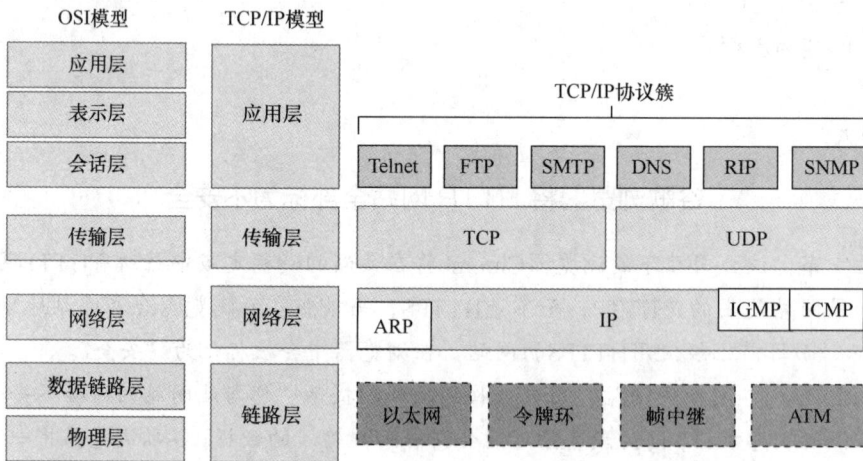

图 6-1　TCP/IP 体系结构

6.1.2 TCP/IP的安全隐患

TCP/IP 是建立在可信的环境之下的，首先考虑网络互连缺乏对安全方面的影响。这种基于地址的协议本身就会泄露口令，而且经常会运行一些无关的程序，这些都是网络本身的缺陷。互联网技术屏蔽了底层网络硬件细节，使得异种网络之间可以互相通信，这就给黑客们攻击网络以可乘之机。由于大量重要的应用程序都以 TCP 作为它们的传输层协议，因此 TCP 的安全性问题会给网络带来严重的后果。由于网络的开放性，TCP/IP 完全公开，远程访问使许多攻击者无须到现场就能够得手，连接的主机基于互相信任的原则等使网络更加不安全。

纵观 TCP/IP 簇，没有一个协议是为网络安全而设计的，并且都存在不同程度的安全漏洞。例如，

IP 地址可以被窃取、ICMP Echo 广播响应包会遭受"拒绝服务攻击"等。尤其最主要的两个协议——IP 和 TCP，遭到攻击的可能性最大。

（1）IP 的安全隐患。IP 在互联网络之间提供无连接的数据包传输。IP 根据 IP 报头中的目的地址项来发送 IP 数据包。也就是说，IP 路由 IP 包时，对 IP 报头中提供的源地址不做任何检查，并且认为 IP 报头中的源地址即为发送该包的机器的 IP 地址。这样，许多依靠 IP 源地址来确认数据来源的服务将产生问题并且会被非法入侵，其中最重要的就是利用 IP 欺骗引起的各种攻击。

（2）TCP 的安全隐患。TCP 使用三次握手机制来建立一条连接，握手的第一个报文为 SYN 数据包；第二个报文为 SYN/ACK 数据包，表明它应答第一个 SYN 数据包同时继续握手的过程；第三个报文仅仅是一个应答，表示为 ACK 数据包。这样攻击者只要改变这种规则，如有意不发送第二个 ACK 应答信息，便达到了破坏连接的作用，若攻击者再趁机插入有害数据包，则后果更严重。

6.1.3　TCP/IP的安全协议

20 世纪 90 年代后，随着互联网的商业化，互联网的应用爆炸式增长，任何人随时随地都可以自由接入互联网，TCP/IP 的安全漏洞日益凸显。人们设计开发各种安全协议标准，以"打补丁"的方式提高 TCP/IP 的安全性。图 6-2 所示为 TCP/IP 的安全架构。

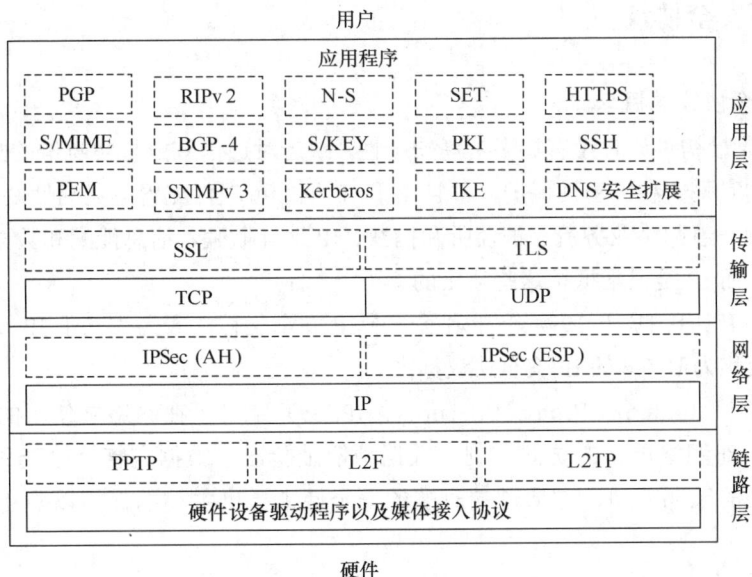

视频 6-1

图 6-2　TCP/IP 的安全架构

（1）链路层安全协议。链路层安全协议负责提供通过通信链路连接的主机或路由器之间的安全保证，其效率高且容易实施，也经常被使用，但不通用，扩展性不强，在互联网环境中并不完全适用。

链路层主要安全协议有：PPTP、L2F 协议、L2TP 等。

（2）网络层安全协议。网络层安全协议主要解决网络层通信的安全问题，IPSec 是目前最主要的网络层安全协议。网络层安全协议对上层应用透明性好，即安全服务的提供不需要应用程序做任何改动，并与物理网络无关。但网络层安全协议很难实现不可否认性，不能对来自同一主机但不同进程的数据包分别施加安全保证，可能造成系统性能下降。

网络层主要安全协议有：IPSec。

（3）传输层安全协议。传输层安全协议主要实现传输层的安全通信，只可实现端到端（进程到进程）的加密。传输层安全协议提供基于进程到进程的安全服务，并可利用公钥加密机制实现通信的端实体间的相互认证。但修改应用程序才能增加相应的安全性，无法从根本上解决身份认证和不可否认问题。基于用户数据报协议（User Datagram Protocol，UDP）的通信很难在传输层实现安全性。

传输层主要安全协议有：SSL 协议、TLS 协议。

（4）应用层安全协议。应用层的安全措施必须在端系统及主机上实施，可以给不同应用提供针对性更强的安全功能，能灵活地处理单个文件的安全性。但要想使用应用层安全协议，一般需要对操作系统内核做较大调整，而且针对每个应用要单独设计，没有统一的解决方案。

应用层主要安全协议：Web 安全协议（S-HTTP）、电子邮件安全协议（PGP、S/MIME、PEM）、远程登录安全协议（SSH）、网络认证协议（Kerberos）、安全电子交易协议（SET）等。

6.2 几种主要的网络安全协议

6.2.1 互联网安全协议

1. 互联网安全协议的概念

由于 IPv4 协议最初设计时没有过多考虑安全性，缺乏对通信双方真实身份的验证能力，缺乏对网上传输的数据的完整性和机密性保护，并且由于 IP 地址可软件配置等灵活性及基于源 IP 地址的认证机制，IP 层存在着网络业务流易被监听和捕获、IP 地址欺骗、信息泄漏和数据项被篡改等多种攻击性安全问题，而 IP 是很难抵抗这些攻击的。

为了实现安全 IP，IETF 于 1994 年开始了一项 IP 安全工程，专门成立了 IP 安全协议工作组，来制定和推动一套称为 IPSec 的 IP 安全协议标准。

互联网安全协议（Internet Protocol Security，IPSec）定义了在网络层使用的安全服务，其功能包括数据加密、对网络单元的访问控制、数据源地址验证、数据完整性检查和防止重放攻击。IPSec 是安全联网的长期方向，它通过端对端的安全性来提供主动的保护以防止专用网络与互联网的攻击。

2. IPSec 的目标

IPSec 的目标是保护 IP 数据包的内容、通过数据包筛选及受信任通信的实施来防御网络攻击。这两个目标都是通过使用基于加密的保护服务、安全协议与动态密钥管理来实现的。这个基础为专用网络计算机、域、站点、远程站点、外部网络和拨号用户之间的通信提供了既有力又灵活的保护。它甚至可以用来阻碍特定通信类型的接收和发送。

3. IPSec 的体系结构

IPSec 工作在 OSI 模型的第三层，使其在单独使用时适于保护基于 TCP 或 UDP 的协议，如安全套接层就不能保护 UDP 层的通信流。IPSec 的体系结构如图 6-3 所示。

（1）认证头标（Authentication Header，AH）协议：定义了认证的应用方法，提供数据源认证和完整性保证。AH 协议涉及密码学中的核心组件——鉴别算法。

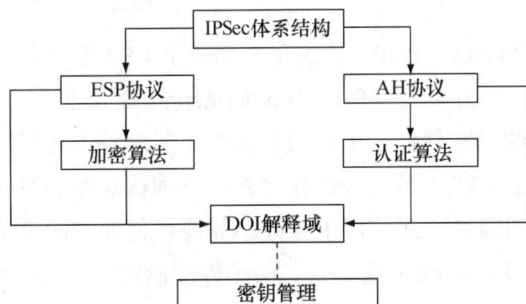

图 6-3　IPSec 的体系结构

（2）封装安全载荷（Encapsulating Security Payload，ESP）协议：ESP 协议规定了为通信提供机密性和完整性保护的具体方案，包括载荷的格式、语义、取值，以及对进入分组和外出分组的处理过程等。

（3）密钥交换（Internet Key Exchange，IKE）协议：是 IPSec 目前唯一的正式确定的密钥交换协议，为 AH 协议和 ESP 协议提供密钥交换支持，同时也支持其他机制，如密钥协商。

（4）解析域（Domain of Interpretation，DOI）协议：规定了每个算法的参数要求和计算规则，如算法的密钥长度要求、算法强度要求，以及初始向量的计算规则等。

（5）加密与认证算法：IPSec 的加密算法包括 AES、Blowfish（河豚算法）、Twofish（双鱼算法）、Cast128、3DES、DES 等，认证算法包括 SHA-1、MD5 等。

6.2.2　电子邮件安全协议

1．PEM 协议

增强保密的邮件、隐私增强邮件（Privacy Enhanced Mail，PEM）是使用多种加密方法提供机密性、认证和信息完整性的网络电子邮件，在互联网中没有被广泛配置。

IETF 和互联网研究专门工作组（IRTF）一直在研究如何增强 E-mail 的保密性能和 PEM 协议的标准化问题。到 1993 年年初，已提出 4 份征求意见文档（Request for Comments，RFC）作为建议的标准，其编号为 1421～1424。这些 RFC 定义了 PEM 协议的保密功能及相关的管理问题。

实际上 PEM 协议提供以下 4 种安全服务：数据隐蔽、数据完整性、对发送方的鉴别、防发送方否认。PEM 协议目前尚未提供存取控制和防接收方否认等安全功能。

2．S/MIME 协议

多用途网际邮件扩充（Secure/Multipurpose Internet Mail Extensions，S/MIME）协议由 RSA 公司提出，是电子邮件的安全传输标准，它是一个用于发送安全报文的 IETF 标准。目前大多数电子邮件产品都包含对 S/MIME 协议的内部支持。

S/MIME 协议是从 PEM 协议和 MIME（互联网邮件的附件标准）协议发展而来的。S/MIME 协议是利用单向散列算法（如 SHA-1、MD5 等）和公钥机制的加密体系。S/MIME 协议的证书格式采用 X.509 标准格式。S/MIME 协议的认证机制依赖于层次结构的证书认证机构，所有下一级的组织和个人的证书均由上一级的组织负责认证，而最上一级的组织（根 CA）之间相互认证，整个信任关系是树状结构的。另外，S/MIME 协议会将信件内容加密签名后作为特殊的附件传送。

3. PGP 协议

优良保密（Pretty Good Privacy，PGP）协议是一个基于 RSA 公钥加密体系的邮件加密软件，是由麻省理工学院的程序员菲尔·齐默曼（P. R. Zimmermann）提出的。

PGP 是一种供大众使用的加密软件，主要用于安全电子邮件，可以用它对邮件加密以防止非授权者阅读，它还能对邮件加上数字签名从而使收信人可以确认邮件的发送者，并能确信邮件没有被篡改。它可以提供一种安全的通信方式，而事先并不需要任何保密的渠道用来传递密钥。它采用了一种 RSA 和传统加密的杂合算法、用于数字签名的邮件文摘算法、加密前压缩等，还有一个良好的人机工程设计。它的功能强大，有很快的速度，而且它的源代码是免费的。

PGP 的功能如表 6-1 所示。

表 6-1 PGP 的功能

功能	使用的算法	解释说明
保密性	IDEA、CAST 或三重 DES，Diffie-Hellman 或 RSA	发送者产生一次性会话密钥，用会话密钥以 IDEA、CAST 或三重 DES 加密消息，并用接收者的公钥 Diffie-Hellman 或 RSA 加密会话密钥
签名	RSA 或 DSS，MD5 或 SHA	用 MD5 或 SHA 对消息散列并用发送者的私钥加密消息摘要
压缩	ZIP	使用 ZIP 压缩消息，以便于存储和传输
E-mail 兼容性	Radix64 交换	对 E-mail 应用提供透明性，将加密消息用 Radix64 变换成 ASCII 字符串
分段功能	—	为适应最大消息长度限制，PGP 协议实行分段并重组

6.2.3 Kerberos协议

Kerberos 协议是美国麻省理工学院开发的、基于私钥加密算法并需可信任第三方作为认证服务器的计算机网络认证协议。Kerberos 协议在系统设计上采用客户端或服务器结构与 DES 加密技术，并且能够进行相互认证，即客户端和服务器端均可对对方进行身份认证。该协议可以用于防止窃听、防止重放攻击、保护数据完整性等场合，是一种应用对称密钥体制进行密钥管理的系统。

Kerberos 协议可提供防窃听、防重放及保护通信数据的保密性和完整性等安全服务，但最重要的是认证、授权、记账与审计。

Kerberos 协议的安全性较高、用户透明性好、扩展性较好，但也有一些缺点，如服务器与用户共享的秘密是用户的口令字、增加了网络环境管理的复杂性、过期认证码很有可能被存储和重用等。

6.2.4 S-HTTP

安全超文本传输协议（Secure HyperText Transfer Protocol，S-HTTP）是 EIT 公司结合 HTTP 而设计的一种消息安全通信协议。S-HTTP 处于应用层，它是 HTTP 的扩展，它仅适用于 HTTP 连接上，可提供通信保密、身份识别、可信赖的信息传输服务及数字签名等。S-HTTP 提供了完整且灵活的加密算法及相关参数。选项协商用来确定客户机和服务器在安全事务处理模式、加密算法（如用于签名的非对称算法 RSA 和 DSA 等、用于对称加解密的 DES 和 RC2 等）及证书选择等方面达成一致。

S-HTTP 支持端对端安全传输，客户机可能"首先"启动安全传输（使用报头的信息），如它可以用来支持加密技术。S-HTTP 是通过在 S-HTTP 所交换包的特殊头标志来建立安全通信的。当使用 S-HTTP 时，敏感的数据信息不会在网络上明文传输。

S-HTTP 可通过和 SSL 协议结合来保护互联网通信，另外，还可以通过和 SET 协议、SSL 协议结合来保护 Web 事务。S-HTTP 为 HTTP 客户机和服务器提供多种安全机制，提供安全服务选项是为了适用于万维网上各类潜在用户。S-HTTP 不需要客户端公用密钥认证，但它支持对称密钥操作模式。S-HTTP 支持端对端安全事务通信，并提供了完整且灵活的加密算法、模态及相关参数。但 S-HTTP 的实现和使用较为困难。

6.3 | 安全套接层协议

6.3.1 安全套接层协议概述

1. 安全套接层协议的概念

安全套接层（Security Socket Layer，SSL）协议就是用来保护网络传输信息的，它工作在传输层之上、应用层之下，其底层是基于传输层可靠的流传输协议（如 TCP）。SSL 协议是一种国际标准的加密及身份认证通信协议，提供了两台机器间的安全连接。

视频 6-2

SSL 协议最早是由 Netscape 公司于 1994 年 11 月提出并率先实现的（SSLv2），之后经过多次修改，最终被 IETF 所采纳，并制定为传输层安全（Transport Layer Security，TLS）标准。该标准刚开始制定时是面向 Web 应用的安全解决方案，随着 SSL 协议部署的简易性和较高的安全性逐渐为人所知，现在它已经成为 Web 上部署最为广泛的信息安全协议之一。

SSL 协议当前的版本为 v3.0，已被广泛用于 Web 浏览器与服务器之间的身份认证和加密数据传输。

2. SSL 协议提供的服务

SSL 协议主要应用在两台计算机之间，如浏览器与服务器之间，称为"端对端"的服务。SSL 协议通过数字证书和加密技术来保证各自身份的可靠性和信息传输的机密性。它主要提供以下服务。

（1）认证用户和服务器，确保数据发送到正确的客户机和服务器上。

（2）加密数据以防止数据中途被窃取。

（3）维护数据的完整性，确保数据在传输过程中不被改变。

3. SSL 协议的特点

（1）SSL 协议的优点。SSL 协议设置简单、成本低，银行和商家无须进行大规模系统改造；凡构建于 TCP/IP 簇上的 C/S 模式需进行安全通信时都可使用 SSL 协议；持卡人想进行电子商务交易，无须在自己的计算机上安装专门软件，只要浏览器支持即可；SSL 协议在应用层协议通信前就已完成加密算法、通信密钥的协商及服务器认证工作，此后应用层协议所传送的所有数据都会被加密，从而保证通信的安全性。

（2）SSL 协议的缺点。SSL 协议除了传输过程外不能提供任何安全保证；SSL 协议不能提供交易的不可否认性；客户认证是可选的，所以 SSL 协议无法保证购买者就是该信用卡的合法拥有者；SSL 协议不是专为信用卡交易而设计的，在多方参与的电子交易中，SSL 协议并不能协调各方之间的安全传输和信任关系。

6.3.2　SSL协议的工作原理与流程

SSL 协议采用 RSA、DES、3DES 等密码体制，以及 MD 系列 Hash 函数、Diffie-Hellman 密钥交换算法。具体工作流程如图 6-4 所示。

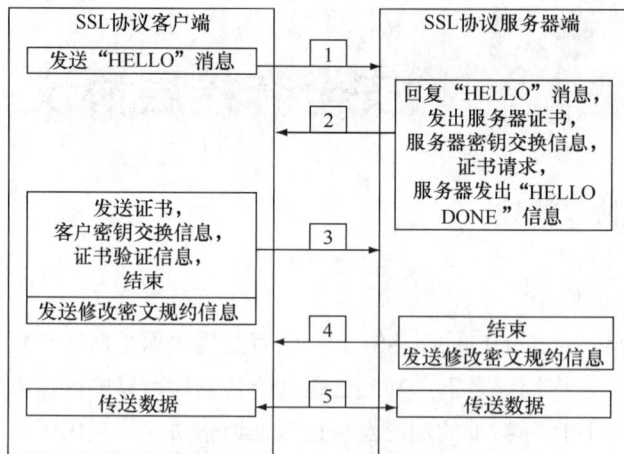

图 6-4　SSL 协议的工作流程

（1）客户发出一个带有客户信息"HELLO"的连接请求。该信息包括 SSL 协议版本号、时间信息、会话标识（可选）、密文组、压缩算法、随机数等。

（2）服务器评估客户方发来的信息"HELLO"中的各项参数，并且返回一个服务器方的信息"HELLO"，其中含有服务器选来用于 SSL 协议会话的各项参数（版本号、时间信息、以标准的 UNIX32 位格式标识的现时和日期、会话标识、密文组、压缩方法、随机数等）。最后，服务器发出一个服务器信息"HELLO DONE"，开始等待客户的回音。

（3）客户发送下列信息：如果服务器发出了一个证书请求，那么客户方必须发送一个证书或非证书信息；如果服务器发送了一个服务器密钥交换信息，那么客户方就发送一个基于公钥算法的由信息"HELLO"决定的密钥交换信息；如果客户方已经发送了一个证书，那么客户方就需验证服务器方的证书并且发出一个证书验证信息指明结果。

（4）服务器发出一个结束信息指出协商阶段完成，然后服务器发出一个密文修改规约信息。

（5）会话双方分别产生一个加密密钥，然后他们再根据这些密钥导出会话主密钥。握手协议改变状态至连接状态。所有从应用层发来的数据将作为特定信息传送给对方。

6.3.3　SSL协议体系结构

SSL 协议的设计概念是希望使用 TCP 来提供一个可靠的端对端的安全性服务。SSL 协议并不是单一的协议，而是由两层协议组成的：握手协议与记录协议。SSL 协议的体系结构如图 6-5 所示。

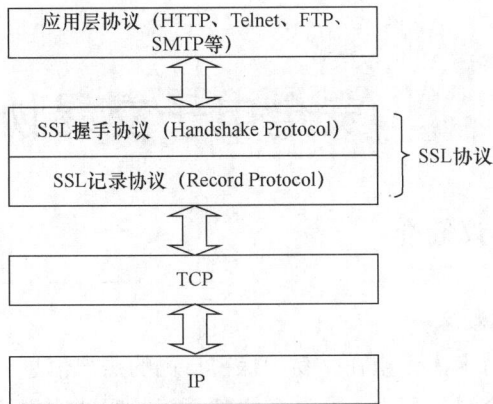

图 6-5　SSL 协议的体系结构

（1）SSL 握手协议。SSL 握手协议用于鉴别初始化和传输密钥，它使服务器和客户能相互鉴别对方的身份，并保护两方在 SSL 记录中发送的数据。因此，在传输任何应用数据前，都必须使用 SSL 握手协议。

SSL 握手协议层是应用层和 SSL 记录层间的接口，负责标识并在应用层和 SSL 记录层间传输数据，或者对握手信息和警示信息的逻辑进行处理，可以说是整个 SSL 层的核心。其中尤其关键的是握手信息的处理，它是建立安全通道的关键。

（2）SSL 记录协议。SSL 协议从应用层取得的数据需要重定格式（分片、可选的压缩、应用 MAC、加密等）后才能传给传输层进行发送。同样，SSL 协议从传输层接收到的数据需要进行解密等操作后才能交给上层的应用层。这个工作是由 SSL 记录协议完成的。

SSL 记录协议首先按照一定的原则（如性能最优原则）把消息数据分成一定长度的片断；接着分别对这些片断进行消息摘要和 MAC 计算，得到 MAC 值；然后再对这些片断进行加密计算；最后把加密后的片断和 MAC 值连接起来，计算其长度，并打上记录头后发送到传输层。SSL 记录协议的处理过程如图 6-6 所示。

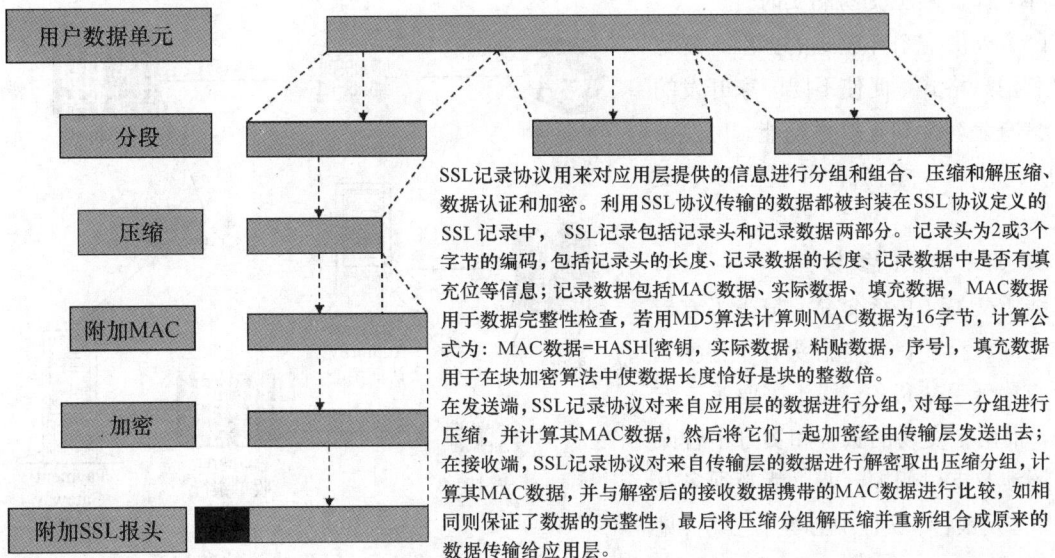

图 6-6　SSL 记录协议的处理过程

6.4 | 安全电子交易协议

6.4.1 安全电子交易协议简介

1. 安全电子交易协议的概念

在网上购物的环境中，持卡人希望在交易中保密自己的账户信息，使之不被人盗用；卖方则希望买方的订单不可抵赖；在交易过程中，交易各方都希望验明其他方的身份，以防止被欺骗。针对这种情况，提出了安全电子交易协议，它采用公钥密码体制和 X.509 数字证书标准，主要应用于保障网上购物信息的安全性。

安全电子交易（Secure Electronic Transaction，SET）协议是由 Master Card 和 Visa 联合 Netscape、Microsoft 等公司，于 1997 年 6 月 1 日推出的一种新的电子支付模型。SET 协议是 B2C 上基于信用卡支付模式而设计的，它保证了开放网络上使用信用卡进行在线购物的安全。SET 协议主要是为了解决买方、卖方、银行之间的通信安全与信息隔离，由于它具有保证交易数据的完整性、交易的不可抵赖性等优点，因此成为目前公认的信用卡网上交易的国际标准。

视频 6-3

2. SET 协议的设计目标

SET 协议为电子交易提供了许多保证安全的措施。它能保证电子交易的机密性、数据完整性、交易行为的不可否认性和身份的合法性。其设计目标有以下几个。

（1）防止数据被非法用户窃取，保证信息在互联网上安全传输。

（2）保证电子商务参与者（买方、卖方、银行）信息的相互隔离。

（3）解决多方认证问题。

（4）保证网上交易的实时性。

（5）提供一个开放式的标准、规范协议和消息格式，促使不同厂家开发的软件具有兼容性和互操作功能。可在不同的软硬件平台上执行并被全球广泛接受。

3. SET 协议的参与者

线下交易（传统交易）是在买方与卖方之间进行的，一个愿买一个愿卖、一手交钱一手交货，一般不需要第三方参与。而网上交易的买方和卖方不曾谋面，还涉及支付问题，所以就必须多方参与，涉及银行、认证中心等第三方（见图 6-7）。

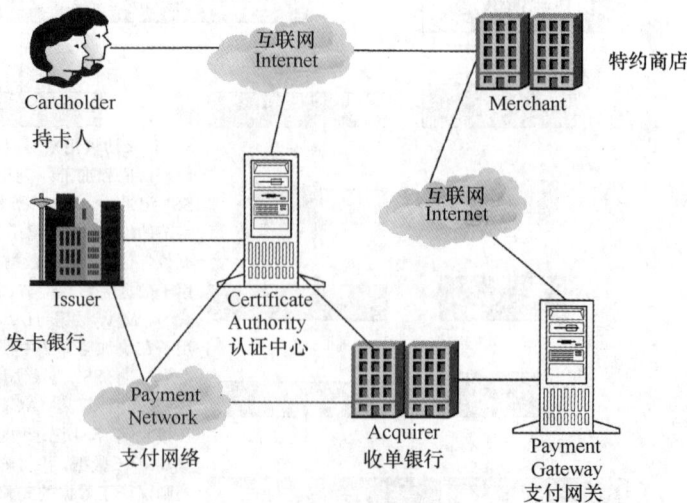

图 6-7　SET 协议的参与者

（1）持卡人：在电子商务环境中，消费者和团体购买者通过计算机与卖方进行交互，持卡人使用一个发卡银行发行的支付卡进行支付。

（2）卖方：卖方提供商品或服务，在 SET 协议中，卖方与持卡人可以进行安全电子交易，一个卖方必须与相关的收单银行达成协议，保证可以接受支付卡付款。

（3）发卡银行：是指为持卡人建立一个账户并发行支付卡的金融机构，一个发卡银行应保证对经过授权的交易进行付款。

（4）收单银行：是指为卖方建立一个账户并处理支付卡授权和支付的金融机构。

（5）支付网关：是指定的第三方用于处理支付卡授权和支付的网络服务器，是由收单银行操作的设备。

（6）认证中心：它提供了公钥认证功能。在 SET 协议中，每一个要使用密钥的角色，如持卡人、支付网关、卖方等，都被授予一个数字证书。而它们通常被建成一种层次结构，以便 SET 协议的使用方可以通过数字证书来和另一使用方建立信任关系。

6.4.2　SET协议的工作原理

1. SET 协议的安全技术

SET 协议比 SSL 协议复杂，因为前者不仅加密两个端点间的单个会话，它还可以加密和认证三方间的多个信息，核心技术主要有公开密钥加密、数字签名、数字信封、数字证书等。

（1）对称加密：当传送的数据比较多时，一般先生成一个随机的对称密钥来加密数据，同时用接收方交换公钥来加密这个对称密钥。

（2）数字信封：发送者利用随机生成的对称密钥加密信息原文后，再用接收者的公开密钥对对称密钥进行加密，形成数字信封。

（3）数字证书：包含了其所有者的公钥，并且可以通过传递验证到根 CA 来证明其证书的有效性。

（4）消息摘要：消息摘要散列值是把任意长的消息转变成固成长度（而得到的结果）。散列函数对每个消息给出一个不同的值，也就是说，为每个消息产生独一无二的散列值。SET 协议使用的散列值的长度是 160 位，使用 SHA-1 作为它的算法。

（5）数字签名：数字签名是使用某人的私钥加密特定的消息摘要散列值而得到的结果，通过这种方法把人同特定消息联系起来。

（6）双重签名：双重签名的目的是连接两个不同接收方的两条信息，如发送给卖方的订购信息（OI）和发送给银行的支付信息（PI）。其中，卖方不可以知道买方的信用卡信息，银行不需要知道买方订购信息的细节。用户用一个签名操作来对两个消息进行数字签名，实现一个双重签名。

2. SET 协议的交易流程

在 SET 协议交易过程中，由于要对卖方、买方、支付网关等交易各方进行身份认证，因此它的交易过程相对复杂，流程如图 6-8 所示。

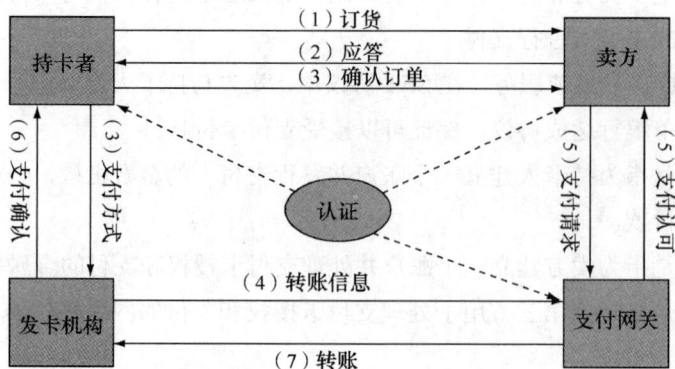

图 6-8　SET 协议的交易流程

（1）买方在网上选购好商品，下订单（订单上含在线卖方和购买物品的名称、数量、交货时间和地点等信息）。

（2）电子商务服务器与在线卖方联系，卖方做出应答，提醒买方所提交订单的单价、应付款数、交货方式等信息是否准确。

（3）买方选择付款方式、确认订单、签发付款指令，此时 SET 协议介入。

（4）买方对订单和付款指令进行数字签名，同时利用"双重签名"技术使卖方看不到买方的账号信息。

（5）卖方接受订单后，向买方所在银行请求支付认可。信息通过支付网关到收单银行，由发卡机构审核后返回确认信息给卖方。

（6）卖方发送订单确认信息给买方。买方软件记录交易日志以备查询。

（7）卖方发送货物或提供服务，并通知收单银行将款项从买方账号上转移到卖方账号上，或通知发卡银行请求支付。

从上面的交易流程可以看出，SET 协议交易过程十分复杂，在完成一次 SET 协议交易过程中，需验证电子证书 9 次，验证数字签名 6 次，传递证书 7 次，进行签名 5 次，进行 4 次对称加密和非对称加密。通常完成一个 SET 协议交易过程要花费 1.5～2 分钟甚至更长时间。由于各地网络设施良莠不齐，因此，完成一个 SET 协议的交易过程可能需要耗费更长的时间。

6.4.3　SET协议的安全性分析

在 ISO/IEC（国际电工委员会）10181 系列中阐述了开放式信息系统的安全架构标准，共包含 7 个部分：鉴别性、访问控制、完整性、机密性、抗抵赖性、安全跟踪与警告，以及密钥管理等服务。访问控制及安全跟踪与警告两部分牵涉企业安全政策与组织架构的程度较深，SET 协议并没有针对它们给应用系统开发人员提出系统的指导原则；关于密钥管理的部分，SET 协议也没有说明该如何处理。目前 SET 协议将上述 3 个部分留给应用系统开发人员自行处理。

（1）鉴别性。SET 协议的鉴别工作必须依赖公开密钥的运作体系 PKI，系统是否能实际运作必须取决于整体大环境是否成熟，如签证体系的建立等，这将导致系统建设成本的大幅提高。

（2）完整性。SET 协议使用数字签名与哈希函数技术来达成完整性的要求，运作方式为发送方先将交易信息经过哈希函数的计算产生消息摘要后，再使用发送方的私钥加密产生签名。SET 协议使用的哈希函数算法是 SHA-1，其产生的消息摘要长度为 160 位，而只要更改消息中任意一个位，平均来说，将导致一半的消息摘要位改变，故可提高签名的安全性。

（3）机密性。SET 协议采用了对称性与非对称性的密码系统。每一次交易双方建立新的连接就是一次通信期间的开始，而每次通信期间都会产生新的通信密钥，也就是说每个通信密钥的有效期为通信期间，而这个通信期间通常都不长。基于这些特性，相对于长期都使用同一把密钥加密来说，此种方式不会影响到其他交易数据的安全性。

（4）抗抵赖性。SET 协议可以利用数字签名技术来产生不可否认的证据，其中双重签名也隐含了这个功能。基于银行对于商店不信任的假设，银行可利用商店转交持卡人的支付信息和请求授权信息，来防止商店否认交易内容。

（5）隐私权保护。SET 协议使用双重签名提供消费者隐私权的保护。因为 SET 协议是从银行的角度来考虑的，所以对于隐私的保护是建立在信任银行的假设上的。事实上，银行可能汇集持卡人个别交易的支付信息，如果缺乏适当的防范措施，将导致持卡人隐私泄露的风险增大。

SSL 协议与 SET 协议是电子商务中最常用的两个安全协议。SSL 协议实现简单，独立于应用层协议，大部分内置于浏览器和 Web 服务器中，在电子交易中应用便利。但它是一个面向连接的协议，只能提供交易中客户与服务器间的双方认证，不能实现于多方的电子交易中。SET 协议在保留对买方信用卡认证的前提下增加了对卖方身份的认证，安全性进一步提高。

由于两协议的网络层次、功能、安全性、处理速度等方面都有所区别（见表 6-2），为电子商务提供的服务也不相同，因此在实践中应根据具体情况来选择独立使用或两者混合使用。

表 6-2　SSL 协议与 SET 协议的比较

项目	SSL 协议	SET 协议
工作层次	传输层与应用层之间	应用层
是否透明	透明	不透明
过程	简单	复杂
效率	高	低
安全性	卖方掌握买方信息	买方对卖方保密
认证机制	双方认证	多方认证
是否专为 EC 设计	否	是

课后习题

一、填空题

1. SSL 协议工作在 TCP/IP 的（　　）协议层之上。

2. IPSec 工作在 TCP/IP 的（　　）协议层之上。

3. SET 协议主要是为了解决买方、卖方和（　　）之间通过信用卡支付的交易而设计的，以保证支付命令的机密、支付过程的完整、卖方及持卡人的合法身份和可操作性。

4. SSL 协议适用于（　　）之间的信息传输，通过在浏览器软件和 Web 服务器之间建立一条安全通道。

5. 虽然 SET 协议当前版本存在着加密强度不够的问题，但在（　　）模式的电子商务中还是比较成功的，在世界范围内已经得到比较广泛的应用。

6. 在 SET 协议中，电子钱包被存在（　　）的计算机中。

7. 作为 IPSec 的密钥管理协议，定义了一系列的方法和步骤来建立用于加密和解密的密钥，并定义了双方通信的公用语言和标识的是（　　）。

8. SET 协议通过数字化签名和（　　）技术确保交易各方身份的真实性。

9. 电子商务系统中涉及的安全协议有很多，其中（　　）协议为专门的电子商务交易协议。

10. 在整个交易过程中，从持卡人到卖方端、卖方到支付网关、到银行网络都能保证安全性的协议是（　　）。

二、选择题

1. SSL 协议可用于保护正常运行于（　　）之上的任何应用协议，如 HTTP、FTP、SMTP 或 Telnet 的通信，最常见的是用 SSL 协议来保护 HTTP 的通信。

    A. IP   B. TCP   C. UDP   D. ARP

2. 一个完整的电子商务 SET 协议交易中，其参与者包括（　　）。

    A. 持卡人、卖方   B. 持卡人、卖方、银行

    C. 持卡人、卖方、CA、网关   D. 以上全有

3. 能够有效地解决电子商务应用中的机密性、真实性、完整性、不可否认性和访问控制等安全问题的是（　　）。

    A. PKI   B. SET 协议   C. SSL 协议   D. ECC

4. SSL 协议支持的 HTTP，是其安全版，名为（　　）。

    A. HTTPS   B. S-HTTP   C. SMTP   D. HTMS

5. 目前发展很快的安全电子邮件协议是（　　），这是一个允许发送加密和有签名邮件的协议。

    A. IPSec   B. SMTP   C. S/MIME   D. TCP/IP

6. IPSec 提供的安全服务不包括（　　）。

    A. 公有性   B. 真实性   C. 完整性   D. 重传保护

7. 基于 PKI 技术的（　　）现在已经成为架构 VPN 的基础。

    A．IPSec　　　　　　B．SET 协议　　　　　C．SSL 协议　　　　　D．TCP/IP

8. SSL 协议是由（　　）公司开发的。

    A．Microsoft　　　　B．Netscape　　　　　C．Sun　　　　　　　D．Cisco

9. SET 协议是以（　　）为基础的。

    A．信用卡　　　　　B．借记卡　　　　　　C．金穗卡　　　　　　D．IC 卡

10.（　　）协议不能实现 VPN 功能。

    A．SSL　　　　　　B．IPSec　　　　　　C．S-HTTP　　　　　　D．L2TP

11. SSL 协议使用的加密算法是（　　）。

    A．仅使用对称密钥算法　　　　　　　　B．仅使用公钥加密算法

    C．同时使用对称密钥和公钥加密算法　　D．同时使用 DES 加密算法和散列密码

三、名词解释

1. TCP/IP 簇

2. S-HTTP

3. 双重签名

4. 发卡银行与收单银行

四、简答题

1. 如何理解协议安全的脆弱性？常用的电子商务安全协议有哪些？

2. 请比较 SSL 协议与 SET 协议。

3. 简述 SSL 协议应用于电子商务系统存在的安全缺陷。

4. 简述 SSL 握手协议的过程。SSL 协议能提供不可抵赖性吗？为什么？

5. 阐述 SET 协议交易流程，如何保护信用卡持有者的隐私信息？

6. 查找相关资料，说明目前网上银行都采用了哪些安全协议。

案例分析

银行搬上网——中国银行 SET 交易模式介绍

随着电子商务浪潮的掀起，越来越多的商家开始将商城搬上互联网，网上购物成为新的时尚。然而，一提到电子支付行为，人们首先想到的就是安全保障问题。目前，国内提供网上支付服务的银行大多采用 SSL 协议保障交易的安全，中国银行却是唯一一家使用 SET 协议的银行。日前，记者采访了中国银行网上银行业务的负责人，他介绍了从安全保障、CA 认证到电子支付等方面的情况，使我们对网上支付系统的运作有了进一步的了解。

SET 协议保安全

商家的电子结算行为总要和银行的信用卡或现金卡挂钩，银行可以支持若干商家的结算行为，因而采用何种安全协议的主动权掌握在银行手中。作为国内第一家采用 SET 协议进行网上交易安全保障的金融机构，中国银行有自己的想法。很长时间以来，人们认为 SET 交易过程非常复杂。它的

特点在于涉及交易的持卡人、商户、金融机构都要经过认证，每一方都需要得到身份确认。但是，为了保证网上支付的真正安全，中国银行决定采用SET协议进行电子商务行为，因此成为国内第一家使用SET协议的金融机构。

CA认证是基础

CA安全认证用于确认交易各方的身份并保证交易承诺的不可否认，是SET协议运行机制的基础。国际上一般CA由专业的第三方机构担任，但是由于中国的现状，尚未出现一家得到公认的CA，因而中国银行凭借自身的实力，以及与国际知名厂商的合作，创建了自己的CA，完成了电子支付行为必不可少的一个重要环节。

进行SET交易的前提是参与交易的各方先行取得CA的证书，以在交易中确认身份。持卡人在网上即可完成中国银行电子安全证书的申请，商户和金融机构申请证书的过程则稍微复杂一些。

电子支付变为现实

基于SET协议的网上支付行为的完成涉及持卡人、商家、银行和CA共四方，电子支付体系由持卡人电子钱包、商户支付服务器、金融机构支付网关、CA和互联网络组成。

电子钱包（E-wallet）是运行在客户端、实现持卡人的卡与卡交易管理的软件，包括管理电子安全证书、进行SET安全电子交易、保存交易记录等功能。中国银行的电子钱包软件运行在中文Windows 95或Windows NT操作系统之上，不仅可以管理中国银行的"长城借记卡"和"长城国际卡"，也可以管理其他金融机构的现金卡和信用卡。商户支付服务器则提供商户与持卡人及商户和金融机构之间的对话，并负责管理支付信息和商户的CA证书。金融机构支付网关是连接银行专用网络与互联网的一组服务器，完成两者之间的通信、协议转换和进行数据加密、解密，以保护银行内部网络的安全。

持卡人在网上确定购买之后，订单信息通过互联网传送到商户的支付服务器，其支付信息从商户的支付服务器上传送到金融机构的支付网关。在这一过程中，商户只能看到订单的购买信息，金融机构只能看到订单的账户信息。也就是说，每一方只能得到自己需要的信息，而看不到其他资料，以保证交易的安全。此后，CA分别确认持卡人、商户和金融机构的身份，若通过确认，则商户向持卡人确认购买完成，金融机构随即进行账户扣款操作。在现场网上购书试验中，电子钱包中记录了详细的资料，而银行账户中则立刻减少了相应的金额。

中国银行的网上支付方案中，持卡人的款项实时从卡中扣除；在商户一边，交易信息保留在支付服务器上，每日批处理结账，统一与中国银行的进账单和交易明晰对账，之后中国银行进行对商户的入账处理，目前这一过程最长不超过3天。由此看来，电子支付对于持卡人而言，可以轻松地完成网上购物的结算过程，完全免去邮局汇款、信用卡授权等烦琐程序，将资金结算时间减少到几乎为零，大大缩短了网上购物的周期；对于商户而言，能够在较短的时间内安全地收到货款，尽快组织货源和发货，使持卡人尽早收到所订商品，树立网上商户的良好形象。

网上支付经验谈

中国银行在半年的时间里就建立了全套的CA认证系统并提供网上支付服务。网上银行负责人说，这得益于中国银行对实际业务的熟悉，以及行内在技术和业务上都有一批专业人士。另外，银行业务系统的高标准建设也是不可或缺的因素。为了保证网上支付随时可行，金融机构的内部账务系统必须做到每周7天、每天24小时连续运转。中国银行的"长城借记卡"系统非常先进，建设时就考虑到了以后的发展，完全符合国际标准，因而现在不需升级就可与新系统连接，并且系统的良好处理性能保证对持卡人账户的实时扣款，处理速度非常快。随着越来越多的商户提供电子支付购物方式，中国银行相信会有更多的人使用"长城借记卡"进行网上购物。

（资料来源：每周计算机报）

根据案例回答问题

（1）网上银行有哪些安全风险？目前网上银行安全措施有哪些？

（2）说明身份认证的重要性，案例中涉及身份认证的技术有哪些？

（3）SSL 协议与 SET 协议在网上银行中各起到什么安全作用，一般是怎么实现的？

第7章 | 电子商务软件系统安全

本章主要内容

- ◆ 操作系统安全
- ◆ 数据库系统安全
- ◆ Web 网站系统安全

本章学习方略

- ◆ 本章重点内容
- （1）各软件系统的安全漏洞与安全机制。
- （2）数据库管理系统的安全。
- ◆ 本章难点内容
- （1）Windows 操作系统的安全机制。
- （2）网站建立与网页设计的安全。

案例导入

美权威机构：微软、苹果、Linux 等操作系统遭受严重安全漏洞威胁

腾讯科技讯 5月10日消息，美国计算机安全应急响应中心（以下简称"CERT"）今日通过公告宣称，Windows、Mac OS、Linux、FreeBSD、VMware和Xen等基于x86 AMD和英特尔CPU的操作系统都在遭受一个严重安全漏洞的影响，而该漏洞是由于操作系统开发者曲解了英特尔和AMD两家芯片厂商的调试文档所致。

CERT方面表示，受影响的操作系统和管理程序制造商周二发布了针对普通漏洞的补丁，某些黑客攻击者可能通过这些普通漏洞读取了计算机内存中的敏感数据，或者是控制了一些低级别的操作系统功能。

目前，包括苹果、DragonFly BSD、FreeBSD、微软、红帽、SUSE Linux、Ubuntu、VMware和Xen等公司已发布了可用的补丁。以Linux操作系统为例，有两大独立的问题影响了Linux操作系统的内核功能及该内核功能的KVM管理程序。目前，所有可以更新的补丁链接均可以在CERT公告中获取。

根据红帽公司的描述，该漏洞来源于操作系统和管理程序处理现代CPU中特定调试功能的方式，在这些案例中，处理特定调试异常情况的方式正是引发这些漏洞的重要根源。红帽公司在公告中表示："总体而言，在指令边界出现了异常，此前的所有边界都能够顺利完成，而此次异常漏洞出现之后，在处理过程中就立即被黑客加以利用。"

对于Linux操作系统而言，这一漏洞可能会导致系统崩溃，而且还能够让黑客提升"访客"账户的访问权限。

微软公司表示，该漏洞允许黑客在内核模式下运行任意代码。微软公司表示，"为了嗅探这一漏洞，黑客首先需要登录系统。接下来，黑客可以运行特定应用来控制那些受影响的系统。"

VMware公司方面声称，该公司的管理程序没有受到影响，但是，包括VMware vCenter服务器、

VMware数据保护和VMware vSphere Integrated Containers在内的产品可能受到了影响。

与此同时，Xen方面也表示，所有版本的Xen程序都受到了影响，但这一漏洞只能被软件虚拟化（PV）"访客"账户嗅探和利用，而硬件虚拟化（HVM）将无法发现和利用这一漏洞。

CERT表示，这一问题是操作系统开发者不正当处理这些异常情况所致。虽然这些漏洞与CPU的设计无关，但是，对异常的曲解主要是由于对这些指导说明缺乏清晰的理解。

这一漏洞最初由Everdox Tech的尼克·彼得森（Nick Peterson）和Triplefault.io的纳曼贾·穆尔斯马吉克（Nemanja Mulasmajic）发现。这两人将在BlackHat 2018上展示他们的研究成果。他们在研究报告中表示："这是一个非常严重的安全漏洞，但由于对相关文件产生不完整和不清晰的理解，系统开发者忽略了这一漏洞。"

（资料来源：腾讯科技，2018-05-10）

电子商务系统像其他信息系统一样，由硬件系统和软件系统组成，软件系统主要包括网络操作系统、数据库系统、网络协议、Web 应用系统等。软件系统安全是指保护电子商务软件和资料不会被篡改、泄露、破坏、非法复制（包括有意或无意）。电子商务系统软件安全的目标是使计算机系统逻辑上安全，使系统中的信息存取、处理和传输满足系统安全策略的要求。

本章主要包括电子商务系统中操作系统安全、数据库系统安全、Web 网站安全等内容。

7.1 操作系统安全

7.1.1 操作系统安全概述

1. 操作系统安全的重要性

操作系统是管理整个计算机硬件与软件资源的程序，网络操作系统是网络系统的基础，是保证整个互联网实现信息资源传递和共享的关键，操作系统的安全性在网络安全中举足轻重。一个安全的操作系统能够保障计算资源使用的保密性、完整性和可用性，可以对数据库、应用软件、网络系统等提供全方位的保护。没有安全的操作系统的保护，根本谈不上网络系统的安全，更不可能有应用软件处理信息的安全性。因此，安全的操作系统是整个信息系统安全的基础。

长期以来，我国广泛应用的主流操作系统都是从国外引进直接使用的，这些系统的安全性令人担忧。

2. 操作系统安全内容

操作系统是大型数据库系统的运行平台，为数据库系统提供一定程度的安全保护。目前操作系统平台大多数集中在 Windows NT 和 UNIX，服务器常用的操作系统有 UNIX、Linux、Windows Server 系列等。操作系统安全的主要内容包括以下几方面。

（1）系统安全：不允许未经核准的用户进入系统，从而可以防止他人非法使用系统的资源，是系统安全管理的任务。主要采取的手段有注册和登录。

（2）用户安全：操作系统中，用户安全管理是为用户分配文件"访问权限"而设计。用户对文件访问权限的大小，是根据用户分类、需求和文件属性来分配的。用户可以对文件指定建立、删除、打开、读、写、查询、修改等访问权限。

（3）资源安全：资源安全是通过系统管理员或授权的资源用户对资源属性的设置，来控制用户对文件、打印机等的访问。

（4）通信网络安全：网络中信息有存储、处理和传输 3 个主要操作，其中传输中受到的安全威胁最大。常用方法有：用户身份验证和对等实体鉴别、访问控制、数据完整性、防抵赖、审计等。

3．操作系统安全机制

为了实现操作系统安全的目标，需要依据特定的设计原则和设计方法，实现相应的安全机制，从而构建安全的操作系统。其中关键的操作系统安全机制包括硬件安全、身份鉴别、访问控制、最小特权原则、可信通道、安全审计等。

（1）硬件安全：包括与计算机硬件设备相关的安全机制，包括内存外存的保护机制、运行权限机制、I/O 权限机制等。

（2）身份鉴别：即计算机系统对用户身份的标识与鉴别机制，用于保证只有合法用户才能进入系统，进而访问系统中的资源。在操作系统中，身份鉴别一般在用户登录系统时进行，常使用的鉴别机制有口令机制、智能卡和生物鉴别技术等。

（3）访问控制：访问控制是确定谁能访问系统（鉴别用户和进程）、能访问系统何种资源（访问控制），以及在何种程度上使用这些资源（授权）。访问控制包括以下 3 个任务：授权、确定访问权限、实施访问权限控制。

（4）最小特权原则：最小特权原则的基本思想是系统中每一个主体只能拥有与其操作相符的必需的最小特权集。在目前流行的多用户操作系统中，超级用户一般具有所有特权，而普通用户不具有任何特权，一个进程要么具有所有特权，要么不具有任何特权。这便于系统维护和配置，但不利于系统的安全性。

（5）可信通道：可信通道机制即终端人员能借以直接与可信计算机通信的一种机制。该机制只能由有关终端操作人员或可信计算机启动，并且不能被不可信软件模拟。

（6）安全审计：就是对系统中有关安全的活动进行记录、检查或审核。安全审计方法用于监视与安全相关的活动。安全审计机制的实现一般是一个独立的过程，应与系统其他功能相隔离，同时要求操作系统必须能够生成、维护及保护审计过程，使其免遭修改、非法访问及毁坏。

7.1.2　UNIX操作系统的安全机制

UNIX 是一种多用户、多任务操作系统，其基本功能是要防止使用同一个操作系统的不同用户之间的相互干扰，因此 UNIX 操作系统在设计时就已经使用了以下一些安全机制来适应安全性需求。

1．运行保护

UNIX 操作系统具有两个执行态：核心态和用户态。运行内核中程序的进程处于核心态，而运行内核外程序的进程处于用户态。系统保证用户态下的进程只能访问它自己的指令和数据，而不能访问内核和其他进程的指令和数据，并且保证特权指令只能在核心态执行。用户程序可以使用系统调用进入内核，运行系统调用后再返回用户态，并且在不受用户干扰的情况下对该请求进行访问控制。

2．身份鉴别

用户唯一的标识（UID）可以属于一个或多个用户组，每个用户组由 GID 唯一标识。系统的超级用户（root）的 GID 为 0。

UNIX 操作系统采用口令机制对用户身份进行鉴别，用户的信息存在/etc/passwd 文件中（加密口令也可能存于/etc/shadow 文件中）。

3. 访问控制

UNIX 操作系统的访问控制机制在文件系统中实现，采取 9bit 访问控制模式。例如，ls 命令可列出文件（或目录）及不同用户对系统的访问权限，chmod 命令可以用来改变文件的访问权限，umask 命令则用以控制该用户新建文件的访问权限。

有时没有被授权的用户需要完成某些要求授权的访问任务时，如 password 程序，对于普通用户，它允许修改用户自身的口令，但其不能拥有直接修改/etc/password 文件的权限，以防止改变其他用户的口令。为了解决此问题，UNIX 操作系统允许对可执行的目标文件设置 SUID 和 SGID 特殊权限。

4. 最小特权原则

UNIX 操作系统最初没有实现最小特权原则，超级用户拥有全部特权。在基于 UNIX 操作系统上开发的一些安全操作系统，如 UNIX SVR4.1ES 实现了最小特权原则，从而降低了超级用户口令被破解或其误操作所带来的安全风险。

5. 安全审计

UNIX 操作系统的审计日志文件主要包括以下内容。

（1）acct（或 pacct）：记录每个用户使用过的命令历史列表。

（2）lastlog：记录每个用户最后一次成功登录的时间和最后一次登录失败的时间。

（3）loginlog：记录失败的登录尝试记录。

（4）messages：记录输出到系统主控台及由 syslog 系统服务产生的信息。

（5）sulog：记录 su 命令的使用情况。

（6）utmp 或 utmpx：记录当前登录的每个用户。

（7）wtmp 或 wtmpx：记录每一次用户登录和注销的历史信息，以及系统关闭和启动的信息。

大部分版本的 UNIX 操作系统都具备安全审计服务程序 syslog，可以实现灵活配置及集中式安全审计和管理。当前大部分 UNIX 操作系统实现的安全审计机制达到了 TCSEC 的 C2 级安全审计标准。

6. 网络安全性

UNIX 操作系统属于网络型操作系统，网络安全性是 UNIX 操作系统所关注的一个重要方面，对网络访问控制提供了强有力的安全支持。

/etc/inetd.conf 文件控制系统提供哪些网络服务。

/etc/services 文件罗列了各种网络服务的端口号、协议和对应的网络服务名称。

TCP_WRAPPERS 由/etc/hosts.allow 和/etc/hosts.deny 两个文件控制哪些 IP 地址被禁止登录，哪些 IP 地址被允许登录。

7.1.3　Linux操作系统的安全机制

随着互联网/内联网的日益普及，采用 Linux 操作系统作为服务器的用户也越来越多。一方面是因为 Linux 操作系统是开放源代码的免费正版软件，另一方面是因为与微软的 Windows NT 系列操作系统相比，Linux 操作系统具有更好的稳定性、效率性和安全性。

Linux 操作系统提供了用户账号、文件系统权限和系统日志文件等基本安全机制，如果这些安全机制配置不当，就会使系统存在一定的安全隐患。因此，网络系统管理员必须小心地设置这些安全机制。

1. Linux 操作系统的用户账号

在 Linux 操作系统中，用户账号是用户的身份标志，它由用户名和用户口令组成。在 Linux 操作系统中，系统将输入的用户名存放在/etc/passwd 文件中，而将输入的口令以加密的形式存放在/etc/shadow 文件中。在正常情况下，这些口令和其他信息由操作系统保护，能够对其进行访问的只能是超级用户（root）和操作系统的一些应用程序。但是如果配置不当或在一些系统运行出错的情况下，这些信息可以被普通用户得到。进而，不怀好意的用户就可以使用一类被称为"口令破解"的工具去得到加密前的口令。

2. Linux 操作系统的文件系统权限

Linux 操作系统的文件系统的安全主要是通过设置文件的权限来实现的。每一个 Linux 操作系统的文件或目录，都有 3 组属性，分别定义文件或目录的所有者、用户组和其他人的使用权限（只读、可写、可执行、允许 SUID、允许 SGID 等）。特别注意，权限为 SUID 和 SGID 的可执行文件，在程序运行过程中会给进程赋予所有者的权限，如果被黑客发现并利用，就会给系统造成危害。

3. 合理利用 Linux 操作系统的日志文件

Linux 操作系统的日志文件用来记录整个操作系统的使用状况。一个 Linux 操作系统的网络系统管理员要充分用好以下几个日志文件。

（1）/var/log/lastlog 文件：记录最后进入系统的用户的信息，包括登录的时间、登录是否成功等信息，这样用户登录后只要用 lastlog 命令查看一下/var/log/lastlog 文件中记录的所用账号的最后登录时间，再与自己的用机记录对比一下就可以发现该账号是否被黑客盗用。

（2）/var/log/secure 文件：记录系统自开通以来，所有用户的登录时间和地点，可以给系统管理员提供更多的参考。

（3）/var/log/wtmp 文件：记录当前和历史上登录到系统的用户的登录时间、地点和注销时间等信息。可以用 last 命令查看这些信息，若想清除系统登录信息，只需删除这个文件，系统就会生成新的登录信息。

7.1.4 Windows Server操作系统的安全机制

1. Windows Server 操作系统登录

Windows Server 操作系统要求每一个用户提供唯一的用户名和口令来登录到计算机上，这种强制性登录过程不能关闭。强制性登录和使用 Ctrl+Alt+Delete 组合键启动登录，可以确定用户身份的合法性，从而确定用户对系统资源的访问权限。在强制登录期间，该操作系统会挂起对用户模式程序的访问，防止创建偷窃用户账户和口令的应用程序。该操作系统允许用户具有单独的配置，包括桌面和网络连接，这些配置在用户退出时自动保存，在用户登录后自动调出；该操作系统允许多个用户使用同一台机器，并且仍然具有他们自己的专用设置。

2. 访问控制

该操作系统允许资源的所有者决定哪些用户可以访问资源和他们可以如何处理这些资源。所有者可以授权给某个用户或一组用户，允许他们进行各种访问。其安全特性包括活动目录（Active Directory）、新技术文件系统（New Techology File System，NTFS）的权限（NTFS）比 FAT 文件系统有更详细的权限设置，安全性更高、共享文件访问许可、分布式文件系统访问许可。

3. 安全审计

该操作系统提供检测和记录与安全性有关的任何创建、访问或删除系统资源的事件或尝试的行为。登录标识符记录所有用户的身份，这样便于跟踪任何执行非法操作的用户。其安全特性包括：审计资源的使用、监控网络资源的访问行为。

4. Windows Server 操作系统的安全策略

Windows Server 操作系统的安全策略的内容主要包括以下 3 个方面：本地安全策略、域安全策略、域控制器安全策略。

在本地安全策略中，设置可以存储在个人计算机上，无论这些计算机是否为活动目录（Active Directory）环境或网络环境的一部分；域安全策略和域控制器安全策略应用于域内，针对站点、域或组织单位设置组策略。域安全策略与域控制器安全策略的配置内容相似。

5. Windows Server 操作系统组的形式

从组的使用领域分为本地组、全局组和通用组 3 种形式。

（1）本地组：在 Windows Server 操作系统专业版客户端和成员服务器中使用本地组，本地组给用户访问本地计算机上的资源提供权限。

（2）全局组：全局组主要是用来组织用户，也就是将多个网络访问权类似的用户账户加入同一个全局组内。

（3）通用组：主要用于指定对多个域中相关资源的访问权限。

视频 7-1

7.2 数据库系统安全

7.2.1 数据库系统安全概述

1. 数据库系统的安全问题

目前绝大多数的网络应用系统都离不开数据库，所以也可称为数据库管理系统，其安全威胁来自网络硬件、软件、服务器、信息存储与传输等多个方面。一般针对数据库管理系统的安全威胁主要指数据本身的损坏、篡改、窃取、阻碍系统正常提供数据服务等方面。图 7-1 所示为数据库安全威胁示意图。

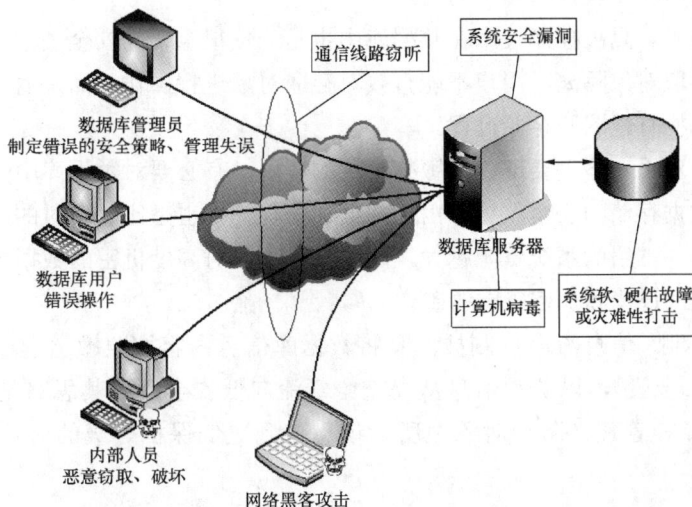

图 7-1　数据库安全威胁示意图

目前用于网站的数据库管理系统有 Access、SQL Server、Oracle、Sybase、MySQL 等。大多数关系数据库已经存在几十年了，已经都是相当成熟的产品。但由于其应用目的、环境等的不同，其安全性存在着不同程度的缺陷（见表 7-1）。

表 7-1　常用数据库基本安全策略缺陷

常用数据库	基本安全策略缺陷
SQL Server	当使用混合认证方式时，安全检查是针对活动目录进行的，而用户和数据库服务器并不在相同的活动目录区域内，也就无法使用诸如活动目录等所提供的底层安全架构； SQL Server 数据库提供的基本安全技术能够满足一般的数据库应用，而对于一些重要部门或敏感领域来说，这些技术措施难以完全保证数据的安全。因此，有必要对数据库中存储的重要数据进行加密处理，以实现数据存储的安全保护
Oracle	Oracle 数据库客户端与服务端进行交互时，默认为明文传输，易造成用户的数据库账号、密码，以及用户通过合法调用数据库查询命令所查到的敏感信息等被恶意入侵者盗取； Oracle 需要手动配置连接超时功能，默认情况下不开启，这容易出现由于人为疏忽而引起长时间空闲连接数据库的情况，给数据库性能和安全都带来负面影响
MySQL	建立在非安全操作系统基础上的 MySQL 存在权限重放缺陷； MySQL 提供基于用户主机的 IP 地址验证安全功能，但其只是将用户登录时登录主机的 IP 地址与 user 表中的 IP 地址进行比较，并无其他握手信号，存在 IP 地址篡改和 IP 地址假冒等 IP 地址欺骗缺陷

2. 数据库安全技术

数据库安全问题可归纳为保证数据库系统中各种对象存取权的合法性（保证合法访问、阻止非法访问）和数据库内容本身的安全（防泄露、篡改或破坏）两个方面。下面围绕这两个方面，介绍保证数据库安全可采用的技术。

（1）用户标识与鉴别。用户标识与鉴别是系统提供的最外层安全保护措施。系统内部记录着所有合法用户的用户名和口令，每次要求进入系统时，用户需标识自己的名字或身份，系统根据用户的输入，鉴别此用户是否有权进入此系统。目前使用最广泛的就是口令。

（2）存取控制技术。存取控制技术是数据库安全的核心，一般采用多层控制，即系统登录控制、数据库使用权控制及数据库对象操作权控制。系统登录控制，又称为标识或鉴别技术，即通过输入用户名及口令，由系统进行身份验证。数据库使用权控制及数据库对象操作权控制指通过数据库的授权系统将各种使用与操作权授予相应的用户。

（3）隔离控制技术。隔离控制技术在数据库中也是一项很重要的安全技术。该技术通过某种中间机制，将用户与存取对象隔离。用户不能直接对存取对象进行操作，而是通过中间机构间接进行操作。常用的中间机构有视图和存储过程。

（4）加密技术。对于一些重要部门或敏感领域的应用，有必要对数据库中存储的重要数据进行加密处理，以实现数据存储的安全保护。由于数据加密与解密也是比较费时的操作，而且数据加密与解密的复杂度越高，占用的系统资源越大，因此一般也只对高度机密的数据才加密。通常，数据库加密包括密码系统的选择和加密范围的确定。

（5）信息流向控制。信息流向控制技术是将数据库信息内容按照敏感程度分成多个密级（如绝密、机密、秘密、一般），以防止信息从高安全级流向低安全级。其思路是对可访问的对象之间的信息流加以监控和管理，防止对象中所含信息传到更低保护等级的对象中，主要是堵住隐秘通道。

（6）审计。审计是一种监视措施，它跟踪记录有关这些数据的存取活动，监测可能的非法行为。

数据库管理员可以利用审计跟踪的信息，重现导致数据库现有状况的一系列事件，找出非法存取数据的人、时间和内容等。审计通常很费时间和空间，故该功能一般用于安全性要求较高的部门。

（7）备份与恢复。备份是指在某种介质上（如磁带、磁盘等）存储数据库或复制部分数据库。恢复是指能够及时将数据库返回到原来的状态。数据库的备份主要考虑以下几个因素：备份周期；使用冷备份或是热备份；使用增量备份或是全部备份，或者两者同时使用；使用什么介质进行备份；备份到磁盘还是磁带；是人工备份还是设计一个程序定期自动备份；等等。

7.2.2 SQL Server 的安全机制

1. SQL Server 的安全体系

SQL Server 是 Microsoft 公司推出的关系型数据库管理系统，具有使用方便、可伸缩性好、与相关软件集成程度高等优点，可从运行 Windows 98 操作系统的个人计算机到运行 Windows Server 2019 操作系统的大型多处理器的服务器等多种平台跨越使用。SQL Server 主要由 4 个部分组成：数据定义语言（Data Definition Language，DDL）、数据操纵语言（Data Manipulation Language，DML）、嵌入式 SQL 语言的使用规则、数据控制语言（Data Control Language，DCL）。

视频 7-2

SQL Server 提供以下 4 层安全防线。

（1）操作系统的安全防线：Windows 操作系统的网络管理员负责建立用户组，设置账号并注册，同时决定不同用户对不同系统资源的访问级别。

（2）SQL Server 的运行安全防线：通过登录账号设置来创建附加安全层。用户只有登录成功，才能与 SQL Server 建立一次连接。

（3）SQL Server 数据库的安全防线：特定数据库都有自己的用户和角色，该数据库只能由它的用户或角色访问，其他用户无权访问其数据。

（4）SQL Server 数据库对象的安全防线：可以对权限进行管理，保证合法用户即使进入了数据库也不能有超越权限的数据存取操作，即合法用户必须在自己的权限范围内进行数据操作。

2. SQL Server 的安全策略

SQL Server 作为中小企业最常用的数据库之一，其安全策略主要包括以下几个方面。

（1）安全的密码策略。通常，许多数据库账号的密码过于简单，这与系统密码过于简单所造成的不安全是一个道理。系统管理员（SA）更应该注意此方面，此外，需定期修改密码。

（2）安全的账号策略。由于 SQL Server 不能更改 SA 用户名称，也不能删除这个超级用户，所以，必须对数据管理员的账号进行最强的保护，包括使用非常强壮的密码。安全的数据管理员账号策略还包括不要让管理员权限的账号泛滥。

（3）加强数据库日志的记录。审核数据库登录的"失败和成功"事件，可在实例属性中选择"安全性"，将其中的审核级别选定为"全部"，这样在数据库系统和操作系统日志里面，就详细记录了所有账号的登录事件。

（4）管理扩展存储过程。在多数应用中不需要使用太多的系统存储过程，因此可根据广大用户需求删除不必要的存储过程。因为过多的存储过程容易被人用于提升权限或进行测试。

（5）使用加密协议。SQL Server 使用 Tabular Data Stream 协议进行网络数据交换，包括密码、数据库内容等的交换，这是一个潜在的安全威胁。所以，应采用 SSL 加密协议。

（6）防止探测、修改 TCP/IP 端口。默认情况下 SQL Server 使用 1433 端口监听，而通过对微软未公开的 1434 UDP 端口的探测可以得到 SQL Server 所使用的 TCP/IP 端口。

由于微软未公开的 1434 端口探测不受限制，容易被别人探测到数据库信息，遭到 DoS 攻击，使数据库服务器的 CPU 负荷增大。因此，对 Windows 操作系统来说，在设置 IPSec 过滤拒绝微软未公开的 1434 端口的 UDP 通信时，应尽可能地隐藏 SQL Server。

（7）对网络连接进行 IP 限制。SQL Server 数据库管理系统本身没有提供网络连接的安全解决办法，但是 Windows Server 操作系统提供了这样的安全机制，使用操作系统自己的 IPSec 设置可以确保 IP 数据包的安全性。例如，对 IP 地址连接进行限制，只保证自有的 IP 地址能够访问，拒绝其他 IP 地址进行端口连接，以便有效地控制来自网络上的安全威胁。

7.2.3　Oracle 的安全机制

1. Oracle 的安全体系

Oracle 数据库系统是美国 Oracle（甲骨文）公司提供的以分布式数据库为核心的一组软件产品，是目前最流行的 C/S（客户/服务器）或 B/S（浏览器/服务器）体系结构的数据库之一。Oracle 在 2018 年发布的最新版本 Oracle Database 18c 表明，传说中全球第一款自动驾驶数据库正式到来。18c 不仅是数据库，更是一种云服务，包括 Oracle Database 18c、Oracle 云基础架构和 Oracle 云工具，机器学习能够实现自治驾驶、自治安全、自治修复。

Oracle 数据库采用一系列的安全控制机制，以保证数据库的安全性。Oracle 数据库在 3 个层次上采取安全控制机制。

（1）系统安全性：在系统级别上控制数据库的存取和使用机制，包括有效的用户和口令、判断用户是否被授予权限可以连接数据库、用户创建数据库对象时可以使用的表空间大小、用户的资源限制、是否启动数据库的审计功能、用户可以进行哪些操作等。

（2）数据安全性：在数据库模式对象级别上控制数据库的存取和使用机制，包括用户可以存取的模式对象及在该模式对象上可以进行的操作等。用户要对某个模式对象进行操作，必须具有该模式对象相应的对象权限。

（3）网络安全性：Oracle 数据库是网络数据库，因此网络数据库传输的安全性至关重要，主要包括登录助手、目录管理、标签安全性等。Oracle 通过分发钱包（Wallet）、数字证书、安全套接层（SSL）和数据密钥等办法来确保网络数据传输的安全性。

2. Oracle 的安全策略

（1）用户管理。用户是数据库的使用者和管理者，Oracle 数据库通过设置用户及其安全属性来控制用户对数据库的访问和操作。用户管理是 Oracle 数据库安全管理的核心和基础。Oracle 数据库中的用户分为两类，一类是创建数据库时系统预定义的用户，而预定义的用户根据作用不同又可以分为管理员用户、示例方案用户、内置用户；另一类是根据应用需要由数据库管理员（DBA）创建的用户。

（2）资源限定与口令管理。在 Oracle 数据库中，用户对数据库和系统资源使用的限制及对用户口令的管理是通过概要文件实现的。概要文件不是一个物理文件，而是存储在 sys 模式的几个表中的信息的集合。

（3）权限管理。Oracle 数据库使用权限控制用户对数据库的访问和用户在数据库中所能执行的操作。用户在数据库中可以执行什么样的操作，以及可以对哪些对象进行操作，完全取决于该用户拥有的权限。控制 Oracle 数据库访问的权限类型有两种：系统权限和对象权限。

（4）角色管理。为了简化数据库权限的管理，在 Oracle 数据库中引入角色的概念。所谓角色，就是一系列相关权限的集合。它可以将要授予相同身份用户的所有权限先授予角色，然后再将角色授予用户，这样用户就得到了该角色所具有的所有权限，从而简化了权限的管理。

（5）审计。审计监视和记录用户对数据库所进行的操作，以供 DBA 进行统计和分析。利用审计可以完成下列任务：保证用户对自己在数据库中的活动负责，禁止用户在数据库中从事与自己职责不相符的活动，调查数据库中的可疑活动，通知审计员一个未授权用户在数据库中的活动，监视和收集特定数据库活动的数据。

7.3 Web 网站系统安全

7.3.1　Web网站的安全问题

World Wide Web 称为万维网，简称 Web。它的基本结构是采用开放式的 B/S（浏览器或服务器）模式，相当于 3 层 C/S（服务器或客户机）模式，分成服务器端、客户接收机及通信协议 3 个部分。

以前黑客的攻击目标集中在操作系统和网络协议上，但随着操作系统的弱点和漏洞逐渐得到修补，它正变得越加稳健；而身份验证和加密功能渐渐被内置到网络协议中，又使网络协议变得更加安全。要进行这类攻击已经很难，因此黑客逐渐把目光转向 Web 服务器软件及应用程序上。

网站安全是指出于防止网站受到外来计算机入侵者对其网站进行挂马、篡改网页等行为而做出一系列的防御工作。由于一个网站设计者会更多地考虑满足用户应用、如何实现业务，很少考虑网站应用开发过程中所存在的漏洞，这些漏洞在不关注安全代码设计的人员眼里几乎不可见。大多数网站设计开发者、网站维护人员对网站攻防技术的了解甚少，在正常使用过程中，即便存在安全漏洞，正常的使用者也不会察觉。可以将 Web 网站安全问题概括为以下 10 种类型。

（1）SQL 注入：拼接的 SQL 字符串改变了设计者原来的意图，执行了如泄露、改变数据等操作，甚至控制数据库服务器，如 SQL Injection 与 Command Injection 等攻击。

（2）跨站脚本攻击：跨站脚本（Cross-Site Scripting）是指在远程 Web 页面的 html 代码中插入具有恶意目的的数据，当浏览器下载该页面时，嵌入其中的恶意脚本将被解释执行，从而对客户端用户造成伤害。跨战脚本攻击简称 CSS 或 XSS。

（3）没有有效限制 URL 访问：系统已经对 URL 的访问做了限制，但这种限制实际上并没有生效。攻击者能够很容易地伪造请求直接访问未被授权的页面。

（4）越权访问：用户对系统的某个模块或功能没有权限，通过拼接 URL 或 Cookie 欺骗来访问该模块或功能。

（5）泄露配置信息：服务器返回的提示或错误信息中出现服务器版本信息泄露、程序出错泄露物理路径、程序查询出错返回 SQL 语句、过于详细的用户验证返回信息等。

（6）不安全的加密存储：常见的问题是不安全的密钥生成和储存、不轮换密钥和使用弱算法。使用弱的或者不带 salt（盐）（在哈希运算前，给密码随机增加的前缀或后缀，称为盐）的哈希算法来保护密码的方式也很普遍。

（7）传输层保护不足：在身份验证过程中没有使用 SSL / TLS，因此会暴露传输数据和会话 ID，被攻击者截听；或使用过期的或者配置不正确的证书。

（8）登录提示信息：用户登录提示信息会给攻击者一些有用的信息，作为程序的开发人员应该做到对登录提示信息的模糊化，以防攻击者利用登录提示信息得知用户是否存在。

（9）重复提交请求：程序员在代码中没有对重复提交请求做限制，这样就会出现订单被多次下单，帖子被重复发布。恶意攻击者可能利用此漏洞对网站进行批量灌水，致使网站瘫痪。

（10）网页脚本错误：访问者所使用的浏览器不能完全支持页面里的脚本，形成"脚本错误"，也就是网站中的脚本没有被成功执行。

7.3.2　建立安全的Web网站

（1）配置主机操作系统。已经安装完毕的操作系统都有一系列常用的服务，系统在默认的情况下自动启用这些服务，或提供简单易用的配置向导。这些配置简单的服务应用在方便管理员且增强系统功能的同时，也埋下了安全隐患。

在安装操作系统时，应该只选择安装必要的协议和服务。系统功能越单纯、结构越简单，可能出现的漏洞越少，因此越容易进行安全维护。

使用必要的辅助工具，简化主机的安全管理。启用系统的日志（系统账户日志和 Web 服务器日志）记录功能。监视并记录访问企图是主机安全的一个重要机制，有利于提高主机的一致性及其数据的保密性。

（2）合理配置 Web 服务器。设置 Web 服务器的各种访问控制选项，以保障服务器安全，如通过 IP 地址、子网域名控制的设置，未被允许的 IP 地址、IP 子网发来的请求将被拒绝；通过用户名和口令限制，只有当远程用户输入正确的用户名和口令的时候，访问才能被正确响应；用公用密钥加密方法，对文件的访问请求和文件本身都加密，以便只有合法的用户才能读取文件内容。

（3）设置 Web 服务器有关目录的权限。为了安全起见，管理员应对"文档根目录"和"服务器根目录"做严格的访问权限控制。服务器根目录下存放日志文件、配置文件等敏感信息，它们对系统的安全至关重要，不能让用户随意读取或删改。

（4）网页高效编程。现在 Web 制作技术日趋复杂，再加上网页编程人员大多使用自己或第三方开发的软件，而这些软件有的就没有考虑安全问题，这就造成了很多 Web 站点存在着极为严重的安全问题。

在编程过程中避免出现输入验证机制不足、不缜密的编程思路、客户端执行代码乱用等问题。

（5）Web 网站的安全管理。Web 服务器的日常管理、维护工作包括 Web 服务器的内容更新，日志文件的审计，安装一些新的工具、软件，更改服务器配置，对 Web 进行安全检查等。主要注意以下几点：以安全的方式更新 Web 服务器；经常审查有关日志记录；进行必要的数据备份；定期对 Web 服务器进行安全检查；冷静处理意外事件等。

视频 7-3

课后习题

一、填空题

1. 安全操作系统是（　　）的基础。

2. 常用的服务器操作系统包括 UNIX、（　　）和 Windows Server 系列。

3. Windows 操作系统中 NTFS 文件系统比（　　）有更详细的权限设置，安全性更高。

4. 一般 Web 访问协议为 HTTP，为了防止钓鱼网站，采用一些认证技术和加密技术来限制对 Web 网站的访问，则其访问协议为（　　）。

二、选择题

1. 以下（　　）操作系统的默认管理员账户为 administrator。

    A. OS2　　　　　　B. UNIX　　　　　　C. Linux　　　　　　D. Windows

2. 下列软件系统不属于操作系统的是（　　）。

    A. Linux　　　　　B. Windows NT　　　C. Photoshop　　　D. Solaris

3. SQL Server 数据库默认的系统管理员账号是（　　）。

    A. administrator　　B. admin　　　　　C. System　　　　　D. SA

4. Windows Server 系列组的形式不包括（　　）。

    A. 用户组　　　　　B. 本地组　　　　　C. 全局组　　　　　D. 通用组

5. 由于 SQL Server 不能更改（　　）用户名称，也不能删除这个超级用户，因而必须对数据管理员的账号进行最强保护，包括使用非常强壮的密码。

    A. System　　　　　B. Admin　　　　　C. Administrator　　D. SA

6. Oracle 数据库在 3 个层次上采取安全控制机制，其中不包括（　　）。

    A. 系统安全性　　　B. 应用安全性　　　C. 数据安全性　　　D. 网络安全性

7. World Wide Web 称为万维网，简称 Web。它的基本结构是采用开放式的（　　）。

    A. 分布式模式　　　B. 对等网模式　　　C. C/S 模式　　　　D. B/S 模式

8. 默认情况下，SQL Server 使用（　　）进行监听，而通过探测 1434 UDP 端口，用户可以得到 SQL Server 所使用的 TCP/IP 端口。

    A. 80 端口　　　　　B. 21 端口　　　　C. 1433 端口　　　D. 1434 端口

9. 以下（　　）不属于实现数据库系统安全的主要技术和方法。

    A. 存取控制技术　　　　　　　　　B. 视图技术

    C. 审计技术　　　　　　　　　　　D. 出入机房登记和加锁

10. 目前中小企业最常使用的数据库管理系统是（　　）。

    A. SQL Server　　　B. Oracle　　　　　C. VPF　　　　　　D. Sybase

三、名词解释

1. NTFS

2. 安全机制

3. 系统日志

4．B/S 模式

四、简答题

1．常用的网络操作系统有哪些，各有什么特点？

2．网络操作系统安全机制有哪些？你所使用的 Windows 操作系统安全机制有哪些？

3．实现数据库安全的策略有哪些？简述常用数据库的备份方法。

4．什么是系统安全审计？它的作用是什么？

案例分析

微软首次公开 Windows 操作系统安全漏洞的分类和处理方式

近日，微软首次向安全研究界公开发布了两份文件，详细介绍了其对Windows操作系统安全漏洞的分类和处理方式。

这些文件是由微软安全响应中心（MSRC）在过去一年中编辑整合而成的，所谓"微软安全响应中心（MSRC）"是负责接收和处理微软安全相关漏洞报告的一个部门。

据悉，这两份文件的草稿已于2018年6月发布，目的是收集安全研究界和更广泛的安全行业的反馈信息，而本周一发布的则是包含大量最新信息的最终版本。

第一份文件是名为"微软的Windows安全服务标准"的网页。该页面涵盖的主要信息包括哪些类型的Windows操作系统的功能通常由紧急的"周二补丁日（Patch Tuesday）"提供安全更新服务，以及哪些漏洞留给Windows操作系统主开发团队修复并在一年两次（bi-annual）的Windows操作系统更新中推出。

该文件将所有内容分为三大类：安全边界、安全功能及深度防御安全功能。

其中，安全边界是那些微软认为明显违反数据访问策略的内容。例如，一个错误报告描述了非管理员用户模式进程如何获取内核模式和数据访问权限，该错误将被视为"安全边界"违规，在此情况下属"内核边界"。微软列出了9个安全边界——网络、内核、进程、AppContainer沙箱、用户、会话、Web浏览器、虚拟机及虚拟安全模式边界。

安全功能是应用程序和其他在操作系统里加强安全边界功能的漏洞报告，如BitLocker、Windows Defender、Secure Boot等中的漏洞报告。

前两个的漏洞报告几乎都是被界定为"安全漏洞"，微软团队将通过每月的"周二补丁日"安全更新的即时补丁尝试修复这些漏洞。

微软认为前面两个类别只是提供"额外安全性"的功能，要进一步提高系统鲁棒性就需要深度防御安全功能。深度防御安全功能包括用户账户控制（UAC）功能、AppLocker、地址空间布局随机化（ASLR）、控制流保护（CFG）等。

深度防御安全功能里的错误报告通常不会通过"周二补丁日"提供更新服务，而是会被记录下来，并在稍后有需要的时候再提供补丁。

微软发布的第二份文件是一个PDF文档，该文档描述了微软如何将错误报告按严重性分级排名。该文档详细说明了哪些错误被评为严重、哪些错误被评为重要、哪些错误被评为中等，以及哪些错误被评为低风险。

例如，允许未经授权访问文件系统并在磁盘上写入数据的错误被列为严重漏洞，而仅仅重启应用程序的拒绝服务错误就始终被视为低风险漏洞。

在过去几年里，微软多次被批评未能在研究人员提交漏洞报告后及时修复某些漏洞。

这些文档向安全研究人员、媒体、系统管理员及普通用户澄清了整个事情，就像其他任何公司一样，微软安全响应中心（MSRC）的资源也十分有限，该文档使信息安全社区可以深入了解微软工作人员在审视和确定安全漏洞优先级时所用到的流程。

对于发表的这两份文件，微软方面表示，我们希望这两份文件会成为随着时间的推移而不断发展的"活"文件，我们期待继续就此话题与安全社区进行对话。

（资料来源：安全牛，2018-09-25）

根据案例回答问题

（1）根据案例说明 Windows 操作系统安全漏洞的分类与处理方法。

（2）通过案例分析操作系统安全在电子商务安全中的重要性，总结出我们应该注意哪些问题。

第8章 电子支付与网上银行

本章主要内容
- ❖ 电子支付概述
- ❖ 电子支付工具
- ❖ 第三方支付
- ❖ 网上银行

本章学习方略
- ❖ 本章重点内容
- （1）支付模式及特点。
- （2）常见的第三方支付。
- ❖ 本章难点内容
- （1）第三方支付的安全技术。
- （2）网上银行的安全模式。

案例导入

中国工商银行网银安全提示

中国工商银行引领电子化金融服务的最新潮流，不断推出业界领先的网上银行产品和服务，网上银行客户数量和交易量逐年递增，以绝对优势居行业首位。中国工商银行网上银行不仅在国内取得了极大的成功，而且赢得了国际银行界的认可和尊重，并且凭借自身强大的功能优势和技术优势在国际国内屡获殊荣。

中国工商银行网上银行安全策略

互联网的应用日趋广泛，在为我们带来更多便利的同时，也带来了新的风险。中国工商银行一贯重视客户交易和信息的安全，个人网上银行和企业网上银行服务均采用了严密的安全设计，确保您的账户信息和资金安全，助您轻松进行网上理财。

保障个人网银安全的最佳选择——U盾

U盾（个人网上银行客户证书）是中国工商银行率先推出并获得国家专利、专门用于保护网上银行客户安全的"智能卫士"。如果您已经申请了U盾，只要保管好自己手中的U盾及其密码，就可以高枕无忧，简单、安全地使用网上银行。

U盾具有高超的防盗技术，大额转账、网上理财等增值服务……拥有"U盾"，您即刻拥有高品质的网络金融生活。

为计算机体检、安全使用网上银行——小e安全检测

小e安全检测是中国工商银行为使用中国工商银行网上银行的客户提供的一项免费计算机安全服务。小e安全检测采用国际先进的安全引擎，利用微软ActiveX技术，通过IE浏览器下载小e安全检测控件和恶意程序特征码的方式，实现查杀网上银行间谍和恶意软件、检测计算机漏洞等功能。使用小e安全检测，就像是为您的计算机进行一次安全体检，将能够大大降低您遭受网上银行间谍软件侵害的风险，为您安全使用网上银行提供强有力的保证！

新型电子银行安全工具——电子银行口令卡

电子银行口令卡是中国工商银行推出的新型电子银行安全工具。它相当于一种动态的电子银行密码，是保护客户资金不受损失而设置的又一道防线。也就是说客户只要保管好手中的口令卡，就不会有资金损失，从而让客户更加安全、放心地使用电子银行。

一次一密、安全可靠；操作简单、方便快捷；应用广泛，且量身定做、便于携带。拥有"口令卡"，木马病毒、假邮件、假网站等网络犯罪将难以得逞，最大限度保障客户利益。

别具匠心的功能+良好的使用习惯——为静态密码客户支招

如果您尚未申请U盾或电子银行口令卡，中国工商银行特为您提供了一系列实用功能——预留信息验证、VISA购物验证、余额变动提醒等，帮助您提高网上交易的安全性。

同时，要想有效防范诸如假网站、木马病毒等网络诈骗行为，您也需要具有一定的安全防范意识，养成良好的网上银行使用习惯。

（资料来源：中国工商银行网站，2019-3）

电子商务系统的安全性比其他网络应用系统安全性要求高，安全技术的应用也复杂多样，其主要原因是要进行网络支付。在互联网虚拟环境下，网络支付的是真金白银，所以网络支付也成为网络攻击的主要目标。做好网络支付的安全工作，是保障电子商务发展的核心环节之一。

本章主要介绍电子支付的相关概念、电子支付的特点、电子支付的主要形式及保障措施等；另外，还介绍了网上银行的结构、业务及安全措施等内容。

8.1 电子支付概述

8.1.1 电子支付的相关概念

电子支付在中国的发展始于网上银行业务，随后各大银行的网上缴费、移动银行业务和网上交易等逐渐发展起来。如今电子支付中最常见的就是支付宝与微信支付，在商场购物时只需要扫一扫二维码，即可完成转账及网络购物。电子支付使远距离的转账从不可能变成可能，而且在这种虚拟世界里进行的交易，还会使人们感觉不到金钱的流失，从而会扩大消费、刺激经济。如此说来，这是时代发展的产物，同时也反作用于社会发展。

视频 8-1

1. 电子支付

电子交易活动是电子商务活动的核心内容。在电子交易过程中，交易双方通过电子支付方式进行资金转移，并完成实物的合理配送，从而实现了电子商务。

电子支付，指的是电子交易的当事人，包括消费者、厂商和金融机构以商用电子化设备和各类交易卡为媒介，以计算机技术和通信技术为手段，以二进制为存储形式，通过计算机网络系统进行的货币支付或资金流转。

广义上说，电子支付就是资金或与资金有关的信息通过网络进行交换的行为。

电子支付是电子商务发展到一定时期的必然产物，它以虚拟的形态、网络化的运行方式适应电子商务发展的需要。

一开始我们都是使用现金进行交易，但是在经济社会的刺激发展下，电子支付发展得越来越好，它的出现给人们带来更多的便利，这的确很可喜，我们应当支持它的发展。而对于现金支付，自然是不可能完全淘汰的，仍有一部分人需要它。电子支付的发展分为以下几个阶段（见图8-1）。

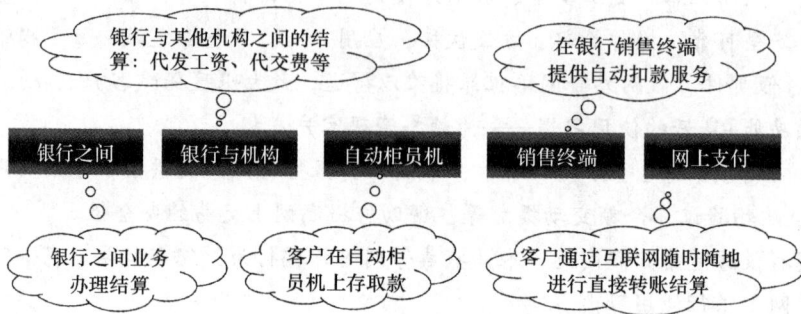

图 8-1　电子支付的发展阶段

第一阶段是银行利用计算机处理银行之间的业务，办理结算；第二阶段是银行计算机与其他机构计算机之间资金的结算，如代发工资等业务；第三阶段是利用网络终端向客户提供各项银行服务，如客户在自动柜员机（ATM）上进行取款、存款操作等；第四阶段是利用银行销售终端（Point of Sale，POS）向客户提供自动扣款服务，这是现阶段电子支付的主要方式；第五阶段是网上支付，客户通过互联网进行直接转账结算，这是电子支付发展的最新阶段。

2. 电子货币

电子货币是采用电子技术和通信手段在信用卡市场上流通的，以法定货币单位反映商品价值的信用货币。也就是说，电子货币是一种以电子脉冲代替纸张进行资金传输和储存的信用货币。

电子货币主要具有转账结算、储蓄、兑现、消费贷款等功能。

3. 网上支付

网上支付，也称为网上支付与结算，是指以金融电子化网络为基础，以商用电子化工具和各类交易卡为媒介，采用现代计算机技术和通信技术手段，通过网络系统（主要是互联网），以电子信息传递的形式实现资金的流通和支付的一种支付方式。

网上支付比现有流行的信用卡支付、ATM存取款、POS支付结算等基于专线网络的电子支付方式更新、更先进、更方便，已成为21世纪网络时代里支撑电子商务发展的主要支付与结算手段。

8.1.2　网上支付的工作原理

1. 网上支付系统的组成

网上支付系统必须通过互联网进行，资金的流转则通过银行专用网，再通过支付网关将两个广域网互相连接，以保证银行网络信息的安全性。在客户端计算机应安装相应的支付工具（如电子钱包），并安装相应的安全组件（如数字证书等），同时注册相应的银行账户（开户银行）；商家需建立商家服务器（如淘宝店铺），注册收单银行账户，并提供安全保障工具（数字证书、SSL协议等），如图8-2所示。

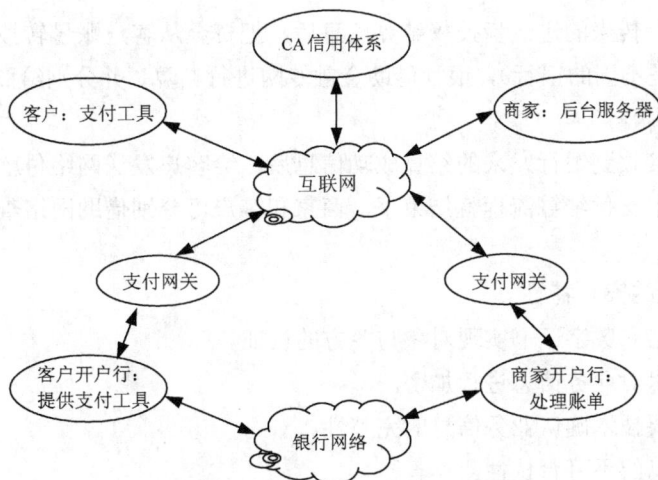

图 8-2　网上支付体系的基本构成

2. 网上支付的流程

基于互联网平台的网上支付基本流程如图 8-3 所示。

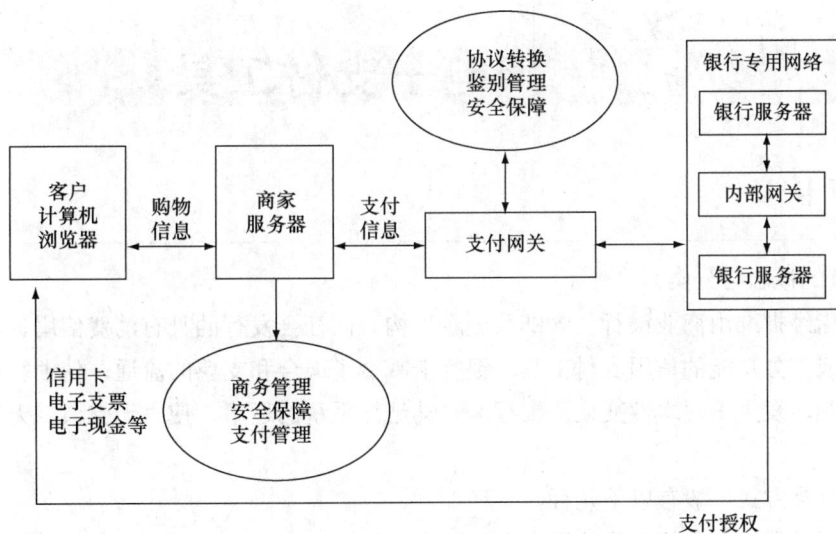

图 8-3　基于互联网平台的网上支付基本流程

（1）客户连接互联网，用 Web 浏览器进行商品的浏览、选择与订购，填写网络订单，选择网上支付结算工具，并得到银行的授权使用，如信用卡、电子钱包、电子现金、电子支票或网络银行账号等。

（2）客户机对相关订单信息（如支付信息）进行加密，在网上提交订单。

（3）商家电子商务服务器对客户的订购信息进行检查、确认，并把相关的经过加密的客户支付信息等转发给支付网关，直至银行专用网络的后台业务服务器进行确认，以期从银行等电子货币发行机构验证得到支付资金的授权。

（4）银行验证确认后通过刚才建立起来的、经由支付网关的加密通信通道，给商家服务器回送确认后的通过信息及支付结算信息，并进一步为客户回送支付请求授权信息（也可没有）。

（5）银行得到客户传来的进一步授权结算信息后，把资金从客户账号转拨至开展电子商务的商家银行账号上（可以是不同的银行），银行借助金融专网进行结算，并分别给商家、客户发送支付结算成功的信息。

（6）商家服务器接收到银行发来的结算成功信息后，给客户发送网络付款成功的信息和通知。至此，一次典型的网上支付结算流程就结束了，商家和客户可分别借助网络查询自己的资金余额信息，以进一步核对。

3. 网上支付系统的安全特性

（1）使用数字签名和数字证书实现对参与各方的认证。

（2）使用加密技术对业务信息进行加密。

（3）使用消息摘要技术确认业务信息的完整性。

（4）保证业务信息的不可否认性。

（5）能够处理贸易业务中的多边支付问题。

（6）大部分支付过程对交易双方来说应该是透明的。

（7）要保证网上支付结算的速度，应该让交易双方感到快捷。

8.2 电子支付工具

8.2.1 银行卡

1. 银行卡的概念与分类

银行卡是指经批准由商业银行（含邮政金融机构）向社会发行的具有消费信用、转账结算、存取现金等全部或部分功能的信用支付工具。银行卡减少了现金和支票的流通，使银行业务突破了时间和空间的限制，发生了根本性变化。银行卡自动结算系统的运用，使"无支票、无现金社会"的梦想成为现实。

银行卡的分类方式一般有以下几种。

（1）按是否具有透支功能分为信用卡和借记卡（见表 8-1）。

表 8-1　银行卡的分类

信用卡（可以透支）	贷记卡是指发卡银行给予持卡人一定的信用额度，持卡人可在信用额度内先消费、后还款的信用卡
	准贷记卡是指持卡人须先按发卡银行要求交存一定金额的备用金，当备用金账户余额不足支付时，可在发卡银行规定的信用额度内透支的信用卡
借记卡（不能透支）	转账卡（含储蓄卡）是实时扣账的借记卡，具有转账结算、存取现金和消费的功能
	专用卡是具有专门用途、在特定区域使用的借记卡，具有转账结算、存取现金的功能。专门用途指在百货、餐饮、饭店、娱乐行业以外的用途
	储值卡是发卡银行根据持卡人要求将其资金转至卡内储存，交易时直接从卡内扣款的预付钱包式借记卡

（2）按照币种不同分为人民币卡、外币卡。

（3）按发行对象不同分为单位卡（商务卡）、个人卡。

（4）按信息载体不同分为磁条卡、芯片（IC）卡。

2. 银行卡的购物流程

通过银行卡进行网上购物主要分为 3 个阶段。

第一阶段，用户进行购物。

（1）用户浏览各类电子商务网站，挑选自己所需的商品或服务。

（2）用户选定商品或服务后，用银行卡与商家进行结算。

（3）商家访问用户所提供银行卡的发卡银行，以对客户的银行卡进行认证。

（4）发卡银行在确认持卡人的身份之后，给商家返回一个确认信息，以提醒商家是否进行交易。

（5）商家通知用户交易是否继续。

第二阶段，用户与商家之间进行转账。

（1）商家供货给持卡人。

（2）商家访问商家所在的开户银行，并向银行提供购物的收据。

（3）商家所在的开户银行访问用户的发卡银行，把相应的货款由持卡人的账户转到商家的账户上。

第三阶段，通知用户所支付的款额，并为用户下账。

发卡银行根据客户购物所支付的款额，为用户下账，并通知用户。至此，利用银行卡结算的交易才算完成。

8.2.2　电子现金

1. 电子现金的概念

电子现金又称数字现金，是一种以数据形式存在的现金货币。它把对应的现金数值转换成为一系列的加密序列数，通过这些序列数来表示现实中各种金额的币值。

要使用电子现金，用户只需在开展电子现金业务的银行开设账户并往账户内存钱，此时在用户对应的账户内就生成了具体的数字现金，然后用户在承认数字现金的商店购物时，从账户划拨数字现金即可。如现在的游戏账户、QQ 账户等都是常见的电子现金。

电子现金表现形式主要有预付卡和纯数字现金两种。通过一个适合于在互联网上进行的实时支付系统，用户可以把现金数值转换成一系列的加密序列数，再使用这些加密序列数来模拟现实中各种金额的币值。用户只要在开展电子现金业务的银行开设账户并在账户内存钱，就可以在接受电子现金的商店购物了。

电子现金应具备的基本特性包括独立性、不可重复花费、匿名性、不可伪造性、可传递性、可分性、可存储性等。

2. 电子现金的支付模型

客户要提取电子现金，必须首先在银行开设一个账户，并提供表明身份的证件。当客户想提取电子现金消费时，客户可以通过互联网访问银行并提供身份证明（通常利用数字证书）。在银行确认了客户的身份后，银行可以向客户提供一定数量的电子现金，并从客户账户上减去相同金额，然后客户可以将电子现金保存到他的电子钱包或智能卡中。电子现金的支付模型如图 8-4 所示，它涉及客户、商家和银行 3 类参与方。

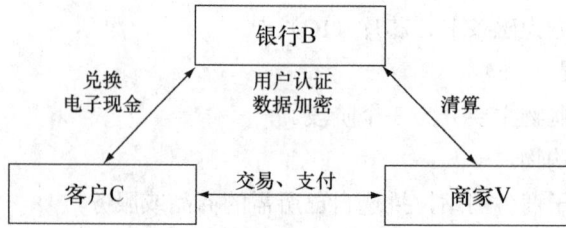

图 8-4　电子现金的支付模型

电子现金的购物流程（见图 8-5）主要包括：（1）买方请求开设电子现金账户；（2）由银行开设用户账号；（3）买方向银行发出购买电子现金请求；（4）银行发放电子现金并签名加密；（5）买方向卖方提交订单和加密的电子现金；（6）卖方向银行提交加密的电子现金；（7）银行通过电子现金库进行核对；（8）银行将确认信息发给卖方；（9）卖方将信息返回买方并确认收款，整个付款流程结束。

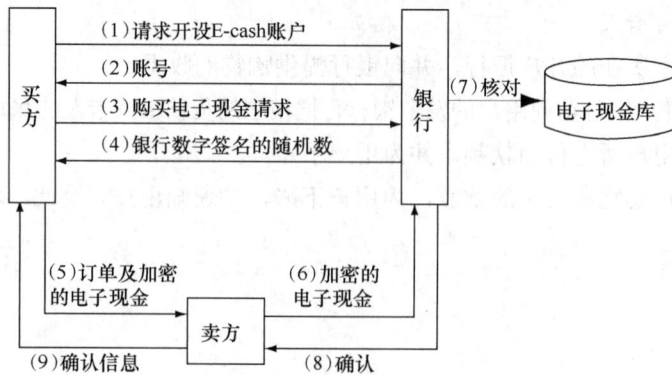

图 8-5　电子现金的购物流程

3. 电子现金系统中使用的密码技术

（1）盲签名：用于实现电子现金的匿名性。

（2）分割选择技术：防止用户伪造电子现金。

（3）零知识证明：实现电子现金的匿名性，而且可实现条件匿名。

（4）认证：电子现金在花费或传递之前必须先进行认证。

（5）离线鉴别技术：其核心是在没有银行等第三方参与的条件下，完成对电子现金真实性的鉴别。

8.2.3　电子钱包

1. 电子钱包的概念

电子钱包是电子商务购物（尤其是小额购物）活动中常用的一种支付工具。严格意义上讲，电子钱包只是银行卡或电子现金支付的一种模式，不能作为一种独立的支付方式，因为其在本质上依然是银行卡支付或电子现金支付。电子钱包的表现形式有两种：一种是智能卡形式，另一种是电子钱包软件形式，这是电子钱包主要的表现形式。

2. 电子钱包的功能与优势

电子钱包的功能包括：存储个人信息（身份证、地址等）、存储电子货币（电子现金、信用卡、电子支票等）、管理电子证书（证书的申请、存储、删除等）、保存交易记录以备日后查询、保障电子交易的安全性。

电子钱包比现金系统具有更高的可靠性、给予用户较强的隐私保护、有利于降低交易成本和管理费用、使发行者获利的范围扩大、有利于银行法定准备金的管理。电子钱包实现了"一卡走天下"。

3. 电子钱包的网上购物步骤

电子钱包的功能和实际钱包一样，可存放信用卡、电子现金、所有者的身份证书、所有者地址，以及在电子商务网站的收款台上所需的其他信息。电子钱包提高了购物的效率，用户选好商品后，只要单击自己的电子钱包就能完成付款过程，电子钱包帮助用户将所需信息（如送货和信用卡）自动输入收款表里，大大加速了购物的过程。

电子钱包的网上购物步骤（见图 8-6）如下。

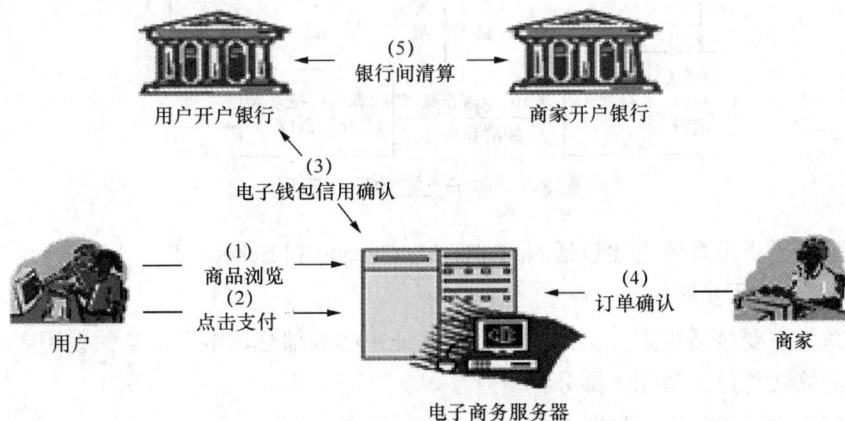

图 8-6 电子钱包的网上购物步骤

（1）客户通过网站浏览商品，与商家达成购销协议并选择用电子钱包支付。

（2）客户点击支付，选定用电子钱包付款并将电子钱包装入系统，输入保密口令并进行付款。

（3）用户开户银行对电子钱包进行信用确认，在信用卡公司和商业银行之间进行应收款项和账务往来的电子数据交换和结算处理。

（4）商家进行订单确认，商家发货并将电子收据发给客户；与此同时，商家留下整个交易过程中往来的财务数据。

（5）商家按照客户提供的电子订货单将货物从发送地点交到客户或其指定人手中，用户确认收货，然后银行间进行货款划拨和清算。

8.2.4 电子支票

1. 电子支票的概念

电子支票是客户向收款人签发的、无条件的数字化支付指令。电子支票是网络银行常用的一种电子支付工具，它是将传统支票改变为带有数字签名的电子报文，或利用其他数字电文代替传统支票的全部信息。

网络银行和大多数银行金融机构通过建立电子支票支付系统，在各个银行之间发出和接收电子支票，向用户提供电子支付服务。

电子支票包含 3 个实体，即买方、卖方及金融机构。在通常情况下，电子支票的收发双方都需要在银行开有账户，让支票交换后的票款能直接在账户间转移，而电子支票付款系统则提供身份认证、数字签名等，以弥补无法面对面地进行交换所带来的缺陷。电子支票目前主要是通过专用网络系统进行传输，其运作流程如图 8-7 所示。

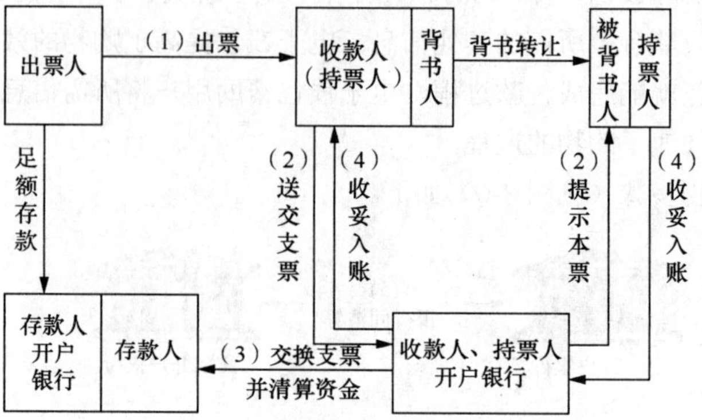

图 8-7　电子支票的运作流程

电子支票型电子货币系统主要包括 NetBill、NetCheque 和 Echeck 等。

2. 电子支票的使用步骤

电子支票系统主要包括买方、卖方、银行及认证中心等部分，电子支票的使用主要包括支票的生成、支付、清算（兑付）等几个部分。

电子支票的工作流程如下（见图 8-8）。

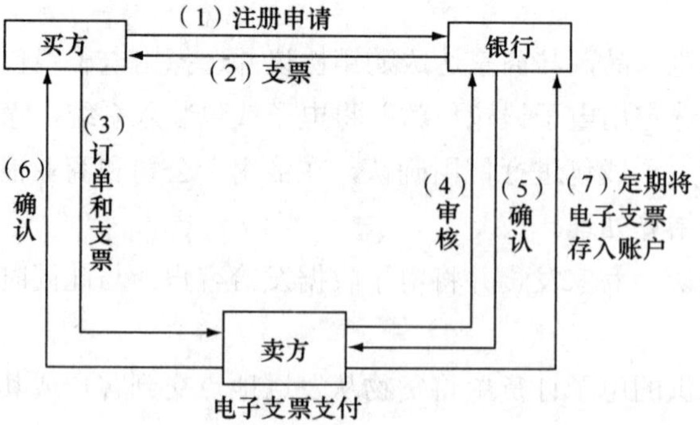

图 8-8　电子支票的工作流程

（1）首先买方需在银行申请注册账户，然后买方与卖方达成购销协议，选择用电子支票支付。

（2）银行授权，将支票信息发给买方。

（3）买方确认订单后，在计算机上填写电子支票，电子支票上包含支付人的姓名、账户名、接收人的姓名、支票金额等。买方用自己的私钥在电子支票上进行数字签名，用卖方的公钥加密电子支票形成电子支票文档发给卖方。

（4）卖方向银行发出对买方支票信息的审核请求。

（5）银行对买方的账户、订单、支票信息进行合法性、有效性的确认，并进行付款银行到收款银行的转账工作。

（6）卖方向买方发送收款确认的信息。

（7）收款银行定期将电子支票存入卖方账户内，整个交易结束。

3. 电子支票的安全方案

（1）电子支票的认证：电子支票是买方用其私钥签署的一个数据文件，接收者（卖方或卖方的开户银行）使用买方的公钥来解密买方的签名。

（2）公钥的发送：发送者及其开户银行必须向接收者提供自己的公钥，提供方法是将他们的数字证书附加在电子支票上。

（3）私钥的保存：电子支票安全支付的关键是私钥的保存，就如同传统纸质支票的安全关键是保证签发支票用的财务印章和财务经理私有印章的安全一样。

（4）银行本票：银行本票由银行发行。发行银行首先产生支票，用其私钥对其签名，并将其证书附在支票上。

8.3 第三方支付

8.3.1 第三方支付概述

1. 第三方支付的概念

所谓第三方支付，就是通过与国内外各大银行签约，并由具备一定实力和信誉保障的第三方独立机构提供交易支持平台。由独立的第三方平台作为中介，在网上交易的卖方和买方之间做一个信用的中转，通过改造支付流程来约束双方的行为，从而在一定程度上缓解彼此对信用的猜疑，增加网上购物的可信度。

在第三方支付平台上进行交易时，买方选购商品后，使用第三方支付平台提供的账户进行货款支付，由第三方支付平台通知卖方货款到达、进行发货；买方检验物品后，就可以通知第三方支付平台付款给卖方，第三方再将款项转至卖方账户。

近年来，随着互联网经济的发展，第三方支付（尤其是互联网支付）的市场规模迅速发展。2019年2月28日CNNIC发布的第43次《中国互联网络发展状况统计报告》显示，截至2018年12月，我国网民规模达8.29亿人，全年新增网民5 653万人，互联网普及率为59.6%，较2017年年底提高3.8%；手机网民规模达8.17亿人，全年新增手机网民6 433万人；网络购物用户规模达6.10亿人，较2017年年底增长14.4%；手机网络购物用户规模达5.92亿人，占手机网民的72.5%，年增长率为17.1%；网络支付用户规模达6.00亿人，较2017年年底增长13.0%。

2. 第三方支付平台的运作流程

买方采用第三方支付平台进行购物或交易时，其运作流程如下。

（1）买方在电子商务网站选购商品，最后决定购买，买卖双方在网上达成交易意向。

（2）买方选择利用第三方支付平台作为交易中介，用借记卡或信用卡将货款划到第三方账户，并设定发货期限。

（3）第三方支付平台通知卖方，买方的货款已到账，要求卖方在规定时间内发货。

（4）卖方收到买方已付款的通知后按订单发货，并在网站上做相应记录，买方可在网站上查看自己所购买商品的状态；如果卖方没有发货，则第三方支付平台会通知买方交易失败，并询问是将货款返回其账户还是暂存在支付平台。

（5）买方收到货物并确认满意后通知第三方支付平台，将货款划入卖方账户，交易完成；如果买方对商品不满意，或认为与卖方承诺有出入，可通知第三方支付平台拒付货款并将货物退回给卖方。

3. 第三方支付的模式

第三方支付平台不仅承担着信用中介的任务，而且还肩负着安全保障和技术支持的作用。根据支付流程不同，我国第三方支付平台大致可分为 3 种模式：账户型支付模式、网关型支付模式和多种支付手段结合模式。

（1）账户型支付模式。这种类型的支付平台一般由电子交易平台独立或者与银行合作开发，并与各大银行建立合作关系，凭借其公司的实力和信誉成为买卖双方中间的担保，再利用自身的电子商务平台和中介担保支付平台吸引商家开展经营业务。国内账户型第三方支付平台的典型代表是"支付宝"。

（2）网关型支付模式。网关型第三方支付平台是没有内部交易功能的，只是银行网关代理的第三方支付平台。所谓支付网关，是指连接银行内部的金融专用网络与公用互联网络的一组服务器，其主要作用是完成两者之间的通信、协议转换和对数据进行加密、解密，以保护银行内部数据安全。国内网关型第三方支付平台的典型代表是"快钱"。

（3）多种支付手段结合模式。多种支付手段结合模式是指第三方电子支付公司利用电话支付、移动支付和网上支付等多种方式提供支付平台的模式。该种模式比起在计算机上的操作，更多的在于其他方式（手机、终端等）的操作，用户可以选择办理卡片进行购物、缴费等，还可以在终端上选择相应的服务，或者是利用手机短信等进行相关操作。其典型代表是"拉卡拉"和"嗖！付"。

表 8-2 和表 8-3 分别列出了 3 种模式的比较及其典型代表。

表 8-2　3 种模式的比较

	账户型支付模式	网关型支付模式	多种支付手段结合模式
优势	承担中介职责，有客户资源，建立信用评价体系，可信度高	起步早，充分了解客户需求	方式多样，不用上网也可完成操作，风险低
客户	个人或中小型商户，面向 B2B、B2C、C2C	为中小型电子商务网站提供在线支付服务，面向 B2C	主要面向个人消费者，主要提供线下服务
盈利	服务费、店铺费、商品展示费等	手续费+年费	手续费+会员费
问题	平台间竞争激烈，认证程序复杂，中介账户有资金滞留吸储嫌疑	单独网关型的收入主要是银行的二次结算获得的分成，一旦商家和银行直接相连，这种模式就会因为附加值低而最容易被抛弃	大部分是线下服务，若当地没有开通此服务或没有相关终端，则无法进行操作
发展	加强与银行、物流、认证中心的合作，将信息流、资金流、物流整合在一起	提供多种增值服务，扩大自己的营销领域；整合电子商务资源，发展成为以支付为基础的行业咨询公司	提供各式各样的增值服务，建立多种会员制，牢牢把握客户

表 8-3　3 种模式的典型代表

模式	举例
账户型支付模式	支付宝、财付通、安付通、贝宝、易宝支付
网关型支付模式	快钱、北京首信易支付、云网支付
多种支付手段结合模式	拉卡拉、嗖!付、缴费易

8.3.2　主要的第三方支付产品

国内外主要的第三方支付产品有支付宝、微信支付、百度钱包、贝宝、中汇支付、拉卡拉、财付通、融宝、盛付通、腾付通、通联支付、易宝支付、中汇宝、快钱、国付宝、物流宝、网易宝、网银在线、环迅支付、汇付天下、汇聚支付、宝易互通、宝付、乐富、银联在线等。

1. 财付通

财付通是腾讯公司于 2005 年 9 月正式推出的专业在线支付平台,致力于为互联网用户和企业提供安全、便捷、专业的在线支付服务。

财付通构建全新的综合支付平台,业务覆盖 B2B、B2C 和 C2C 各领域,提供卓越的网上支付及清算服务。针对个人用户,财付通提供了包括在线充值、提现、支付、交易管理等丰富功能;针对企业用户,财付通提供了安全可靠的支付清算服务和极富特色的 QQ 营销资源支持。除了传统的网上支付业务,财付通还提供信用卡还款业务、"财付券"服务、生活缴费业务、影视博览、游戏充值、话费充值等有特色的服务。

2013 年 8 月 5 日,财付通与微信合作推出微信支付。微信支付是集成在微信客户端的支付功能,用户可以通过手机完成快速的支付流程。微信支付以绑定银行卡的快捷支付为基础,向用户提供安全、快捷、高效的支付服务。自 2017 年 11 月 23 日起,微信支付服务功能在中国铁路客户服务中心 12306 网站上线运行。

视频 8-2

财付通的交易流程如图 8-9 所示。

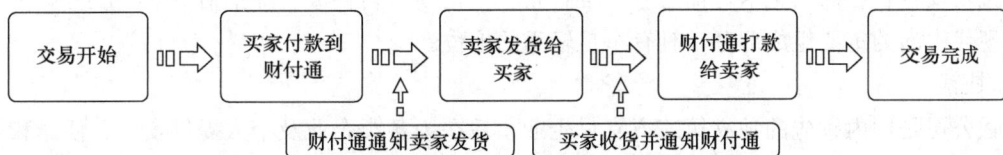

图 8-9　财付通的交易流程

2. 支付宝

支付宝(中国)网络技术有限公司是国内最大的独立第三方支付平台,由阿里巴巴集团创办。支付宝(中国)网络技术有限公司从 2004 年建立开始,始终以"信任"作为产品或服务的核心。它不仅从产品上确保用户在线支付的安全,同时让用户通过支付宝在网络间建立起相互的信任,为建立纯净的互联网环境迈出了非常有意义的一步。

视频 8-3

支付宝致力于为中国电子商务提供"简单、安全、快速"的在线支付解决方案,支付宝的交易流程如图 8-10 所示。国内各大商业银行及 VISA 国际组织等各大机构均与支付宝建立了深入的战略合作伙伴关系。

支付宝的认证方式有手机动态口令、数字证书、支付盾、宝令、工商银行 U 盾等。

3. 银联在线

银联电子支付服务有限公司是中国银联控股的银行卡专业化服务公司，拥有面向全国的统一支付平台，主要从事以互联网等新兴渠道为基础的网上支付、企业 B2B 账户支付、电话支付、网上跨行转账、网上基金交易、企业公对私资金代付、自助终端支付等银行卡网上支付及增值业务，是中国银联旗下的网络方面军。

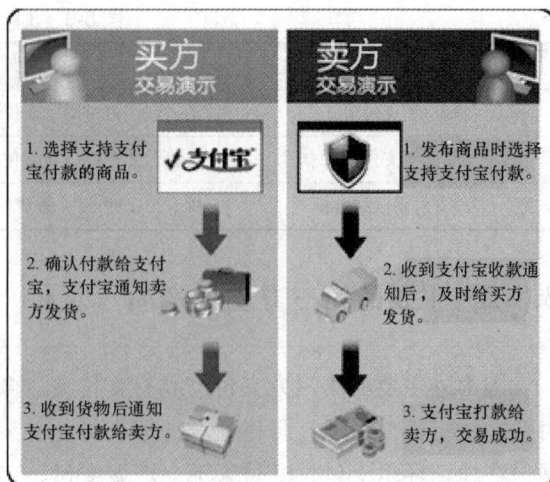

图 8-10　支付宝的交易流程

中国银联全称为中国银联股份有限公司，2002 年 3 月 26 日成立，总部设在上海，是经中国人民银行批准的、由 80 多家国内金融机构共同发起设立的股份制金融机构。

中国银联处于我国银行卡产业的核心和枢纽地位，对我国银行卡产业发展起着基础性作用。各银行通过银联跨行交易清算系统，实现了系统间的互联互通，从而使银行卡得以跨银行、跨地区和跨境使用。围绕着满足国人多元化的用卡需求，在中国银联和商业银行等相关机构的共同努力下，一个范围更广、领域更多、渠道更丰富的银行卡受理环境正在逐步形成。

4. 贝宝

全球范围内电子支付正迅速发展，贝宝这个全世界范围内最大的电子支付平台在全球有超过一亿的注册用户，它可以在全球范围内的 56 个市场中以 6 种货币方式使用。

美国的网上交易中，贝宝支付工具的使用率已达到90%以上，每 10 笔网上交易就有 9 笔是通过贝宝产生的。贝宝可为客户建立账户，账户中的资金可以用于支付，也可以参加贝宝的货币市场储备基金以获取收益，或者转入银行账户。

贝宝还发行自己的借记卡，而且它已准备将贝宝信用卡转换成"虚拟借贷卡"服务。贝宝已成为美国现代生活的重要组成部分，具有举足轻重的地位。

5. 快钱

快钱公司是国内领先的独立第三方支付企业，旨在为各类企业及个人提供安全、便捷和保密的综合电子支付服务。快钱是国内第一家提供基于 E-mail 和手机号码的网上付费平台。

快钱独立第三方电子支付平台与银行之间形成了微妙的互补关系。快钱正是打造了这样一个平台，为各类型电子商务网站及个人用户提供全面、安全、便捷、经济的服务，这种方式正在成为电子商务时代在线支付的主导方式。

8.3.3　第三方支付的安全问题

随着第三方支付的广泛应用，其安全性问题也越来越突出。由于我国在电子支付方面的法律较为滞后，对第三方支付市场监管不够，目前存在的数百家第三方支付产品质量参差不齐，机构员工安全意识薄弱，安全防护措施不够，用户的交易安全和个人信息存在很大的风险。安全问题可以归纳为以下几个方面。

（1）第三方支付机构安全意识薄弱。相对于银行业金融机构，非金融支付机构的安全意识还比较淡薄，还不能充分认识到信息安全面临的形势和信息安全工作的重要性，对支付平台的操作风险、信用风险和法律风险重视不够。领导对信息安全的不重视，就会导致信息安全工作难以开展和不到位。一些员工思想上有麻痹意识，他们认为信息科技引发的案件是科技部门的事，与己无关；认为信息安全案件都是偶然发生的，存在侥幸心理，从而导致安全措施执行不到位、安全制度无法贯彻的现象出现。正是这些安全意识上的薄弱，导致了安全威胁有机可乘。很多信息安全事件往往不是因为技术原因，而是系统运维人员的疏忽或不作为引发的。安全意识薄弱是安全问题发生的根源。

（2）安全管理机构不健全、安全管理制度不完善。多数第三方支付机构还没有形成信息安全组织结构，管理较混乱，安全管理人员配备不足。多数第三方支付机构存在信息安全管理制度还不成体系，没有建立总体方针，安全管理制度和操作规程缺失，安全策略不完整等问题，且已有的安全管理制度也不完善。

（3）安全技术防护能力薄弱。在第三方支付平台建设中，没有充分重视安全技术防护能力的建设，安全技术防护能力薄弱。有些支付系统中没有部署防火墙和 IDS，没有划分安全域，没有安全事件监控、统一防病毒等防护措施；重要数据的传输和存储存在安全隐患，重要网络设备没有进行安全策略配置；应急处理方案不完备，应对和处理危机的能力还比较弱。

（4）应用程序中存在安全漏洞。系统上线前，没有对应用程序进行全面的测评，致使系统存在功能、安全性及性能方面的问题。通过对第三方支付系统应用程序的检测，可以发现大部分安全隐患，如 SQL 注入漏洞、跨站点脚本漏洞、网络钓鱼及登录方式不安全等。这些安全隐患可以被不法分子利用，窃取系统数据或用户的敏感信息，给第三方支付平台和用户造成严重损失。

（5）个人信息不能得到保护。有些第三方支付平台要求用户提供真实姓名、联系方式、住址、银行账号甚至身份证号，但个别网站在设计上存在问题，致使这些信息很容易被泄露。第三方支付平台隐私政策不合理，免责条款过多，用户为了使用其服务只能同意该条款，导致发生问题时维权艰难。第三方支付机构除了应采用技术手段对个人信息进行保护之外，还应该以公文、政策或公告的方式，在网站上公开对用户信息的安全进行承诺。

由于第三方支付具有信息化、国际化、网络化、无形化的特点，电子支付所面临的风险扩散更快、危害性更大。一旦金融机构出现风险，很容易通过网络迅速在整个金融体系中引起连锁反应，引发全局性、系统性的金融风险。因此必须采取措施，从宏观监管、行业自律、微观内控 3 个方面防范第三方支付金融风险，对第三方支付金融风险加强防范，促进第三方支付的健康发展。

8.4 网上银行

8.4.1 网上银行的概念

1. 网上银行的定义

现代银行业是一个信息密集型行业，随着互联网技术的不断发展进步，银行的组织结构、功能和服务手段都发生了深刻的变化，传统银行的变化集中体现在网络银行这一新事物的诞生上。网络银行以独特的运营机制、便捷的服务和优质的信息管理机制赢得了广大客户的青睐。同样，网络银行的茁壮发展也冲击着传统银行业的改革。

视频 8-4

网上银行又称在线银行，也称网络银行，是指银行利用互联网或其他专用网络，为银行客户在网上提供开户、销户、支付、转账、查询、汇款、网上证券、投资理财等传统服务项目。客户足不出户就能够安全快捷地办理银行业务。

图 8-11 所示为中国农业银行的个人网上银行。

图 8-11 中国农业银行的个人网上银行

网上银行通过支付网关（防火墙或其他隔离设备）将互联网用户的客户端链接到银行专用网络（网上银行中心），从而达到将银行专用网和互联网信息隔离的作用，以保障银行专用网信息安全和客户通信安全。图 8-12 所示为网上银行的网络连接图。

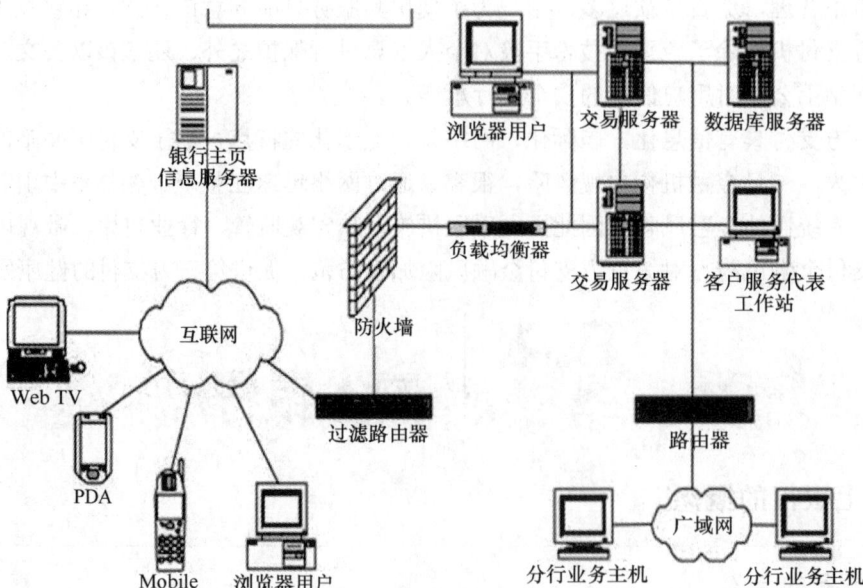

图 8-12 网上银行的网络连接图

2. 网上银行的产生与发展

随着互联网的快速发展，特别是 Web 的广泛应用，越来越多的企业和个人选择在网上进行商业交易，开辟了一种新的商业交易方式，也就是电子商务。要实现真正意义上的电子商务，网上支付是必然趋势，也就是说电子商务发展促进了网上银行的发展。另外，在信息化时代背景下，传统银行走向互联网，也是网上银行产生的内动力。

1995 年 10 月 18 日，全球第一家计算机网络银行在美国正式开业，通过全球最大的计算机网络"交互网络"向个人客户提供每周 7 天、每天 24 小时不间断的银行业务服务，该银行名为"安全第一网络银行"。

自 1996 年中国招商银行打破传统银行结算方式，率先在国内推出网上银行业务以来，国内各大商业银行纷纷出手，相继加入了网上银行业务的角逐。经过 20 多年的发展，我国网上银行交易额规模与用户规模均实现了大幅度增长。从 2018 年 3 月 15 日，中国银行业协会正式对外发布的《2017 年中国银行业服务报告》来看，2017 年网上银行交易达 1 171.72 亿笔，同比增长 37.86%；交易金额达 1 725.38 万亿元，同比增长 32.77%；网上银行个人客户达 14.31 亿户，同比增长 17.32%；企业客户达 0.29 亿户，同比增长 9.56%。得网银者得天下，网上银行已成为各家银行争夺市场的有力武器。

3. 网上银行与传统银行的比较

网上银行具有全球化、无分支机构化、开放性与虚拟化、智能化、创新化、有亲和力等特点，与传统银行相比，网上银行在很多方面有很显著的提升。

（1）提高了金融服务质量。网上银行方便、快捷、高效的服务更能满足客户的多样化需求。目前客户的需求越来越多样化，而且对效率等提出了很高的要求，通过网上银行，上网客户可以在家里开立账户，进行收付交易，省去了跑银行、排队等候的时间，减少了银行服务的中间环节。

（2）打破了地域的局限。以往银行投入大笔资金开设分行，客户往往只限于固定的地域，而网上银行则打破了地域的局限，可以永久地留住客户。

（3）拓宽了金融服务领域。目前银行所提供的服务，无论是分行、ATM 或电话语音，都难以像网上银行一样提供多元化、交互性的信息服务，网上银行还可以帮助企业实现在线理财、对公账务实时查询、网络转账、国际收支申报等广泛的金融服务。

（4）大大降低了服务成本。网上银行可以减少固定网点数量和银行工作人员数量，从而使银行的投入与经营成本大大减少。

（5）网上银行系统简单易用、便于升级维护。在网络服务中，客户处于中心地位，客户使用网上银行服务不需要特别的软件，甚至无须任何专门的培训，只要有一台计算机并可以联入互联网即可。入网后，用户可按照网上银行网页的提示进入自己所需的业务项目，处理个人业务。

银行在升级应用系统或安装新产品时只需简单地更新或升级服务器应用程序即可，而无须对客户端做任何变动。

8.4.2 网上银行的组成与业务流程

1. 网上银行系统的组成

图 8-13 所示为网上银行系统的结构图，从软件系统的角度来讲，网上银行由客户机前台子系统、银行端后台业务处理子系统、支付密码管理子系统、通信子系统和保密子系统等组成。

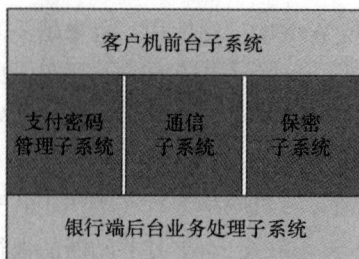

图 8-13　网上银行系统的结构

（1）客户机前台子系统。它接受用户的查询、交易的请求，显示查询、交易结果，可以进行操作员的管理，以及管理客户端本地数据库。

（2）银行端后台业务处理子系统。接受客户端发来的查询和交易请求，对交易进行支付密码的校验，在通过安全性检查后，与银行主机进行通信，查询公司业务数据库或者进行公司业务的账务处理，把查询或者账务处理的结果返回客户端，并进行相应的制单操作。

（3）支付密码管理子系统。提供校验函数进行支付密码正确性校验，返回校验结果。支付密码器的管理包括密码器机具和密码器账号的管理、客户密钥的管理，以及日志查询与打印。

（4）通信子系统。通信子系统是指企业银行客户机与企业银行前置机之间的通信，并提供企业银行前置机的通信监控管理软件，负责显示、控制当前的通信及通信日志的管理。

（5）保密子系统。它提供一整套的保密通信方案，包括通信双方的身份认证、数据的加密，以及通信报文的认证。尤其是在公用网络上传输和在银行外部处理时，必须保证机密信息不被非法篡改与信息源和信息窗的不可否认。一般采用位数较高的 RSA 安全认证技术，对电子信息进行数字签名，保证网上企业银行系统的安全可靠。

2. 客户开户流程

网上银行客户开户时，除持有证书外，还要到柜台签约。使用网上交易的客户开户和申请证书的流程如下。

（1）客户使用浏览器通过互联网登录到网银中心的"申请服务器"上，填写开户申请表，提交申请。

（2）网银中心将开户申请信息通过内部网以电子邮件形式发送到签约柜台。

（3）客户持有效身份证件和账户凭证到签约柜台办理签约手续，签约柜台核实客户有效证件及账户凭证的真实性，同时参照网银中心传来的客户开户申请，核实客户的签约账户申请信息。之后，将核实的客户信息通过电子邮件或传真等方式返回网银中心。

（4）网银中心根据签约柜台核实后的邮件（传真件），进行申请的初审和复审。审核通过后，网银中心录入复审后的申请客户信息，为其生成证书申请，再通过内部网以邮件方式发送到 CA。

（5）CA 为客户申请签发证书，并将证书放置到客户从互联网上可以访问到的目录服务器上。然后 CA 认证中心通知网银中心，网银中心通过邮件通知客户从指定地址下载 CA 证书。

（6）客户下载并安装 CA 证书后，即可进入网上银行系统，进行网上交易。

3. 网上银行的交易流程

网上银行的具体交易流程如下。

（1）网上银行客户使用浏览器通过互联网连接到网银中心，并发出网上交易请求。

（2）网银中心接收、审核客户的交易请求，经过通信格式转换，然后将交易请求转发给相应成员行的业务主机。

（3）成员行业务主机完成交易处理，并返回处理结果给网银中心。

（4）网银中心对交易结果进行再处理后，返回相应信息给客户。

8.4.3　网上银行风险与防范措施

银行本质是经营风险的企业，提供服务的过程中必须管控好各类风险，才能更好地为用户服务。因此，网上银行的风险亦不可忽视，近年来与网上银行相关的操作风险和客户因办理网上银行业务而造成损失的事件也频频发生。

1．网上银行的风险

（1）技术安全风险。网上银行面临的技术安全风险主要有以下 4 个方面。一是网上银行客户端安全认证风险。网上银行客户端使用证件号码、用户名和密码登录，一旦用户计算机感染病毒、木马或者被黑客攻击，如果没有进行安全认证，网上银行用户所做的所有操作，都会被发送至控制用户计算机的服务器后端。二是网络传输风险。网上银行和用户之间通过网络进行数据传输来处理业务，因此在数据传输过程中要求进行加密处理。三是系统漏洞风险。网上银行应用系统和数据库在技术上依然存在一些系统漏洞和隐患，这些漏洞往往会被黑客、计算机病毒所利用，对网上银行系统造成很大的信息安全风险。四是数据安全风险。网上银行的数据要求绝对安全和保密，用户信息的丢失、泄露和被篡改都会使客户和银行产生不可估量的损失。

（2）管理安全风险。网上银行面临的管理安全风险主要有以下 3 个方面。一是系统应急风险。银行在系统建设和运行中，应不间断地按照业务运行应急计划进行演练，制定应对电力中断、地震、洪水等灾害的措施，加强系统运行的稳健性。二是内部控制风险。网上银行的内控制度指对网上银行日常运行处理过程进行流程或制度规范，一旦执行不到位，将会造成网上银行在运行或者业务操作中出现问题。三是外包管理风险。网上银行在快速发展过程中，由于银行专业人才不足，在系统开发、运行维护过程中，很多是通过购买第三方外包服务的方式来获得网上银行技术支持的。

（3）链接服务风险。链接服务风险主要指网上银行链接不到足够的其他电子商务网站，银行无法为客户在网上消费提供支付服务，造成客户转移注册，并可能最终导致银行收益损失。在客户决定着网上银行能否生存的情况下，客户在网上消费到哪里，所注册的网上银行就应跟踪链接到哪里。

（4）法律风险。同传统银行相比，网上银行有两个十分突出的特性：一是它传递信息包括契约采用的是电子化方式；二是它体现了互联网的平等、开放、协作、共享精神，其业务和客户随着互联网的延伸可达世界的每个角落。这就向传统的基于地理空间和纸质合约基础上的法律法规提出了挑战。目前与网上银行相关的法律法规还不够完善，相关的制度规范和约束机制还不够健全，相对规范的法制环境需要进一步优化。

2．网上银行风险的防范措施

（1）加强系统安全性。网上银行风险防范的关键环节就是网上银行系统的安全性。银行应定期从物理安全、逻辑安全、管理安全、操作系统安全、联网安全、客户端安全等几个方面对网上银行进行入侵检测和网络渗透检测，防范系统被入侵和攻击。

（2）完善内部控制体系。网上银行信息系统的内部操作人员对系统及其权限更为了解，所以网上银行系统更容易受到银行内部人员的侵扰。因此，银行更应注重加强内控管理，防止来自内部的风险隐患。银行应建立有效的内部控制体系，建立系统维护制度、信息保密制度、数据备份制度、人员管理制度、风险预警制度、重大事项报告制度等规范，确保网上银行系统有序正常运行。

（3）加强外包服务管理。中小银行的网上银行在开发和维护上采取外包模式，考虑到网上银行数据的重要性，加强系统外包服务管理就显得尤为重要。加强外包服务管理主要包括选择长期可靠的网上银行外包服务商、做好外包技术服务商的合同管理、确保银行重要数据的安全性、对外包服务人员严格管理等。

（4）制订应急计划。网上银行系统运行需要有其他相关的业务系统支持，如网银转账需要调用银行核心系统，网上支付需要调用大小额支付系统等。当出现系统故障或者发生不可抗力时，每一个环节的停顿都可能对整个业务的连续性带来影响。因此，银行应该制订详细的网上银行业务运行应急计划。

（5）完善事前、事中和事后防御机制。事前预防阶段，银行要做好自身的安全防御措施，重点加强钓鱼网站的早期发现，阻止钓鱼网站蔓延，防御客户端安全隐患；事中监控阶段，银行要针对网银认证和交易，分辨并且阻止非法交易进行；事后审计阶段，银行可通过网银交易审计系统保持完整交易记录，追查攻击者来源。

（6）提高客户防范意识和能力。当前面临的最大问题不是技术上的漏洞，而是客户操作上的风险。因此，银行急需加强对客户有关安全使用网银的宣传和教育，重点包括对使用网上银行的客户进行风险提示和安全教育，以及进行安全上网行为的宣传和引导等。

（7）要加强对申请签约客户的资格审查。加强对网上银行客户的身份验证、加强对网上银行客户的操作范围和流程监督。

（8）用户自身要提高安全防范意识。网上银行的安全事关每一个用户的财产安全，除了银行对用户进行网上银行安全的宣传、推广和教育以外，用户自身也要提高安全防范意识，经常关注网上银行的一些使用常识和金融安全知识。如果网上银行用户能在安全意识上有所加强，使用网上银行的过程中时刻保持清醒的头脑，那么很多网上银行的风险事件其实是可以避免的。

课后习题

一、填空题

1．在第三方支付模式中，支付宝属于（　　　）型支付模式。

2．（　　　）是一种以数据形式流通的货币，它是把现金数值转换成一系列的加密序列数，通过这些加密序列数来表示现实中各种金额的币值。

3．（　　　）是在小额购物或购买小商品时常用的新式钱包，它如同现金一样，一旦遗失或被窃，里面的金钱价值不能重新实现，也就是说持卡人必须负起管理上的责任。

4．ATM卡是通过（　　　）介质来储存信息的。

5．在使用电子钱包时，把（　　　）安装到电子商务服务器上，利用电子钱包服务系统就可以把各种电子货币或电子金融卡上的数据输入进去。

6. 在线商店向银行请求支付授权时，信息通过（　　　）从互联网传给收单银行。

7. 中国第一家网上银行是（　　　）。

8. 电子支付方式可以分为（　　　）、（　　　）、（　　　）三大类。

二、选择题

1. 以下选项中不属于电子支付安全问题的是（　　　）。

    A．缺乏相应支付系统的支持　　　　　　B．黑客入侵

    C．内部作案　　　　　　　　　　　　　D．密码泄露

2. 电子支付具有以下特征，其中错误的是（　　　）。

    A．电子支付是采用先进的技术通过数字流转来完成信息传输的

    B．电子支付的工作环境是基于一个封闭的系统平台之中

    C．电子支付使用的是最先进的通信手段

    D．电子支付具有方便、快捷、高效、经济的优势

3. 电子支付指的是电子交易的当事人，使用安全电子支付手段通过网络进行的（　　　）。

    A．现金流转　　　　　　　　　　　　　B．数据传输

    C．货币支付或资金流转　　　　　　　　D．票据传输

4. 在电子现金的支付过程中，E-cash 结算是在商家和（　　　）之间。

    A．用户　　　　　B．E-cash 银行　　　　C．电子银行　　　　D．网上银行

5. 使用电子钱包的支付过程是（　　　）。

    A．电子信用卡→电子钱包→电子商务服务器→信用卡公司或商业银行

    B．电子钱包→电子信用卡→电子商务服务器→信用卡公司或商业银行

    C．电子钱包→电子信用卡→商户服务器→信用卡公司或商业银行

    D．电子信用卡→电子钱包→商户服务器→信用卡公司或商业银行

6. 全球第一家网络银行产生于（　　　）。

    A．1980 年　　　　B．1990 年　　　　C．1995 年　　　　D．1993 年

7. 目前，电子支付存在的最关键的问题是（　　　）。

    A．技术问题　　　　B．安全问题　　　　C．成本问题　　　　D．观念问题

8. 出于安全性考虑，网上支付密码应该是（　　　）。

    A．用字母和数字混合组成　　　　　　　B．用银行提供的原始密码

    C．用常用的英文单词　　　　　　　　　D．用生日的数字组成

三、名词解释

1. 电子货币与电子现金

2. 信用卡与借记卡

四、简答题

1. 什么是电子支付？电子支付有哪几种方式？电子支付与传统支付方式相比有哪些特征？

2. 什么是网上银行？网上银行具有哪些功能？

3. 什么是支付网关？其有什么功能？

4. 比较国内外网上第三方支付产品，分析它们的特色与功能。

案例分析

第三方支付整体安全解决方案

方案背景

随着互联网时代的到来及各种交易业务的蓬勃发展，交易方式日益丰富（支付宝、百付宝、微信支付等新兴交易方式），涉及客户人群愈来愈多。

但在用户享受便捷交易的同时，网络支付也面临安全问题的挑战，诸如身份真实性问题，交易过程中数据被篡改、伪造、抵赖等问题，业务合规性问题，如何确保符合电子签名法和有关监管机构规定问题，等等。

CFCA作为金融行业信息安全服务提供商，凭借多年对信息安全研究和积累的经验，提出了第三方支付系统网络支付安全解决方案。

需求分析

（1）遵循相关标准规范，能够被法律认可。确保电子交易、签名的法律效力，可以被监管机构、司法界接受。

（2）安全可靠的技术方案，规避业务风险。如防被伪造、防被篡改、防被窃取、防被滥用。

（3）方案成本可控、易于实施。签名应用的投入与回报合理，成本可控。方案可行易用、对现有系统最小化改造、易实施、易扩展。

解决方案

（1）构建第三方支付网络信任环境。基于可信第三方CA颁发的数字证书，采用数字签名技术。提供第三方支付从开户、身份验证、交易签名及可信凭证等全流程交易的安全保障。

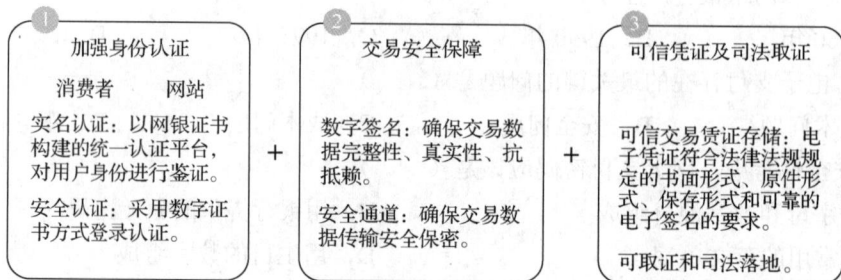

```
① 加强身份认证                    ② 交易安全保障              ③ 可信凭证及司法取证

   消费者    网站

   实名认证：以网银证书           数字签名：确保交易数        可信交易凭证存储：电
   构建的统一认证平台，     +     据完整性、真实性、抗   +    子凭证符合法律法规规
   对用户身份进行鉴证。           抵赖。                      定的书面形式、原件形
                                                              式、保存形式和可靠的
   安全认证：采用数字证           安全通道：确保交易数        电子签名的要求。
   书方式登录认证。               据传输安全保密。
                                                              可取证和司法落地。
```

（2）总体架构。

◇ 部署RA系统为第三方支付平台用户申请、发放数字证书。

◇ 部署数字签名服务器，实现用户身份认证、交易业务签名验证等功能。

◇ 通过统一认证前置与CFCA统一认证平台交互，实现用户身份鉴别。

◇ 客户端部署安全中间件、安全输入开发套件等产品，实现用户登录、交易数据签名等功能。

◇ 手写签名系统提供移动端对电子协议签署的完整性保护，具有防抵赖性，能够表达客户意愿及符合用户习惯。

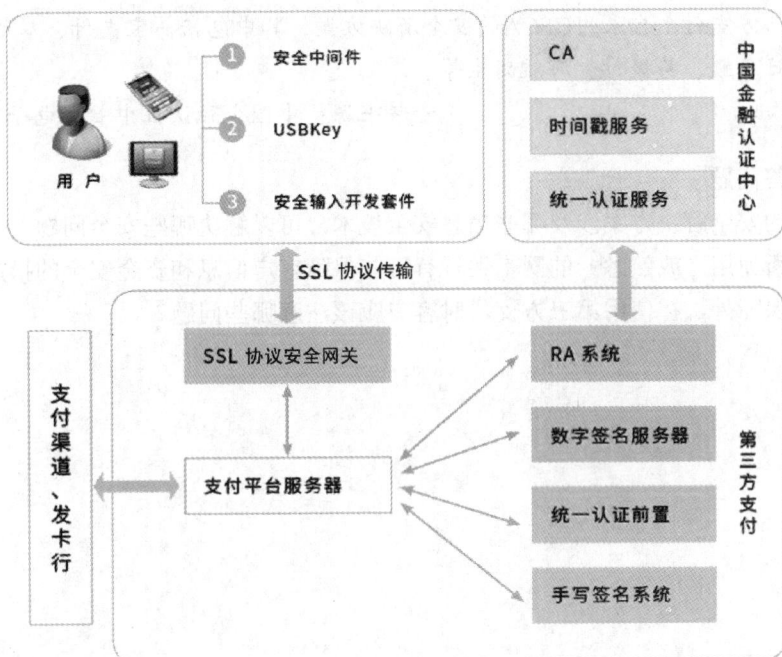

（3）基于统一认证平台实现用户身份鉴证。CFCA作为金融领域权威的第三方机构，提供基于网银证书、银行卡、公安权威身份库等多种方式的认证服务。

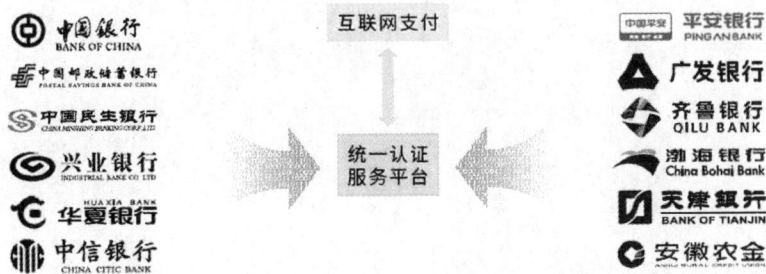

解决方案优势

（1）合规性遵循，符合电子签名法等法律法规要求。

（2）支持多种用户身份辨别方式，满足支付公司业务需求。

（3）使用存量网银证书进行在线身份认证，简单有效。

（4）丰富的行业解决方案优势及服务优势。

成功案例

超过20家第三方支付平台采用CFCA的安全解决方案，其中包括易宝支付、本元支付、网汇通、快钱、畅捷通、日日顺、易极付、海航新生等。

（资料来源：中国金融认证中心，电子商务解决方案）

根据案例回答问题

（1）案例中的安全解决方案涉及哪些信息安全技术，可以解决哪些安全问题？

（2）说说你所使用（或熟悉）的网上银行有哪些保障客户信息和资金安全的措施。

（2）除技术保障外，在使用第三方支付时客户应该注意哪些问题？

本章主要内容

- ◇ 移动电子商务安全概述
- ◇ 移动电子商务的安全技术
- ◇ 移动支付与安全

本章学习方略

- ◇ 本章重点内容
- (1) 移动电子商务的安全问题。
- (2) 移动电子商务的安全技术。
- ◇ 本章难点内容
- (1) 无线网络技术与安全。
- (2) 移动支付的问题与对策。

案例导入

二维码诈骗又有新套路了

扫码，已成为很多客户习以为常的移动支付方式。但您是否想过，扫二维码，这个不经意的动作也有可能带来巨大的财产损失呢？近来，二维码诈骗新方式不断涌现，如何识别、如何防范？本期主持人就和您聊聊这件事。

问：二维码诈骗有哪些新方式？

主持人：最新的二维码诈骗方式是，谎称客户快递丢失。客户会接到陌生电话，对方自称为某快递公司员工，不慎将客户的快递包裹丢失，报出的姓名、地址乃至快递单号，都与客户购买但尚未收到的购物包裹相符。然后，对方会要求添加客户为微信好友，称要通过转账方式全额赔偿。接下来，这个所谓快递公司员工会发来一个退款二维码，客户一旦扫描，与移动支付相关联的银行卡中的余额就会被转走。

与快递丢失相似的新诈骗套路是退款理赔，只不过这针对的是客户已经完成并收到商品的电子商务交易。对方或自称是网店员工，或自称是电子商务平台员工，表示客户此前购买的商品被查出是假货，现在需要退款理赔。接下来的套路则十分相似，先提供客户的真实购买记录以博取信任，然后发来二维码，客户一旦扫描，银行卡中的余额就会被转走。

问：如何防范这些诈骗新方式？

主持人：二维码诈骗的关键环节，就是诈骗者利用非法手段取得了客户个人隐私信息。中国互联网协会信用评价中心法律顾问赵占领称，电子商务网站已成为个人信息被泄露的重灾区。这是因为完成电子商务购买交易，需要客户填写大量真实的个人信息。直营的电子商务网站、独立网店和快递公司，都能掌握客户的这些信息。无论是内部人员的盗卖，还是被黑客攻击，都有可能造成信息泄露，诈骗分子就是利用这些信息实行诈骗的。

考虑到"618"大促销即将来临，新的二维码骗术也有可能迎来高发期，客户要保护好自己的隐私信息，如在购买商品时不用填写真实姓名，丢弃快递单时也要对敏感信息做出处理。一旦接到类似电话，要通过官方渠道确认核准，无论是自称快递公司还是网店的陌生来电，一定要回拨对方的官方电话核实。对陌生人要提高警惕，不要轻易相信对方的说辞。

同时，客户应尽可能安装最新版本的手机安全软件。这样，一旦二维码中藏有钓鱼网站或木马，客户便能够得到及时提示。发现钱款被转走，也不要慌张，要及时报警。从目前来看，在很多情况下，钱款并不能直接转给其他人，而是会先被转入诈骗分子预先在互联网金融平台上开设的理财账户，如果处理及时，还有追回可能。

（资料来源：中国经济网，2018-06-25）

随着手机使用的普及和无线应用技术的发展，电子商务发展趋向于一种新兴的电子商务模式——移动电子商务。移动电子商务作为一种移动互联的贸易方式，它拥有更为广泛的用户基础，势必将成为全球具有战略意义的贸易手段和信息交换的有效方式。移动电子商务的诸多优势加快了中国的经济发展，提高了人们的工作效率，但安全问题仍是影响移动电子商务发展的难题之一。

本章首先介绍移动电子商务的安全问题、安全策略等，再重点介绍移动电子商务的安全技术，主要包括 5G 移动通信系统安全体系、无线局域网安全技术、蓝牙安全技术等，最后针对移动支付的安全问题与对策进行分析。

9.1 移动电子商务安全概述

9.1.1 移动电子商务的安全问题

第 43 次《中国互联网络发展状况统计报告》显示，截至 2018 年 12 月，网络购物用户规模达 6.10 亿人，较 2017 年年底增长 14.4%；手机网络购物用户规模达 5.92 亿人，占手机网民的 72.5%，年增长率为 17.1%。

移动电子商务发展的基石是安全问题，相对于传统的电子商务模式，移动电子商务的安全性更加薄弱。移动电子商务主要存在的安全问题有以下几个方面。

（1）无线网络自身的安全问题：无线网络由于自身的限制，在给无线用户带来通信方便性和灵活性的同时也带来了诸多不安全因素。例如，容易遭到窃听、身份被假冒、基站与移动服务中心的通信受到攻击等。

（2）移动设备的不安全因素：主要表现在用户身份、账户信息和认证密钥丢失，移动设备被攻击和数据被破坏，SIM 卡被复制，射频识别（Radio Frequency Identification，RFID）被解密等方面。例如，不法分子取得用户的移动设备，并从中读出移动用户的资料信息、账户密码等就可以假冒用户身份进行一些非法活动。

（3）手机病毒造成的安全威胁：包括用户信息、银行账号和密码等被窃；传播非法信息；破坏手机软硬件，导致手机无法正常工作；造成通信网络瘫痪。而移动设备相关清除病毒软件才开发出来不久，不能保证所有移动设备不受病毒的侵害。

（4）移动电子商务平台运营管理漏洞造成的安全威胁：随着移动电子商务的发展，移动电子商务平台林立。大量移动电子商务运营平台对于如何管理、如何进行安全等级划分、如何确保安全运营，还普遍缺少经验。移动电子商务平台设计和建设中做出的一些技术控制和程序控制缺少安全经验，这就需要在运营实践中对移动电子商务安全内容进行修正和完善。

（5）移动电子商务应用的相关法律和制度不健全：移动电子商务是虚拟网络环境中的商务交易模式，较之传统交易模式更需要政策法规来规范其发展。现有的法律对新的电子商务模式不能有效适应，这也为移动电子商务活动带来问题，造成责任不清、无法可依。

9.1.2 移动电子商务的安全策略

移动安全技术在移动电子商务活动中保护着商家和客户的重要信息，维护着电子商务系统的信誉和财产。所以，需要提高移动电子商务的安全技术防范能力，才能充分提高移动电子商务的可用性和可推广性。提高移动电子商务的安全技术防范能力可以采取的方法是吸收传统电子商务的安全防范措施，并根据移动电子商务的特点，开发高效的安全策略。

（1）端到端的安全。端到端的安全是要求保护移动电子商务中每个连接端口，确保数据从传输点到最后目的地之间所有端口的安全，包括传输过程中的每个阶段。移动电子商务包括许多不同的设备，它们运行不同的操作系统且采用不同标准，因此安全性已经成为更加复杂的问题。这就需要制定相应的规范，规定各终端安全标准。

（2）采用无线公共密钥技术。WPKI 即"无线公开密钥体系"，它是将互联网电子商务中 PKI 安全机制引入到无线网络环境中的一套遵循既定标准的密钥及证书管理平台体系，用它来管理在移动网络环境中使用的公开密钥和数字证书，能够有效建立安全和值得信赖的无线网络环境。加密密钥与解密密钥各不相同，发送信息的人利用接收者的公钥发送加密信息，接收者再利用自己专有的私钥进行解密。这种方式既保证了信息的机密性，又能保证信息具有不可抵赖性。

（3）加强身份认证和移动设备识别管理。在移动电子商务的交易过程中加强移动电子商务用户的身份认证管理和用户的移动设备识别管理，使移动设备与用户身份一一对应，保证每个用户的访问与授权的准确性和使用移动设备的唯一性。交易过程采用实名身份认证并设置交易移动设备，可以增强移动电子商务交易的安全性，保证交易双方的利益不受到侵害。在管理过程中要注意设置移动电子设备使用密码，防止在移动设备丢失时产生的不必要的损失。

（4）使用病毒防护技术。开发和使用移动设备病毒防护软件，并经常更新及查看最新的移动设备病毒信息，定期清理移动设备中的病毒，可以防止处于潜伏期的病毒突然爆发，使移动设备始终处于良好工作状态。

（5）规范移动电子商务行业管理。为了保证移动电子商务的正常、安全运作，需要建立移动电子商务的行业安全规范，明确在移动电子商务交易过程中的各主体责任，提高移动电子商务主体的安全意识，营造移动电子商务行业的整体诚信意识、风险营销意识和安全交易意识。把技术性安全措施、运营管理安全措施和交易中的安全警示进行整合，以形成一个整合的、安全的移动电子商务运营和防御策略，确保用户免受安全威胁。通过移动电子商务安全规范的建设，建立整个交易过程的良性互动机制，促进移动电子商务的健康发展。

（6）完善移动电子商务相关法律。移动电子商务较之传统电子商务模式更需要政策来规范其发展。国家应逐步建立移动电子商务相关法律和制度，明确行业的发展策略和政策导向，保障移动电子商务的公平竞争环境。只有用法律来保障双方的交易，才能使用户改变固有的交易方式，使用更加方便快捷的移动电子商务。使用法律手段，是现阶段有效解决移动电子商务安全问题所必需的。有法可依、有法必依，才能使企业正常开展对移动电子商务安全体系的研究工作，才能保障移动电子商务的安全体系成型。

9.2 移动电子商务的安全技术

9.2.1　5G移动通信系统安全体系

1. 移动通信技术的发展

回顾移动通信的发展历程，每一代移动通信系统都可以通过标志性能力指标和核心关键技术来定义。其中，1G采用频分多址（FDMA），只能提供模拟语音业务；2G主要采用时分多址（TDMA），可提供数字语音和低速数据业务；3G以码分多址（CDMA）为技术特征，用户峰值速率的范围是2Mbit/s～10Mbit/s，可以支持多媒体数据业务；4G以正交频分复用多址（OFDMA）技术为核心，用户峰值速率的范围是100Mbit/s～1Gbit/s，能够支持各种移动宽带数据业务。

5G需要具备比4G更高的性能，支持0.1～1Gbit/s的用户体验速率，每平方千米一百万的连接数密度，毫秒级的端到端时延，每平方千米数10Tbit/s的流量密度，每小时500km以上的移动性和每平方千米数10Gbit/s的峰值速率。其中，用户体验速率、连接数密度和时延为5G最基本的3个性能指标。同时，5G还需要大幅提高网络部署和运营的效率，相比4G，频谱效率提高5～15倍，能效和成本效率提高百倍以上。

5G的核心技术，在无线技术领域，如大规模天线阵列、超密集组网、新型多址和全频谱接入等技术已成为业界关注的焦点；在网络技术领域，基于软件定义网络（SDN）和网络功能虚拟化（NFV）的新型网络架构已取得广泛共识。此外，基于滤波的正交频分复用（F-OFDM）、滤波器组多载波（FBMC）、全双工、灵活双工、终端直通（D2D）、多元低密度奇偶检验（Q-ary LDPC）码、网络编码、极化码等也被认为是5G重要的潜在无线关键技术。

2. 5G的网络架构

5G通过基础设施平台和网络架构两个方面进行技术创新和协同发展。基础设施平台方面，通过NFV和SDN虚拟化技术，解决现有基础设施成本高、资源配置不灵活、业务上线周期长的问题。网络架构方面，基于控制转发分离和控制功能重构，简化结构，提高接入性能。5G网络架构如图9-1所示。

视频9-1

（1）接入平台。接入平台是多种无线接入技术RAT融合，包括传统的D-RAN（分布接入网）接入、Wi-Fi、宏站，以及C-RAN（云接入网）、D2D（终端之间通信）、MTC（机器类通信）接入，主要是为了满足5G多样化的无线接入场景和高性能指标要求，为用户提供差异化服务能力。

接入平台的基站间交互能力增强，有更为灵活的资源调度和共享能力。通过综合利用分布式和集中式组网机制，可实现动态灵活的接入控制、干扰控制、移动性管理。

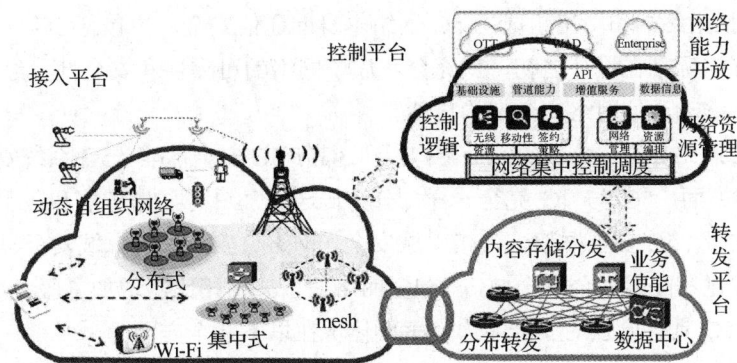

图 9-1 5G 网络架构图

（2）控制平台。控制平台功能包括控制逻辑、按需编排和网络能力开放。控制逻辑通过网络功能重构，实现控制功能的集中化、控制流程的简易化，适配不同场景和网络环境的信令控制要求；按需编排发挥虚拟化平台的能力，面向差异化业务需求，按需编排网络功能，进行接入和转发资源的全局调度；网络能力开放通过引入能力开放层，实现运营商基础设施、管道能力和增值业务等网络能力向第三方应用友好开放。

（3）转发平台。转发平台包含用户面下沉的分布式网管、集成边缘内容缓存和业务流加速等功能。

转发平台中，将网管中的会话控制功能分离，简化网关，网关位置下沉，实现分布式部署。通过网管锚点、移动边缘计算，可实现高容量、低时延、均负载等传输。

3. 5G 网络的安全问题

（1）新场景造成新的安全威胁。5G 有新的应用场景，有增强移动宽带、低功耗大连接、低时延高可靠三大应用场景。因此，5G 不仅仅是速率变得更高，时延变得更低，它还将渗透到万物互联的各个领域，与工业控制、智慧交通紧密结合在一起。所以，安全就变得尤其重要。

在这几大应用场景中，对增强移动宽带来说，它的安全挑战包括：一是需要更高的安全处理性能，这时候用户体验速率已经达到 1Gbit/s；二是它需要支持外部网络二次认证，才能更好地与业务结合在一起；三是需要解决目前发现的已知漏洞的问题。

（2）新网络架构的挑战。为了更好地支持 5G 应用场景，现在 5G 提出了以 IT 为中心的网络架构，会引入多功能无线接入、SDN、云计算、NFV 等技术。

对多功能无线接入来说需要统一的认证框架来解决 3GPP 体制和非 3GPP 体制接入的问题。例如，无线 Wi-Fi 接入需要统一认证，在多功能接入环境下提供安全的运营网络。

SDN 和 NFV 这样的技术引入，可以构建逻辑隔离的安全切片，用来支持不同应用场景差异化的需求。但这些技术的引入也对安全造成了巨大的挑战，由于它使网络边界变得十分模糊，以前依赖物理边界防护的安全机制难以得到应用。所以，安全机制要适应虚拟化、云化的需要。

（3）总体安全需求。5G 必须要提供比 4G 更高的安全隐私保护和保障。具体的需求包括要对签约、服务网络、设备进行认证和鉴权；要对网络切片进行严格的隔离，甚至对敏感数据的隔离强度应该等同于物理上分隔的网络；要防止降维攻击，能够利用机器学习或人工智能方法检测高级网络安全威胁；安全的能力要能服务化，要能符合和适应网络架构的需要。

4．5G 网络的安全架构

5G 安全既包括由终端和网络组成的 5G 网络本身的通信安全，也包括 5G 网络承载的上层应用安全。移动通信网络标准在设计之初，就充分考虑了网络的可靠性和安全性，经过全球通信行业几十年的共同努力，移动通信网络安全架构日臻完善。

5G 继承了 4G 网络分层、分域的安全架构，在 3GPP 5G 安全标准《5G 系统安全架构和流程》中规定：在安全分层方面，5G 与 4G 完全一样，分为传送层、归属层/服务层和应用层，各层间相互隔离；在安全分域方面，5G 安全框架分为接入域安全、网络域安全、用户域安全、应用域安全、服务域安全、安全可视化和配置安全 6 个域，与 4G 网络安全架构相比，增加了服务域安全。

与 4G 相比，5G 具有更强的安全能力，主要体现在以下几个方面。

（1）服务域安全。针对 5G 全新服务化架构带来的安全风险，5G 采用完善的服务注册、发现、授权安全机制及安全协议来保障服务域安全。

（2）更强的用户隐私保护。5G 网络使用加密方式传送用户身份标识，以防范攻击者利用空中接口明文传送用户身份标识来非法追踪用户的位置和信息。

（3）更强的完整性保护。在 4G 空中接口用户面数据加密保护的基础上，5G 网络进一步支持用户面数据的完整性保护，以防范用户面数据被篡改。

（4）更强的网间漫游安全。5G 网络相比 4G 提供了网络运营商网间信令的端到端保护，以防范攻击者以中间人攻击的方式获取运营商网间的敏感数据。

（5）统一认证框架。4G 网络的不同接入技术采用不同的认证方式和流程，难以保障异构网络切换时认证流程的连续性。而 5G 采用统一认证框架，能够融合不同制式的多种接入认证方式。

综上，5G 针对服务化架构、隐私保护、认证授权等安全方面的增强需求，提供了标准化的解决方案和更强的安全保障机制。

9.2.2　无线局域网安全技术

1．MAC 地址过滤技术

MAC 地址过滤技术又称为 MAC 认证。由于每个无线客户端都有唯一的物理地址，即该客户端无线网卡的地址（MAC 地址），因此可以在无线接入点 AP（Access Point）中维护一组允许访问的 MAC 地址列表，实现物理地址过滤。

无线网络中的 MAC 地址过滤功能，与交换机上的 MAC 地址绑定功能类似。MAC 地址过滤属于硬件认证而非用户认证，它要求无线 AP 中的 MAC 地址列表必须随时更新，并且都是手工操作，扩展能力较差，增加无线接入用户时比较麻烦，适合于在小型网络中使用。

2．SSID 匹配技术

SSID（Service Set ID）被称为第一代无线安全技术，它会将 SSID 输入 AP 和客户端中，只有客户端的 SSID 与 AP 中的 SSID 一致时才能接到 AP 中。尤其当网络中存在多个无线接入点 AP 时，可以设置不同的 SSID，并要求无线工作站出示正确的 SSID 才能访问 AP，这样就可以允许不同群组的用户接入，并对资源访问的权限进行区别限制。

3．WEP 安全机制

有线对等保密（Wired Equivalent Privacy，WEP）安全机制在链路层采用 RC4 对称加密技术，用户的密钥只有与 AP 的密钥相同时才能获准存取网络的资源，从而防止非授权用户的监听及非法用户的访问。WEP 安全机制通常会和设备里的开放系统认证或共享密钥认证这两种用户认证机制结合起来使用。

WEP 是 IEEE 802.11 标准安全机制的一部分，用来对在空中传输的 IEEE 802.11 数据帧进行加密，在链路层提供保密性和数据完整性。但由于设计上的缺陷，该安全机制存在安全漏洞，主要表现在 RC4 算法的安全问题和 WEP 本身的缺陷。

4. IEEE 802.11i 标准

2004 年 6 月，IEEE 正式通过了 IEEE 802.11i 标准，使无线局域网拥有了更为广阔的应用空间。专门致力于推广 IEEE 802.11 系列产品的 Wi-Fi（Wireless Fidelity）联盟将 IEEE 802.11i 的商用名称命名为 WEP2。

IEEE 802.11i 标准规定了两种网络架构：过渡安全网络和强健安全网络。

（1）过渡安全网络（Transition Security Network，TSN）：规定在其网络中可以兼容现有的使用 WEP 方式工作的设备，使现有的无线局域网系统可以向 IEEE 802.11i 网络平稳过渡。具体解决方法为 Wi-Fi 联盟制定的 WPA 安全标准，这是一个向 IEEE 802.11i 过渡的中间标准，是 IEEE 802.11i 安全性的一个子集。

（2）强健安全网络（Robust Security Network，RSN）：支持全新的 IEEE 802.11i 安全标准，并且针对 WEP 安全机制中的各种缺陷做了多方面的改进，增强了无线局域网中的数据加密和认证性能。

整个 IEEE 802.11i 引入了以可扩展认证协议（Extensible Authentication Protocol，EAP）为核心的用户审核机制，可以通过服务器审核接入用户的 ID，在一定程度上可避免黑客非法接入。

5. WPA 安全机制

为了克服 WEP 安全机制的不足，IEEE 802.11i 工作小组制定了新一代安全标准，即 TSN 和 RSN。在 TSN 中规定了在其网络中可以兼容现有的 WEP 安全机制的设备，使现有的无线局域网可以向 802.11i 平稳过渡。WPA 就是在这种情况下由 Wi-Fi 联盟提出的一种新的安全机制，它使用两种验证方式。

（1）802.1X 及 RADIUS 进行身份验证（简称 WPA-EAP）。该方式设置比较复杂，不便于家居办公（Small Office，Home Office，SOHO）用户的使用。当 WPA 使用 802.1X 进行身份验证时，利用 AES 加密算法加密保护，这种机制被称为 WPA2。

（2）预共享密钥（简称 WPA-PSK）。在 AP 和客户端输入主密钥用来作为开始的认证和编码使用，然后动态交换自动生成更新密钥，从而提高安全性。由于它的设置简单，因此非常适合 SOHO 用户使用。

6. WAPI 安全机制

WAPI 安全机制是我国自主制定的无线安全标准，它采用椭圆曲线密码算法和对称密码体制，分别用于 WLAN 设备的数字证书、证书鉴别、密钥协商和传输数据的加密，从而实现设备的身份鉴别、链路验证、访问控制和用户信息在无线传输状态下的加密保护。

与其他无线局域网安全体制相比，WAPI 安全机制的优越性主要体现在以下 4 个方面。

（1）使用数字证书进行身份验证。

（2）真正实现双向鉴别，确保了客户端和 AP 之间的双向验证。

（3）采取集中式密钥管理，局域网内的证书由统一的 SA 负责管理。

（4）完善的鉴别协议，由于采取了椭圆曲线密码算法，因此保障了信息的完整性。

9.2.3　蓝牙安全技术

1．蓝牙通信技术

蓝牙（Bluetooth）是由东芝、爱立信、IBM、Intel 和诺基亚于 1998 年 5 月共同提出的近距离无线数据通信技术标准。它能够在 10 米的半径范围内实现单点对多点的无线数据和声音传输，其数据传输带宽可达 1 Mbit/s。通信介质为频率在 2.402 GHz 到 2.480 GHz 之间的电磁波。

蓝牙技术联盟（Bluetooth SIG）于 1999 年 7 月 26 日推出了蓝牙技术规范 1.0 版本。蓝牙技术的系统结构分为三大部分：底层硬件模块、中间协议层和高层应用。底层硬件模块包括无线跳频（RF）、基带（BB）和链路管理（LM）。无线跳频层通过 2.4 GHz 无须授权的 ISM 频段的微波，实现数据位流的过滤和传输，本层协议主要定义了蓝牙收发器在此频带正常工作所需要满足的条件。基带负责跳频及蓝牙数据和信息帧的传输。链路管理负责连接、建立和拆除链路并进行安全控制。

2．蓝牙安全问题

蓝牙装置应该设为只在进行通信时才能够检测到，并且授权给对方的权限也应该有限制。有些程序可以借助测试地址序号来检测装置的存在，这样就有机会暴露装置地址。使用者如果要加快文件传输速度而允许非经允许的联机权利，那么安全问题就值得担心了。因为这会让黑客有机会偷偷夹带特洛伊木马或病毒进入。

正如所有的系统一样，技术越成熟，使用者与开发人员越多之后，技术漏洞曝光的速度就会越快。IT 组织应该研究蓝牙装置的安全功能，并指导客户如何把安全风险降到最低。一般来说，除非经过实证，否则，就不宜用蓝牙技术进行高度机密资料的传输。

3．蓝牙的安全模式

蓝牙有 3 种不同的安全模式，每一个蓝牙设备在特定的时候只能工作在某一种安全模式下。

（1）无安全模式：设备不初始化任何安全过程。在这种工作模式下，蓝牙设备工作在杂凑模式下，允许其他任何设备连接它。这种模式应用于不需要任何安全措施的场合。

（2）服务层加强安全模式：在逻辑链路控制和适配协议信道建立后，安全过程被初始化。在这种模式下，一个安全管理器控制对服务和设备的访问。这个安全管理器负责维护访问控制策略及同别的协议和设备用户的接口。随着应用需求的变化，各种安全策略及受限访问的信任级别将被定义。

（3）链路层加强安全模式：在信道建立之前，链路层加强安全模式被初始化。它是一种内建的安全机制，支持认证和加密。这种机制基于成对设备秘密链路密钥的基础上。为生成这个密钥，当两个设备第一次通信的时候，会引入一个匹配过程。

9.2.4　无线应用通信协议的安全

1．WAP 概念

无线应用通信协议（Wireless Application Protocol，WAP）由一系列协议组成，

视频 9-2

用来标准化无线通信设备，如移动电话、移动终端，它负责将互联网和移动通信网连接到一起，客观上已成为移动终端上网的标准。WAP 将移动网络和互联网及 Intranet 紧密地联系起来，提供一种与网络种类、承运商和终端设备都无关的移动增值业务。移动用户可以像使用他们的台式计算机访问信息一样，用他们的袖珍移动设备（如 WAP 手机）随时随地在手机屏幕上浏览互联网上的内容，诸如收发电子邮件、查询数据、浏览金融信息、财经信息等。

用户可以借助无线手持设备，如手机、呼机、双向广播、智能电话等，通过 WAP 获取信息。WAP 支持绝大多数无线网络，包括 GSM、CDMA、CDPD、PDC、PHS、TDMA、FLEX、ReFLEX、iDEN、TETEA、DECT、DataTAC 和 Mobitex 等。

WAP 网络架构由 3 个部分组成，即 WAP 网关、WAP 手机和 WAP 内容服务器（见图 9-2），三者缺一不可。其中 WAP 网关起着协议的"翻译"作用，是联系 GSM 网与万维网的桥梁；WAP 内容服务器存储着大量的信息，提供给 WAP 手机用户访问、查询和浏览。

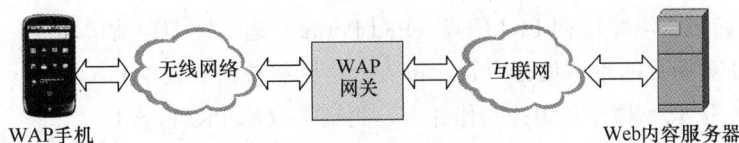

图 9-2　WAP 网络架构

WAP 安全架构由 WTLS（无线传输层安全）、WIM（无线身份识别模块）、WPKI（无线公开密钥体系）、WMLScript（无线标记语言脚本）等组成，如图 9-3 所示。

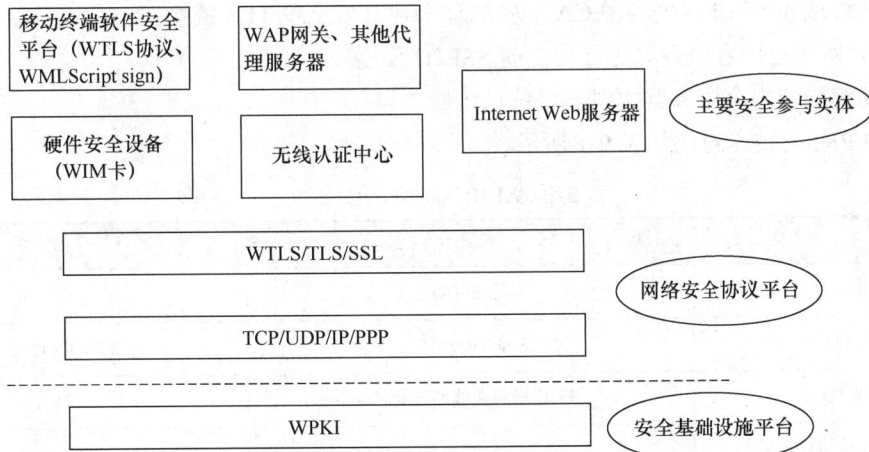

图 9-3　WAP 安全架构

2. WPKI 安全机制

无线公开密钥体系（Wireless Public Key Infrastructure，WPKI）是将互联网电子商务中的 PKI 安全机制引入无线网络环境中的、一套遵循既定标准的密钥及证书管理平台体系，它能为移动运营商的不同无线网络上的各种应用提供加密和数字签名等密码安全服务。

WPKI 安全机制包括 CA、RA、智能卡、数字证书库、应用接口、加密算法等组成部分。WPKI 安全机制的主要应用包括网上银行（无线电子支付和无线电子转账）、网上证券、网上缴税、指纹识别系统、小型超市及物流仓库的盘点等。

WPKI 安全机制的工作过程如图 9-4 所示。

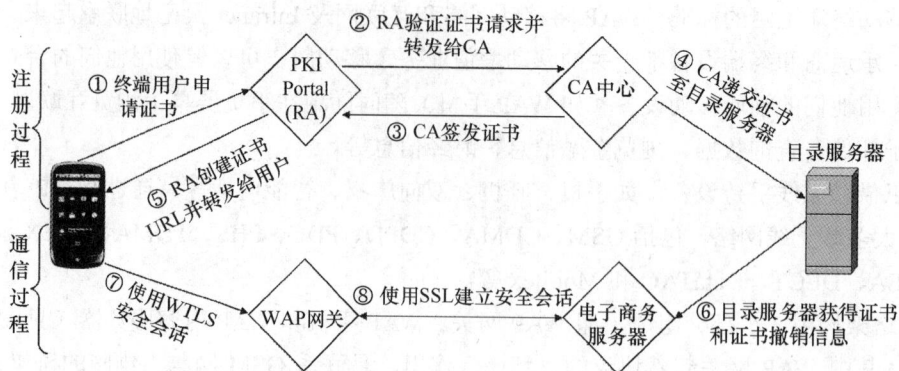

图 9-4　WPKI 安全机制的工作过程

（1）终端用户通过移动终端向 PKI 门户（PKI Portal）递交证书申请请求。

（2）PKI Portal 对用户的申请进行审查，审查合格则将申请转发给 CA。

（3）CA 为用户生成一对公私钥并制作证书，将证书交给 PKI Portal。

（4）CA 同时将证书存储到目录服务器，供有线网络服务器查询证书。

（5）PKI Portal 保存用户的证书，针对每一份证书产生一个证书 URL，并将该 URL 发送给移动终端。

（6）内容服务器（如电子商务服务器）从目录服务器中下载证书及证书撤销信息备用。

（7）移动终端和 WAP 网关利用 CA 颁发的证书建立安全 WTLS 链接。

（8）WAP 网关与内容服务器进行安全的 SSL/TLS 连接。

（9）移动终端和内容服务器实现安全信息传送。

WPKI 和 PKI 的技术对比如表 9-1 所示。

表 9-1　WPKI 与 PKI 的技术对比

	WPKI	PKI
应用环境	无线网络	有线网络
证书	WTLS 证书/X.509 证书	X.509 证书
密码算法	ECC 椭圆曲线密码算法	RSA
安全连接协议	WTLS	SSL/TLS
证书撤销	短时证书	CRL、OCSP 等协议
本地证书保存	证书 URL	证书
CA 交叉认证	不支持	支持
弹性 CA	不支持	支持

3．WTLS 协议

无线传输层安全（Wireless Transport Layer Security，WTLS）协议是 WAP 的通信协议下的 4 个层次之一。WTLS 是根据工业标准 TLSProtocol 而制定的安全协议。WTLS 协议是设计使用在传输层之上的安全层，并针对较小频宽的通信环境做修正。WTLS 协议的功能类似于全球信息网站所使用的 SSL 加密传输技术，WTLS 协议可以确保资料在传输的过程中经过编码、加密处理，以避免在数据传输过程中黑客窃取保密性数据。

WTLS 协议和 SSL 协议的比较如表 9-2 所示。

表 9-2　WTLS 协议和 SSL 协议的比较

特征	SSL 协议	WTLS 协议
支持数字证书类型	X.509 格式证书	X.509 格式证书、URL 证书、WTLS 格式证书、X.968（draft）格式证书
是否必须进行身份认证	是，至少单向身份认证	否，支持匿名模式
握手协议	DH-DSS、DH-RSA、RSA	DH anon、RSA anon、ECDH anon、RSA、ECDH-ECDSA
证书是否包含序列号	要求包含	不要求包含
对称加密算法	RC4、DES、3DES、IDEA	RC5、DES、3DES、IDEA
报警信息校验和	无	有
是否支持 UDP 服务	不支持	支持

WTLS 握手协议的工作过程如图 9-5 所示。

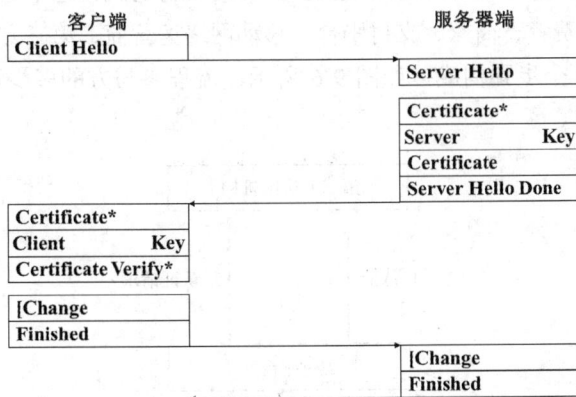

图 9-5　WTLS 握手协议的工作过程

（1）客户端发起连接请求，提供加密算法、认证算法，以及压缩算法候选列表，并提供安全性需求、客户随机数等数字化信息到服务器端。

（2）服务器端选择适合自己的算法信息并发送服务器随机数，接着发送服务器证书到客户端，此时，WPKI 证书以证书链的形式存在。

（3）服务器端发送获取客户证书的请求。

（4）客户端利用存储在无线身份识别模块（Wireless Identity Module，WIM）中的 CA 中心公钥验证证书链，以检验服务器证书的有效性。

（5）客户端发送自己的 URL 证书到服务器端。服务器端向证书中心申请客户证书进行验证。

（6）客户端生成主密钥并用服务器端公钥加密后传送到服务器端。通知服务器端应该采用协商好的会话密钥，并发送结束握手报文以结束整个流程。

9.3 | 移动支付与安全

9.3.1 移动支付概述

1. 移动支付的概念

移动支付是在商务处理流程中，基于移动网络平台，随时随地利用现代的移动智能设备如手机、PDA、笔记本电脑等，为服务于商务交易而进行的有目的的资金流动。

根据艾瑞咨询集团发布的《2011年中国移动支付行业研究报告》中所述，广义的移动支付是指交易双方为了某种商品或服务而通过移动终端设备交换金融价值的过程。

视频9-3

随着中国网民的爆发式增长，移动支付业务将展示出其不可估量的增值空间和市场潜力。我国移动支付市场前景广阔，未来增长潜力惊人。在突破使用便捷性和安全性的瓶颈后，移动支付产业将会进入快速的扩张期。

2. 移动支付的交易流程

根据移动支付不同的业务种类和业务实现方式，移动支付的流程也不尽相同。总结起来可以归纳成一般流程，通常涉及消费者、商家、支付平台、移动网络运营商、第三方信用机构和设备制造商。

移动支付的流程由9个步骤构成，如图9-6所示，流程参与方的多少可能略有增减。具体步骤如下。

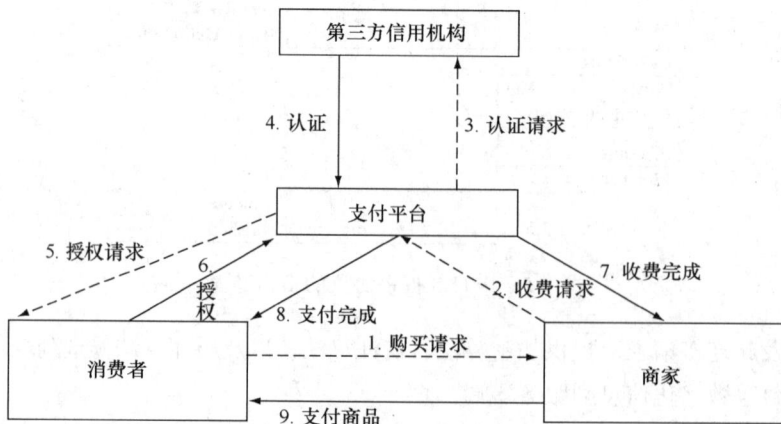

图9-6 移动支付的流程

（1）消费者通过互联网进入消费者前台消费系统选择商品。

（2）将购买指令发送到商家管理系统（支付平台）。

（3）商家管理系统将购买指令发送到无线运营商综合管理系统（第三方信用机构）。

（4）无线运营商综合管理系统将确认购买信息指令发送到消费者前台消费系统或消费者手机上请求确认，如果没有得到确认信息，则拒绝交易。

（5）商家管理系统向消费者发出授权请求。

（6）消费者通过消费者前台消费系统或手机将确认购买指令发送到商家管理系统。

（7）商家管理系统将消费者确认购买指令转交给无线运营商综合管理系统，请求缴费操作。

（8）无线运营商综合管理系统缴费后，告知商家管理系统可以交付产品或服务，并保留交易记录。

（9）商家管理系统交付产品或服务，并保留交易记录，将交易明细写入消费者前台消费系统，以便消费者查询。

3．移动支付业务模式

根据支付结算账户和实现业务的方式和流程的不同，移动支付的业务模式分为以下 5 种。

（1）手机话费模式。手机话费模式是指移动运营商使用手机话费账户进行小额支付的业务模式。这类支付业务模式主要适用于图铃下载、游戏等移动增值业务费用的缴纳。

（2）虚拟卡模式。虚拟卡模式是指移动用户通过手机号码和银行卡业务密码进行缴费和消费的业务模式。这种支付业务模式要求移动用户将银行卡与手机号码事先绑定，在移动支付交易过程中，手机号码代替了定制关系对应的银行卡，即手机号码成为虚拟银行卡。

在目前国内的移动支付市场上，中国银联和大多数的第三方移动支付服务提供商采用的都是这类支付业务模式。

（3）手机银行模式。手机银行模式是指移动用户通过手机菜单完成银行关联账户的查询、转账、基金买卖等交易的业务模式。该模式要求用户在银行网点开通手机银行业务或换用户识别应用发展工具（SIM Tool Kit，STK）卡，申请手机银行关联账户的支付密码。这种模式目前还不能用于用户消费类交易。

（4）虚拟账户模式。虚拟账户模式是指移动用户使用网上虚拟账户进行支付的业务模式。这种模式要求用户预先将资金转账或充值到后台服务器的虚拟账户内，或者将该虚拟账户与银行卡账户关联，在支付时使用该账户进行消费。

目前，支付宝、贝宝等虚拟账户运营商正在从互联网支付向移动支付领域扩展。

（5）物理卡的关联支付模式。物理卡的关联支付模式是指移动用户通过关联银行卡账户或电子钱包账户进行现场支付和远程支付，或者远程二次发卡与账户充值的业务模式。

这种支付模式是将银行卡账户、储值卡和电子钱包，经过特殊工艺加工或异型，贴在手机后盖上，或者改造手机后形成双卡手机或双模手机，以及带接触功能的双界面 SIM 卡等。

4．移动支付终端解决方案

根据安全载体芯片及现场支付技术实现的不同，目前市场上在手机支付终端的解决方式上存在很多方案，如智能 SD 卡、SIM PASS、国际移动用户识别码（International Mobile Subscriber Identity，IMSI）、RFSIM、贴片及 NFC 等。各种安全解决方案及其特点如表 9-3 所示。

表 9-3　各种安全解决方案及其特点

解决方案	原理说明	缺点	优点
智能 SD 卡	将智能卡嵌在 SD 内，重新定义 SD 卡的扩展脚用于外接天线	现场解决方案不成熟	简单易行，业务扩展方式灵活
SIM PASS	利用 SIM 卡作为支付信息的安全载体，通过 SIM 卡的 C4C8 脚引出外接天线，放在电池后面	机械接触点不稳定，天线容易断裂，C4C8 脚的利用不是国际通用标准	简单易行
IMSI	支付信息放在一张很薄的智能卡内，该卡贴在 SIM 卡上，作为桥接器，过滤分析 SIM 卡和手机的通信并进行处理，外接天线连接在这张智能卡上	具备与 SIM PASS 相同的缺点，同时还可能存在法律方面的问题	简单易行，业务扩展方式灵活

解决方案	原理说明	缺点	优点
RFSIM	利用 SIM 卡作为支付信息的载体，同时在 SIM 卡上添加无线调制解调器，实现现场支付，采用 2.4GHz 频率，无须外接天线	用户界面采用 STK 菜单方式，友好性不足，同时由于采用 2.4GHz 的频率，无法和现有非接触式终端（13.56MHz）兼容	不用调换或改造手机就可实现现场及远程交易
贴片	将非接触式智能卡贴在手机的后盖上	无法实现远程支付	简单易行
NFC	按照手机支付的需求重新设计手机终端，支持现场和远程支付	目前支持的手机终端类型少	符合国际标准，是手机支付的终极解决方案

9.3.2 移动支付的安全问题与对策

1. 移动支付安全问题

目前，移动支付已经非常普遍，包括国外的 PayPal、Venmo，国内的支付宝、微信支付等。不论移动支付采用何种技术来实现，其安全性都是影响支付业务能否持续发展的关键因素。移动支付的安全性涉及用户信息的保密、用户资金和支付信息的安全等问题，其面临的安全风险主要来自无线链路、服务网络和终端。移动支付可能存在的安全问题大致包括以下几个方面。

（1）移动支付设备的安全。首先，大量滋生的手机病毒或木马病毒对移动设备的侵袭，或者支付软件本身存在的安全漏洞，都容易引发移动支付的安全隐患。由于大部分手机本身未采用加密等安全措施进行保护，所以不法分子可以通过钓鱼网站或木马程序窃取用户信息，并通过移动互联网使用用户账户支付，造成用户实际的资金损失。同时，手机丢失或者被盗也可能造成移动支付用户的巨大损失，因为目前的移动支付方式是将客户手机、银行卡相关联，为提高支付便捷程度不需要输入银行卡密码，用户在丢失手机后容易被他人冒用进行移动支付。

（2）移动支付用户信息保护。移动支付的重要环节是用户信息的传送，但是当用户的个人信息安全无法得到保障时，就需要完善移动支付交易中各方的身份识别环节。当用户的账户信息、身份信息、交易密码、短信验证码出现泄露时，不法分子即通过冒用用户的身份信息来进行消费或转账等操作。目前，我国对于个人信息的保护工作做得还不够好，相关的法规和机制都存在缺失，部分互联网企业对于客户信息管理不合规，使得互联网支付中经常出现用户信息泄露事件，造成用户的资金损失。

（3）移动支付方式的安全。为提高移动支付业务的便捷性，移动支付目前基本不采用物理介质的安全认证方式，大部分移动支付方式是通过短信验证码来作为交易的安全认证方式。但是，短信验证码本身的安全性就存在隐患，近些年高发的电信网络诈骗案件，不法分子基本围绕着短信验证码来进行诈骗，如利用当前通信过程中的安全漏洞窃取客户的验证码信息并进行破解，或者直接通过其他哄骗手段来获取用户的验证码信息。部分支付方式则采取交易密码认证方式，交易密码一般为 6 位数字，比较容易被尝试破解。部分移动支付 App 对交易密码的密码强度进行要求，但是，并未从根本上解决交易密码容易破解的问题。

（4）移动支付业务风险。目前，市场上出现了大量能够实现移动支付的 App，它们在实现移动支付基础业务功能的同时，均增加了各类金融服务，包括互联网货币市场基金、银行理财产品、保险产品、众筹等，部分甚至是非规范、处于灰色地带的投融资产品。在考虑移动支付产品自身安全性的同时，也需要关注这些移动支付业务产品出现的风险，包括支付机构在开展支付业务时出现的资金流动性风险；移动支付大量的资金交易时出现的洗钱风险；预付卡、购物卡业务可能发生的腐败、受贿等灰色交易风险。同移动产品本身的风险相比，这些类型的风险更可能从宏观的层面给整个金融市场秩序带来影响，一旦出现将会发生规模化的用户冲击。

2. **移动支付的安全对策**

（1）服务对象层（用户、商户）。提高用户风险防范意识，养成既注重方便快捷又注重安全风险的良好支付习惯，能够主动识别伪 Wi-Fi、欺骗性网站、客户端软件木马、恶意二维码等影响支付安全的因素。

提高商户风险预见能力，加强风险防范责任意识，不使用改装的支付受理终端，采用安全性较高的支付方式，必要时提示用户潜在的支付风险。

（2）服务运营层（受理机构、转接清算机构、账户管理机构、渠道运营商）。严格把控产品的选型、验收、抽查等环节，选择符合国家和金融行业相关标准的支付产品，对产品质量和标准符合性进行验收把关，并定期对受理终端改造等行为进行抽检，为商户和用户提供安全、放心的支付渠道。

不断加强系统安全防护能力，依据系统的安全等级定期开展风险评估，使系统具备常见入侵攻击手段的防范能力，严防商户、用户信息被泄露。

（3）技术支撑层（移动终端厂商、受理终端厂商、卡商、芯片商等）。严格按照国家和金融行业相关标准生产制造受理终端、卡片、芯片等支付产品，不断提高产品的安全防护能力。

加强与产业下游企业的互动协同，以安全需求为导向设计生产支付产品，合力提高信息保护和移动支付安全。

（4）检测认证层（检测机构、认证机构）。严格按照国家和金融行业相关标准要求对移动支付产品的标准符合性与安全性进行检测认证，为支付产业把好质量关。积极与产业上下游的企业和机构开展合作，共同研究更加有效的移动支付安全防护方案。

课后习题

一、填空题

1. 通过一个（　　　）网关，用户可以使用各种移动终端访问互联网。

2. 在 WPKI 模型中，PKI Portal 具有（　　　）和（　　　）的功能。

3. 与 Wi-Fi 技术相比，蓝牙技术的有效覆盖范围更（　　　）。

4. （　　　）是将互联网电子商务中的 PKI 安全机制引入无线网络环境中的一套遵循既定标准的密钥及证书管理平台体系。

5. 基于 WAP 的移动支付系统存在的缺点有（　　　）。

二、选择题

1. 移动终端主要通过（　　　）访问互联网。

    A．目录服务器　　　　B．WAP 网关　　　　C．PKI Portal　　　　D．RA

2. 无线局域网使用的技术主要是（　　　）。

    A．Wi-Fi　　　　B．WCDMA　　　　C．GPRS　　　　D．以上都不对

3. 一般的移动支付系统中最复杂的部分是（　　），它为利润分成的最终实现提供了技术保证。

    A. 终端用户消费系统　　　　　　　　B. 商家管理系统

    C. 运营商综合管理系统　　　　　　　D. 移动支付系统

4. 以下哪个域名是移动设备接入专用域名？（　　）

    A. .com　　　　　　B. .mobi　　　　　　C. .com.cn　　　　　　D. .edu

5. 下列哪种行为不属于移动应用？（　　）

    A. 使用蓝牙耳机拨打手机　　　　　　B. 用台式计算机在家上网下载程序

    C. 用笔记本电脑在火车上看电子小说　　D. 用手机在室外上网收发邮件

6. 在微支付系统中，交易的费用是从（　　）中扣除的。

    A. 银行　　　　　　B. 手机话费　　　　C. 手机钱包　　　　D. 现金

7. 所有移动商务的各种商务模式取得成功的先决条件是（　　）。

    A. 较高的赢利　　　B. 多种服务形式　　C. 高水平的安全性　　D. 技术的先进性

8. 某先生在商场购物，用手机替代信用卡在商家 POS 机终端支付的方式是（　　）。

    A. 虚拟支付　　　　B. 手机钱包　　　　C. 在线支付　　　　D. POS 机现场支付

三、名词解释

1. 手机支付

2. RFID

3. WAP

4. Wi-Fi

5. 蓝牙

四、简答题

1. 简述第四代移动通信的概念及特点。

2. 移动电子商务有哪些独有的安全问题？相应的安全技术有哪些？

3. 简述 PKI 与 WPKI 的区别。

4. 简述 SSL 协议与 WTLS 协议的区别。

案例分析

Wi-Fi 安全有救了！ WPA3 将在 2018 年应用

　　2018年的国际消费电子展（CES）正在美国拉斯维加斯如火如荼地举行，Wi-Fi联盟此次也参加了展会，并公布了正在努力建设的WPA3安全加密协议。在2017年年末，被广泛用于Wi-Fi加密的WPA2协议被曝出名为"KRACK"的安全漏洞，几乎所有无线路由器都未能幸免。鉴于Wi-Fi安全的重要性，Wi-Fi联盟也紧急推出了WPA3加密协议。

　　现在，人们已经完全离不开Wi-Fi上网，这样的安全漏洞影响颇大。自从WPA2加密协议在去年10月被破解后，大批的无线路由器和安卓设备处于非常危险的境地。用户也惶惶不安，不能放心地使用Wi-Fi上网冲浪。谷歌、微软、苹果等厂商紧急推出了安全升级补丁，从而提高设备Wi-Fi上网的安全性。

Wi-Fi是如此的重要。已经有14年历史的WPA2"年事已高",的确容易被黑客破解。为了增强安全性,Wi-Fi联盟推出的WPA3加密协议有以下四大新功能。

(1)强大的安全性保护,即使用户选择简单的密码也不会被轻易破解。

(2)对于具有有限安全的设备或没有进行接口配置安全性的设备,简化了安全加密的过程,并增加了安全性。

(3)在接入开放性网络时,通过个性化数据加密增强了用户隐私的安全性。

(4)WPA3的密码算法提高至192位,根据CNSA最新标准制定,进一步保护在政府、工业等行业Wi-Fi应用的安全性。

在今年晚些时候,WPA3安全协议就将正式应用,厂商新出品的无线路由器将搭载WPA3安全协议。用户手中的设备可根据厂商的安排,进行固件更新,从而支持WPA3安全协议。

(资料来源:中关村在线,2018-01-10)

根据案例回答问题

(1)我们常用的 Wi-Fi 有哪些安全隐患?WPA 协议的内容是什么?可以解决哪些问题?

(2)根据案例说明 WPA3 的特点,以及对无线局域网安全的重要性。

第10章 电子商务安全管理

本章主要内容

- ◇ 信息安全体系与安全模型
- ◇ 电子商务的风险管理与安全评估
- ◇ 电子商务安全的法律法规
- ◇ 电子商务信用体系

本章学习方略

- ◇ 本章重点内容
- （1）电子商务风险管理与评估。
- （2）电子商务安全法律法规。
- ◇ 本章难点内容
- （1）电子商务安全管理模型。
- （2）电子商务的安全评估与信息安全的等级标准。

案例导入

个人数据保护需要"软硬兼施"

根据网络安全法，企业对个人信息数据担负着保护责任。个人隐私数据保护不能沦为一纸空谈。对企业来讲，需要"软硬兼施"，树立安全意识，加强与专业网络安全厂商的合作，并建立相应的数据保护制度，对有可能造成数据泄露的不安全操作要"令行禁止"。

近日，某酒店集团5亿条用户个人信息被黑客叫卖的消息引发舆论关注。这不仅是因为该酒店集团是众多消费者的消费选择，也不仅是因为这些个人信息中包括用户的姓名、手机号、身份证号码、住址等隐私，人们更想知道的是，从旅游网站到具体酒店，个人隐私数据泄露事件为何如此频繁发生？

消费者关注个人数据保护，并非仅仅源于隐私泄露导致的不快。网络诈骗、电信诈骗等黑灰产业链，如今已不像从前那样，你买了机票，就可能会收到短信通知说"航班取消"；网购退货诈骗，电话那边可以准确地说出你刚刚购买的商品和你的地址……基于个人隐私信息实行的精准诈骗，让骗子们屡屡得手，消费者不断遭受经济损失。

诈骗手段的变化多端，让获得个人隐私数据变得"有利可图"。此次该酒店集团个人数据泄露事件表明，拥有大量用户数据的企业不得不面对更多被黑客窃取个人数据的风险，以及"内鬼"泄露个人数据的隐患，但这并非是相关企业可以推卸责任的理由。根据网络安全法，企业对个人信息数据担负着包括网络运行安全保护、个人信息保护、协助和报告等在内的保护责任，个人隐私数据保护不能沦为一纸空谈。

加强对个人隐私数据的保护，对企业来说需要"软硬兼施"。

从"软"的方面看，企业需要树立安全意识。从大处说，企业需要建立起与专业网络安全厂商合作的意识，不断发现问题、解决问题，保持对数据安全持续和稳定的投入，同时关注网络安全形势的发展，不断为用户数据加上"安全锁"。从小处说，企业要加强对员工的网络安全培训，不断提高他们的数据保护意识和技能，同时定期开展网络攻防演练，让他们在遇到安全问题时能够及时处理。

从"硬"的方面看，企业需要建立相应的数据保护制度。例如，针对内部人员，为不同职位设立不同的数据调取权限，同时所有员工对数据的调取应该是可以记录和追溯的，以避免"内鬼"窃取数据。要对有可能造成数据泄露的不安全操作做到"令行禁止"。例如，此次该酒店集团的数据泄露，目前判断是因为该酒店集团的网络开发工程师将公司的程序代码上传到了公开平台，这本身就是极不安全的行为。此外，企业还要建立专业网络安全技术人员使用网络安全产品的制度，不专业的人员使用网络同样会让网络安全防护形同虚设。

从监管的角度来看，在加强打击违法犯罪活动、从源头上消除窃取用户个人隐私数据利益驱动行为的同时，对造成用户数据泄露的企业也要采取更为强硬的处罚措施，建立严格的赔付补偿机制，以此督促他们对保护个人隐私数据真正重视起来，而不是一次又一次的"真诚道歉"和"亡羊补牢"。

随着大数据时代来临，我们必须用严厉的法律管住个人信息安全问题。谁不重视保护个人隐私数据，谁就必须承担用户"用脚投票"的后果。

（资料来源：经济日报，2018-09-03）

电子商务安全必须从管理和技术两方面着手，在技术层面，通过建立安全的主机系统和安全的网络系统，并配备适当的安全产品来实现；在管理层面，则通过构建电子商务安全管理体系来实现。技术层面和管理层面的良好配合，是企业实现电子商务安全的有效途径。"三分靠技术、七分靠管理"，就是强调管理的重要性，在安全领域更是如此。

本章主要介绍信息安全体系与安全模型、电子商务风险管理与安全评估、电子商务安全的法律法规、电子商务信用体系等内容。

10.1 信息安全体系与安全模型

10.1.1 信息安全体系

1. OSI 安全体系结构

国际标准化组织于 1989 年在原有网络通信协议的 7 层模型的基础上扩充了 OSI 参考模型，确立了信息安全体系结构，即国际标准 ISO 7498-2：1989《信息处理系统·开放系统互连·基本参考模型第 2 部分：安全体系结构》，为开放系统标准建立了框架。OSI 安全体系结构主要用于提供网络安全服务与有关机制的一般描述，确定在参考模型内部可提供这些服务与机制，并于 1995 年再次在技术上进行了修正。

视频 10-1

OSI 安全体系结构定义了网络安全的层次（ISO 7498-2），各个安全层次是与 OSI/RM 相对应的，也就是说，安全服务与实现的层次之间存在明确的关系。OSI 安全体系结构包括 5 类安全服务及 8 类安全机制。表 10-1 列出了每一层所能提供的安全服务类型，在表中有 √ 记号的即表示该层应提供此安全服务。

表 10-1 ISO 7498-2 的安全服务与安全机制

安全服务 / 安全机制	认证（鉴别）	访问控制	数据保密性	数据完整性	抗否认性
加密	√		√	√	
数字签名	√	√		√	√
访问控制		√			
数据完整性				√	√
认证	√				
业务流填充			√		
路由控制		√			
公证					√

2. 5类安全服务

安全服务是指为了加强网络信息系统安全性，对抗安全攻击而采取的一系列措施，它们能在一定程度上弥补和完善现有操作系统和网络信息系统的安全漏洞。OSI 参考模型安全服务紧扣安全技术目标。

（1）认证（鉴别）服务：用于保证通信的真实性，正常接收的数据就来自所要求的发送方。

（2）访问控制服务：用于防止对网络资源的非授权访问，保证系统的可控性。

（3）数据保密性服务：用于加密数据以防被窃听。

（4）数据完整性服务：用于保证所接收的消息为未经复制、插入、篡改、重排或重放的。

（5）抗否认性服务：用于防止通信双方对通信行为的抵赖。

3. 8类安全机制

安全机制是用来实施安全服务的机制。安全机制既可以是具体的、特定的，也可以是通用的。主要的安全机制有以下几种。

（1）加密机制：加密机制对应数据保密性服务。

（2）数字签名机制：数字签名机制对应认证（鉴别）服务。

（3）访问控制机制：访问控制机制对应访问控制服务。

（4）数据完整性机制：数据完整性机制对应数据完整性服务。

（5）认证机制：认证机制对应认证（鉴别）服务。

（6）业务流填充机制：也称为传输流填充机制。

（7）路由控制机制：路由控制机制对应访问控制服务。

（8）公证机制：公证机制对应抗否认性服务。

安全机制对安全服务做了详尽的补充，针对各种服务选择相应的安全机制可以有效地提高应用安全性。随着技术的不断发展，各项与安全机制相关的技术不断提高，尤其是结合加密理论之后，应用安全性得到了显著提高。

10.1.2 网络安全模型

网络安全模型是动态网络安全过程的抽象描述。通过对安全模型的研究，了解动态安全过程的构成因素，是构建合理而实用的网络安全体系的前提之一。为了达到网络安全防范的目标，需要建立合理的网络安全模型，以指导网络安全工作的部署和管理。目前在网络安全领域存在较多的网络安全模型，下面介绍常见的 PPDR 网络安全模型和 PDRR 网络安全模型。

1. PPDR 网络安全模型

PPDR 网络安全模型是美国国际互联网安全系统公司（ISS）提出的动态网络安全体系的代表模型，也是动态安全模型的雏形。PPDR 网络安全模型的基本思想：在整体安全策略的控制和指导下，在综合运用防护工具（如防火墙、身份认证、加密等）的同时，利用检测工具（如漏洞评估、入侵检测等）了解和评估系统的安全状态，通过适当的反应将系统调整到"最安全"和"风险最低"的状态。

PPDR 网络安全模型包含 4 个主要部分：Policy（策略）、Protection（防护）、Detection（检测）和 Response（响应）（见图 10-1）。其中，防护、检测和响应组成了一个完整的、动态的安全循环，在安全策略的指导下保证网络的安全。

图 10-1　PPDR 网络安全模型

（1）Policy（策略）。策略体系的建立包括安全策略的制订、评估和执行等过程。网络安全策略一般包括两部分：总体的安全策略和具体的安全规则。

（2）Protection（防护）。防护是根据系统可能出现的安全问题采取一些预防措施，通过一些传统的静态安全技术及方法来实现的。通常采用的主动防护技术：数据加密、身份验证、访问控制、授权和 VPN 技术等。通常采用的被动防护技术有防火墙技术、安全扫描、入侵检测、路由过滤、数据备份和归档、物理安全、安全管理等。

（3）Detection（检测）。攻击者如果穿过防护系统，检测系统就要将其检测出来，如检测入侵者的身份、攻击源点和系统损失等。

（4）Response（响应）。系统一旦检测出有入侵行为，响应系统则开始紧急响应（事件处理）。响应工作可由一个特殊部门负责，那就是计算机安全应急响应组（CERT）。

2. PDRR 网络安全模型

PDRR 网络安全模型是美国国防部提出的安全模型，PDRR 网络安全模型与前述的 PPDR 网络安全模型有很多相似之处。其中 Protection（防护）和 Detection（检测）两个环节的基本思想是相同的，PPDR 网络安全模型中的 Response（响应）环节包含了紧急响应和恢复处理两部分，而在 PDRR 网络安全模型中的 Response（响应）和 Recovery（恢复）是分开的，内容也有所扩展。

PDRR 网络安全模型包含了网络安全的 4 个环节：Protection（防护）、Detection（检测）、Response（响应）和 Recovery（恢复），如图 10-2 所示。PDRR 网络安全模型是一种公认的比较完善、比较有效的网络信息安全解决方案，可以用于政府、机关、企业等机构的网络系统。

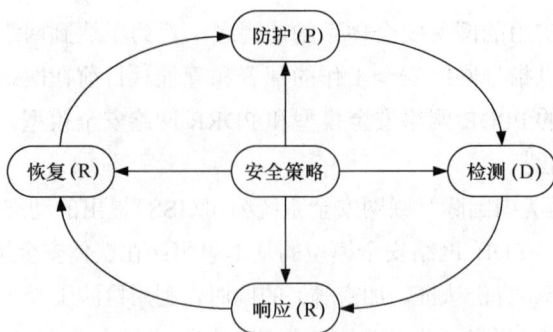

图 10-2　PDRR 网络安全模型

PPDR 网络安全模型和 PDRR 网络安全模型都存在一定的缺陷。它们都侧重于技术，而对诸如管理方面的因素并没有强调。一个明显的不足就是忽略了内在的变化因素。

实际上，安全问题牵涉面广，除了涉及防护、检测、响应和恢复外，系统本身安全的"免疫力"的增强，系统和整个网络的优化，以及人员素质的提高等，都是网络安全中应该考虑到的问题。网络安全体系应该是融合了技术和管理在内的、一个可以全面解决网络安全问题的体系结构，它应该具有动态性、过程性、全面性、层次性和平衡性等特点。

10.1.3　信息安全管理体系

1. 信息安全管理体系的概念

信息安全管理体系（Information Security Management System，ISMS），是组织在整体或特定范围内建立的信息安全方针和目标，以及完成这些目标所用的方法和体系。它是直接管理活动的结果，表示为方针、原则、目标、方法、计划、活动、程序、过程和资源的集合。

ISMS 的范围可以根据整个组织或者组织的一部分进行定义，包括相关资产、系统、应用、服务、网络和用于过程中的技术、存储及通信的信息等。ISMS 的范围包括组织所有的信息系统和组织部分的信息系统。此外，为了保证不同的业务利益，组织需要为业务的不同方面定义不同的 ISMS。例如，可以为组织和其他公司之间特定的贸易关系定义 ISMS，也可以为组织结构定义 ISMS，不同的情境可以由一个或者多个 ISMS 表述。

2. 组织内部成功实施信息安全管理的关键因素与步骤

组织内部成功实施信息安全管理的关键因素主要包括以下几点。

（1）反映业务目标的安全方针、目标和活动。

（2）与组织文化一致的安全实施方法。

（3）来自管理层的支持与承诺。

（4）对安全要求、风险评估和风险管理的良好理解。

（5）向所有管理者及雇员推行安全意识。

（6）向所有雇员和承包商分发有关信息安全方针和准则的导则。

（7）提供适当的培训与教育。

（8）用于评价信息安全管理绩效及反馈的改进建议，并有利于综合平衡地测量的系统。

不同的组织在建立与完善信息安全管理体系时，可根据自己的特点和具体的情况，采取不同的步骤和方法。但总体来说，建立信息安全管理体系一般要经过下列 4 个基本步骤。

（1）信息安全管理体系的策划与准备。

（2）信息安全管理体系文件的编制。

（3）信息安全管理体系的运行。

（4）信息安全管理体系的审核与评审。

3．信息安全管理模型

PDCA 是管理学惯用的一个过程模型，遵循管理的一般循环模式，即计划（Plan）、执行（Do）、检查（Check）和行动（Act）的持续改进模式。PDCA 最早是由沃尔特·休哈特（Walter Shewhart）于 20 世纪 30 年代构想的，后来被爱德华兹·戴明（W. Edwards·Deming）采纳、宣传并运用于持续改善产品质量的过程当中。

作为一种抽象模型，PDCA 把相关的资源和活动抽象为过程进行管理，而不是针对单独的管理要素开发单独的管理模式。这样的循环具有广泛的通用性，因而很快从质量管理体系（QMS）延伸到其他各个管理领域，包括环境管理体系（EMS）、职业健康安全管理体系（OHSMS）和信息安全管理体系（ISMS），如图 10-3 所示。

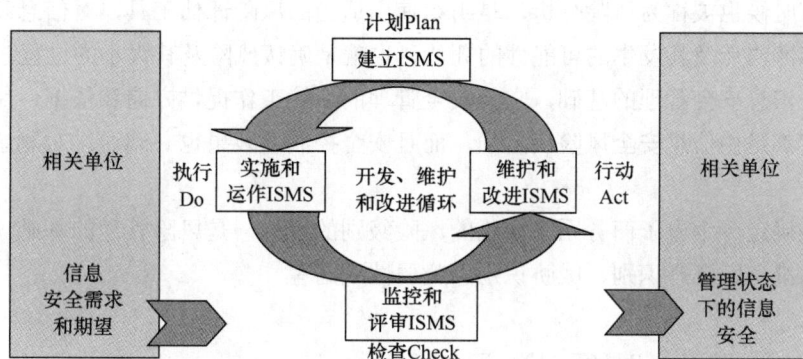

图 10-3　PDCA 模型与信息安全管理体系过程

为了实现 ISMS，组织应该在计划（Plan）阶段通过风险评估来了解安全需求，然后根据需求设计解决方案；在实施（Do）阶段将解决方案付诸实现；解决方案是否有效？是否有新的变化？应该在检查（Check）阶段对这些问题予以监视和审查；一旦发现问题，需要在行动（Act）阶段予以解决，以便改进 ISMS。通过这样的过程周期，组织就能将确切的信息安全需求和期望转化为可管理的信息安全体系。

10.2 电子商务的风险管理与安全评估

10.2.1　电子商务风险管理

从本质上讲，安全管理就是风险管理。一个组织者如果不了解其信息资产的安全风险，很多资源就会被错误地使用。风险管理提供信息资产评估的基础。通过风险识别，组织者可以知道一些特殊类型的资产价值及包含这些信息的系统的价值。

1. 风险相关概念

风险是构成安全基础的基本观念。风险是丢失需要保护的资产的可能性。如果没有风险，就不需要安全了。

（1）漏洞：是攻击的可能途径。漏洞有可能存在于计算机系统和网络中，它允许打开系统，使技术攻击得逞。漏洞也有可能存在于管理过程中，它使系统环境对攻击开放。漏洞不仅与计算机系统、网络有关，而且和物理场地安全、员工的情况、传送中的信息安全等都有关。

（2）威胁：是一个可能破坏信息系统环境安全的动作或事件。威胁由以下 3 个部分组成。①目标。威胁的目标通常是针对安全属性或安全服务，包括机密性、完整性、可用性、可审性等。②代理。代理需要有 3 个特性（访问、知识、动机）。③事件。事件是代理采取的行为，从而导致对组织的伤害。

（3）威胁+漏洞=风险：风险是威胁和漏洞的综合结果。没有漏洞的威胁就没有风险，没有威胁的漏洞也没有风险。风险的度量是要确定事件发生的可能性。风险可划分成低、中、高 3 个级别。

2. 风险评估

风险评估有时候也被称为风险分析，是组织使用适当的风险评估工具，对信息和信息处理设施的威胁、影响和薄弱点及其发生的可能性的评估，也就是确认风险及其大小的过程。

风险评估是信息安全管理的基础，它为安全管理的后续工作提供方向和依据，后续工作的优先等级和关注程度都是由信息安全风险决定的，而且安全控制的效果也必须通过对剩余风险的评估来衡量。

风险评估是确定一个电子商务系统面临的风险级别的过程，是风险管理的基础。风险评估的过程包括风险评估准备、资产识别、威胁识别、脆弱性识别等。

风险计算：

风险值 $= R(A, T, V) = R[L(T, V), F(I_a, V_a)]$

其中，R 表示风险计算函数；A，T，V 分别表示资产、威胁和脆弱性；L 表示安全事件发生的可能性；F 表示安全事件发生后造成的损失；I_a 表示资产重要程度；V_a 表示脆弱性的严重程度。

3. 风险管理的内容与过程

风险管理指以可接受的费用识别、控制、降低或消除可能影响信息系统的安全风险的过程。风险管理通过风险评估来识别风险大小，通过制定信息安全方针，选择适当的控制目标与控制方式使风险得到避免、转移或降至一个可被接受的水平。在风险管理方面，应考虑控制费用与风险之间的平衡。

风险管理由风险评估、风险处理，以及基于风险的决策 3 个部分组成。

（1）风险评估：将全面评估企业的资产、威胁、脆弱性，以及现有的安全措施，分析安全事件发生的可能性及可能的损失，从而确定企业的风险，并判断风险的优先级，建议处理风险的措施。

（2）风险处理：基于风险评估的结果，风险处理过程将考察企业安全措施的成本，选择合适的方法处理风险，将风险控制在可接受的程度。

（3）基于风险的决策：旨在由企业的管理者判断残余的风险是否处在可接受的水平之内，基于这一判断，管理者将决定是否进行某项电子商务活动。

10.2.2　电子商务的安全评估

系统安全评估在电子商务安全体系建设中具有重要的意义。它是了解系统安全现状、提出安全解决方案、加强安全监督管理的有效手段。

电子商务的安全评估主要涉及环境安全、应用安全、管理机制、通信安全、审计机制等多个方面。这里主要对网络安全、平台安全、应用安全的评估加以说明。

1. 网络安全评估

（1）了解网络的拓扑：假如防火墙在阻断跟踪路由分组，这就比较复杂，因为跟踪路由器是用来绘制网络拓扑的。

（2）获取公共访问机器的名字和 IP 地址：这是比较容易完成的，只要使用 DNS 就可在美国互联网号码注册机构（American Registry for Internet Numbers，ARIN）中查询所有注册的公共地址。

（3）对全部可达主机进行端口扫描：端口是用于 TCP/IP 网络传输层中将一个端口指定到一个逻辑连接的术语。端口号标识端口的类型，如 80 号端口专用于 HTTP 通信。假如给定端口有响应，那么说明此端口是开放的，可根据需要测试所有已知的漏洞。

2. 平台安全评估

平台安全评估的目的是认证平台的配置情况，如操作系统不易受已知漏洞损害、文件保护及对配置文件的适当保护等。认证的唯一方法是在该平台上执行一个程序（代理）。假如平台已经适当加固，那么就要有一个基准配置。

（1）认证基准配置、操作系统、网络服务没有变更。因为黑客首先是将这些文件版本替换成自己的版本。黑客的版本通常是记录管理员的口令，并转发给互联网上的攻击者。所以，假如有文件需要打补丁或需要使用服务包，代理将通知管理员，进行安全预警以保护平台安全。

（2）认证管理员的口令。大部分机器不允许应用程序的用户登录到平台，对应用程序的用户鉴别是由在平台上运行的应用程序自身来完成的，而不是由平台来完成的。此外，还要测试本地口令的强度，如口令长度、口令组成、字典攻击等。最后，还要跟踪审计子系统，以便在黑客作案前就能跟踪其行迹。

3. 应用安全评估

应用安全评估比使用像网络和平台扫描这些自动工具需要的技术水平更高。黑客的目标是透过系统平台得到对应用程序的访问，强迫应用程序执行某些非授权用户的行为。很多基于 Web 应用的开发者使用通用网关接口（Common Gateway Interface，CGI）来分析表格，黑客能利用很多已知漏洞来访问使用 CGI 开发的 Web 服务器平台。

编写质量低的应用程序，其最大风险是可以直接访问未被允许访问的执行应用程序平台。当一个应用程序被损坏时，安全体系结构必须将黑客纳入平台安全评估中，防止应用程序造成安全问题。一旦一台在公共层的机器受损，黑客就可用它来攻击其他机器。黑客最通用的方法是在受损的机器上安装一台口令探测器以获得口令进行攻击。

10.2.3　信息安全的等级标准

信息安全的等级保护制度是国家在国民经济和社会信息化的发展过程中，提高信息安全保障能力和水平，维护国家安全、社会稳定和公共利益，保障和促进信息化建设健康发展的一项基本制度。实行信息安全等级保护制度，能够充分调动国家、法人和其他组织及公民的积极性，发挥各方面的作用，达到有效保护的目的，增强安全保护的整体性、针对性和实效性，使信息系统安全建设更加突出重点、统一规范、科学合理，对促进信息安全的发展将起到重要的推动作用。

视频 10-2

标准是技术性法规，作为一种依据和尺度。建立评估标准的目的是建立一个业界能广泛接受的通用的信息安全产品和系统的安全性评价原则。

1. 美国可信计算机系统评价准则

目前信息安全领域比较流行的评估标准是美国国防部开发的计算机安全标准——可信计算机系统评价准则（Trusted Computer System Evaluation Criteria，TCSEC），是于 1983 年由美国国防部制定的 5200.28 安全标准，即网络安全橙皮书或桔皮书，主要利用计算机安全级别评价计算机系统的安全性。

TCSEC 将安全分为 4 个方面（类别）：安全政策、可说明性、安全保障和文档。TCSEC 将这 4 个方面（类别）又分为 7 个安全级别，从低到高为 D、C1、C2、B1、B2、B3 和 A 级（见表 10-2）。

表 10-2　TCSEC 安全等级

类别	级别	名称	主要特征
D	D	低级保护	没有安全保护
C	C1	自主安全保护	自主存储控制
	C2	受控存储控制	单独的可查性，安全标识
B	B1	可标识安全保护	强制存取控制，安全标识
	B2	结构化保护	面向安全的体系结构，较好的抗渗透能力
	B3	安全区域	存取监控，高抗渗透能力
A	A	验证设计	形式化的最高级描述和验证

TCSEC 的安全级别中最常见的是 C1、C2 和 B1 级，如果一个系统具有身份认证和粗粒度的自主访问控制机制，那么它能达到 C1 级；如果系统不具备审计功能，则肯定不能达到 C2 级；如果系统不具备强制访问控制机制，则肯定不能达到 B1 级。

2. 我国信息系统的安全评估准则

1994 年国务院颁布的《中华人民共和国计算机信息系统安全保护条例》规定"计算机信息系统实行安全等级保护。安全等级的划分标准和安全等级保护的具体办法，由公安部会同有关部门制定"。1999 年 9 月 13 日国家发布《计算机信息系统安全保护等级划分准则》。2003 年中共中央办公厅、国务院办公厅转发《国家信息化领导小组关于加强信息安全保障工作的意见》（中办发〔2003〕27 号）明确指出"要重点保护基础信息网络和关系国家安全、经济命脉、社会稳定等方面的重要信息系统，抓紧建立信息安全等级保护制度，制定信息安全等级保护的管理办法和技术指南"。2007 年 6 月，公安部、国家保密局、国家密码管理局、国务院信息化工作办公室制定了《信息安全等级保护管理办法》（以下简称《管理办法》），明确了信息安全等级保护的具体要求。

我国计算机信息系统安全保护等级如表 10-3 所示。

表 10-3　我国计算机信息系统安全保护等级

等级	名称	描述
第一级	用户自我保护级	安全保护机制可以使用户具备安全保护的能力，保护用户信息免受非法的读写破坏
第二级	系统审计保护级	除具备第一级所有的安全保护功能外，还要求创建和维护访问的审计跟踪记录，使所有用户对自身行为的合法性负责
第三级	安全标记保护级	除具备前一级所有的安全保护功能外，还要求以访问对象标记的安全级别限制访问者的权限，实现对访问对象的强制访问
第四级	结构化保护级	除具备前一级所有的安全保护功能外，还将安全保护机制划分为关键部分和非关键部分，对关键部分可直接控制访问者对访问对象的存取，从而加强系统的抗渗透能力
第五级	访问验证保护级	除具备前一级所有的安全保护功能外，还特别增设了访问验证功能，负责仲裁访问者对访问对象的所有访问

3．其他信息的安全评估标准

（1）欧洲信息技术安全评估标准（ITSEC）。ITSEC 俗称欧洲的白皮书，将保密作为安全增强功能，仅限于阐述技术安全要求，并未将保密措施直接与计算机功能相结合。ITSEC 是欧洲的英国、法国、德国和荷兰 4 国在借鉴橙皮书的基础上联合提出的。橙皮书将保密作为安全重点，而 ITSEC 则将首次提出的完整性、可用性与保密性作为同等重要的因素，并将可信计算机的概念提高到可信信息技术的高度。

（2）美国联邦准则（FC）。FC 参照了加拿大的评价标准 CTCPEC 与橙皮书 TCSEC，目的是提供 TCSEC 的升级版本，同时保护已有建设和投资。FC 是一个过渡标准，之后结合 ITSEC 发展为联合公共准则。

（3）通用评估准则（CC）。CC 主要确定了评估信息技术产品和系统安全性的基本准则，提出了国际上公认的表述信息技术安全性的结构，将安全要求分为产品和系统的功能要求，以及解决如何正确、有效地实施这些功能的要求。CC 结合了 FC 及 ITSEC 的主要特征，强调将网络信息安全的功能与保障分离，将功能需求分为 9 类 63 族，将保障分为 7 类 29 族。

（4）信息安全管理标准（BS 7799）。BS 7799 是由英国标准协会（BSI）制定的信息安全管理标准，是国际上具有代表性的信息安全管理体系标准。该标准包括以下两部分：BS 7799-1:1999《信息安全管理实施规则》、BS 7799-2:2002《信息安全管理体系规范》。

10.3
电子商务安全的法律法规

10.3.1　电子商务安全的法律法规的主要内容

电子商务涉及的法律法规问题非常广泛，如合同法、税法、知识产权法、银行法、票据法、海关法、广告法、消费者权益保护法、刑法及工商行政法规等，这些都是促进电子商务健康发展的关键问题。可以说，电子商务法律体系建立和完善的过程，将会是法律体系全面深刻变革的过程。

从问题的类型来看，电子商务安全法律法规需要解决的主要问题包括：网络安全、信息安全、交易安全等几个方面。

10.3.2　电子商务网络安全的法律法规

1. 计算机信息系统安全的专用产品检测和销售许可

1997 年 6 月 28 日公安部部长办公会议通过的《计算机信息系统安全专用产品检测和销售许可证管理办法》规定：计算机信息系统安全专用产品，是指用于保护计算机信息系统安全的专用硬件和软件产品；中华人民共和国境内的安全专用产品进入市场销售，实行销售许可证制度；公安部计算机管理监察部门负责销售许可证的审批颁发工作和安全专用产品安全功能检测机构（以下简称检测机构）的审批工作；地（市）级以上人民政府公安机关负责销售许可证的监督检查工作。

2. 国际互联网出入信道的管理制度

1996 年 2 月 1 日国务院发布、1997 年 5 月 20 日国务院颁文修改的《中华人民共和国计算机信息网络国际联网管理暂行规定》规定：计算机信息网络直接进行国际联网，必须使用邮电部国家公用电信网提供的国际出入口信道；任何单位和个人不得自行建立或者使用其他信道进行国际联网。除国际通信出入口局作为国家总关口外，工业和信息化部还将中国公用计算机互联网划分为全国骨干网和各省、直辖市、自治区接入网进行分层管理，以便对入网信息进行有效的过滤、隔离和检测。

3. 市场准入制度

上述《中华人民共和国计算机信息网络国际联网管理暂行规定》规定了从事国际互联网经营活动和从事非经营活动的接入单位必须具备以下条件：（一）是依法设立的企业法人或者事业法人；（二）具备相应的计算机信息网络、装备以及相应的技术人员和管理人员；（三）具有健全的安全保密管理制度和技术保护措施；（四）符合法律和国务院规定的其他条件。

4. 计算机病毒防治管理办法

2000 年 4 月 26 日，公安部发布了《计算机病毒防治管理办法》，该办法规定：计算机病毒是指编制或者在计算机程序中插入的破坏计算机功能或者毁坏数据，影响计算机使用，并能自我复制的一组计算机指令或者程序代码。

5. 网络经营者的责任

1997 年 12 月 11 日国务院批准的《计算机信息网络国际联网安全保护管理办法》规定了经营国际互联业务的单位和个人的安全保护责任。例如，这些单位和个人负责所属互联网络的安全保护管理工作、履行安全保护职责，并接受公安机关监管；每个工作站和每个终端都要建立健全网络操作的各项制度，加强对内部操作人员的安全教育和监督，严格网络工作人员的操作职责，加强密码、口令和授权管理，及时更换有关密码、口令；重视软件和数据库的管理维护工作，加强对磁盘和光盘的发放和保管，禁止在网上使用非法软件、软盘。

10.3.3　电子商务信息安全的法律法规

利用互联网开展电子商务，在服务、成本等方面具有很多优点。但由于互联网技术本身的特点，在信息安全方面存在很大的风险，欺骗、窃听、病毒和非法入侵都在威胁着电子商务，特别是网上支付和网络银行对信息安全的要求显得更为突出。

我国目前对于网络信息资源的管理制度主要有两种：分级制度和电子商务安全认证制度。这两种管理制度都是从网络信息资源的安全出发，为了保证网络信息资源的安全而制定的。分级制度是针对所有网络上的信息，而电子商务安全认证制度则在电子商务方面更有针对性。

目前我国出台的电子商务信息安全的相关法律规范有以下几个方面。

（1）计算机信息系统安全保护。

（2）计算机信息网络国际联网的安全保护。

（3）计算机信息网络国际联网保密管理制度。

（4）电子公告服务的信息安全。

（5）新闻业务的信息管理。

10.3.4 电子商务交易安全的法律法规

1. 电子商务信息服务的授权管理制度

《互联网信息服务管理办法》第六条明确规定，从事经营性互联网信息服务，除应当符合《中华人民共和国电信条例》规定的要求外，还应当具备下列条件：（一）有业务发展计划及相关技术方案；（二）有健全的网络与信息安全保障措施，包括网站安全保障措施、信息安全保密管理制度、用户信息安全管理制度；（三）服务项目属于本办法第五条规定范围的，已取得有关主管部门同意的文件。

2. 电子商务交易安全的投诉处理机制

在现实生活中，消费者在权益受到侵害的时候可以找消费者权益保护协会（以下简称"消协"）出面协调。但网上交易难以受到行政手段控制，因此更需社会力量的参与，消协的作用显得更为重要。而在实践中，消协对这方面的投诉往往显得无能为力。为此，消协应从消费者利益出发，制定切实可行的格式条款，建立专门的网站，实行在线投诉。

3. 电子商务交易安全的法律规范

电子商务交易安全的法律保障问题，涉及两个基本方面：第一，电子商务交易首先是一种商品交易，其安全问题应当通过民商法和电子商务法规加以保护；第二，电子商务交易是通过计算机及其网络实现的，其安全与计算机及其网络自身的安全程度有关，其安全问题可以通过互联网信息安全法律法规加以保护。

10.3.5 我国电子商务法

电子商务法是指调整平等主体之间通过电子行为设立、变更和消灭财产关系和人身关系的法律规范的总称；是政府调整企业和个人以数据电文为交易手段，通过信息网络所产生的，因交易形式所引起的各种商事交易关系，以及与这种商事交易关系密切相关的社会关系、政府管理关系的法律规范的总称。

视频 10-3

《中华人民共和国电子商务法》是政府调整企业和个人以数据电文为交易手段，通过信息网络所产生的，因交易形式所引起的各种商事交易关系，以及与这种商事交易关系密切相关的社会关系、政府管理关系的法律规范的总称。

2013 年 12 月 27 日，全国人民代表大会常务委员会正式启动了《中华人民共和国电子商务法》的立法进程。2018 年 8 月 31 日，第十三届全国人民代表大会常务委员会第五次会议表决通过《中

华人民共和国电子商务法》，自 2019 年 1 月 1 日起施行。

《中华人民共和国电子商务法》对电子商务经营者、电子商务合同的订立与履行、电子商务争议解决、电子商务促进和法律责任这 5 个方面做了规定。明确规定了电子商务各方主体的合法权益，规范了电子商务行为，为网购消费者撑起了法律的"保护伞"，是电子商务领域的一部基础性法律，可以总结为以下 10 个特点。

1. 将微商、代购、网络直播纳入范畴

从平台购物到朋友圈购物，再到直播购物，我们的网购渠道愈来愈多。电子商务法明确微商、代购、网络直播也纳入电子商务经营者范畴，受该法制约。

2. 电子商务平台不得删除消费者评价

很多消费者明明购买了质量有问题的产品，真实的评价却在评论区"消失"了。这种情况今后将会改善。电子商务法明确不得删除评价。

3. 制约大数据杀熟

互联网的计算能力强大，它可以根据不同人的购买喜好、习惯，做出"千人千面"的页面。新法实施后，电子商务平台理应推出允许用户关闭"个性化推荐"的选项。

4. 禁止"默认勾选"，应显著提示搭售

默认同意获取个人信息、买机票搭个"专车"接送……这样的消费场景曾无数次上演。这些互联网平台的猫腻——"默认勾选"将成为历史，消费页面应让消费者知情并主动勾选"同意"。

5. 押金退还不得设置不合理条件

明示押金退还方式和程序、不得设置不合理条件、符合规定的押金退还要及时退还……未来，押金退还的程序会更加明确，消费者的权益会得到更好的保障。

6. 规范电子商务合同的订立与履行中的难点问题

新法规范了各类合同订立与履行的难点问题，包括快递、支付等各个环节，都有相应的规范。

7. 平台不能强制商家"二选一"

为电子商务促销季里获得更大的流量，有平台会对商家强制"二选一"。新法下，这一行为被禁止。

8. 平台经营者自营应显著标记

在天猫、京东等电子商务平台上，消费者经常会看到"自营"的标示。今后，这些标记必须更加明显。

9. 强化经营者举证责任

未来消费者和商家出现消费纷争，平台应积极配合消费者举证，提供必要的便利来维护消费者权益。

10. 平台经营者未尽义务应依法担责

如若提供的服务不符合保障人身、财产安全的要求，平台需要依法担责。

在《中华人民共和国电子商务法》出台前，我国已经有了市场准入、消费者权益保护、个人信息保护等涉及电子商务的规定，但这些规定分散于各个政策与法规中，层级普遍较低且条文之间也缺乏联动性，难以应对新形势下的交易模式。《中华人民共和国电子商务法》对保障电子商务各方主体的合法权益，规范电子商务行为，促进电子商务持续健康发展，具有重要意义。

10.4 | 电子商务信用体系

10.4.1 社会信用体系

对于一个国家而言，诚信是立国之本；对于人而言，诚信是立身之本。在经济社会中商业活动离不开诚信。电子商务区别于传统商业，买卖双方在交易中更加需要诚实守信。双方在网络信息不对称时只能对其进行网络调查，有些信息调查不到，导致在交易时出现诚信问题。因此，为促进电子商务的健康发展，需要尽快建立科学的信用机制、完善电子商务信用体系。

视频 10-4

1. 社会信用体系的概念

社会信用体系也称国家信用管理体系或国家信用体系。社会信用体系的建立和完善是社会市场经济不断走向成熟的重要标志之一。社会信用体系是以相对完善的法律、法规体系为基础，以建立和完善信用信息共享机制为核心，以信用服务市场的培育和形成为动力，以信用服务行业主体竞争力的不断提高为支撑，以政府强有力的监管体系作保障的国家社会治理机制（见图 10-4）。

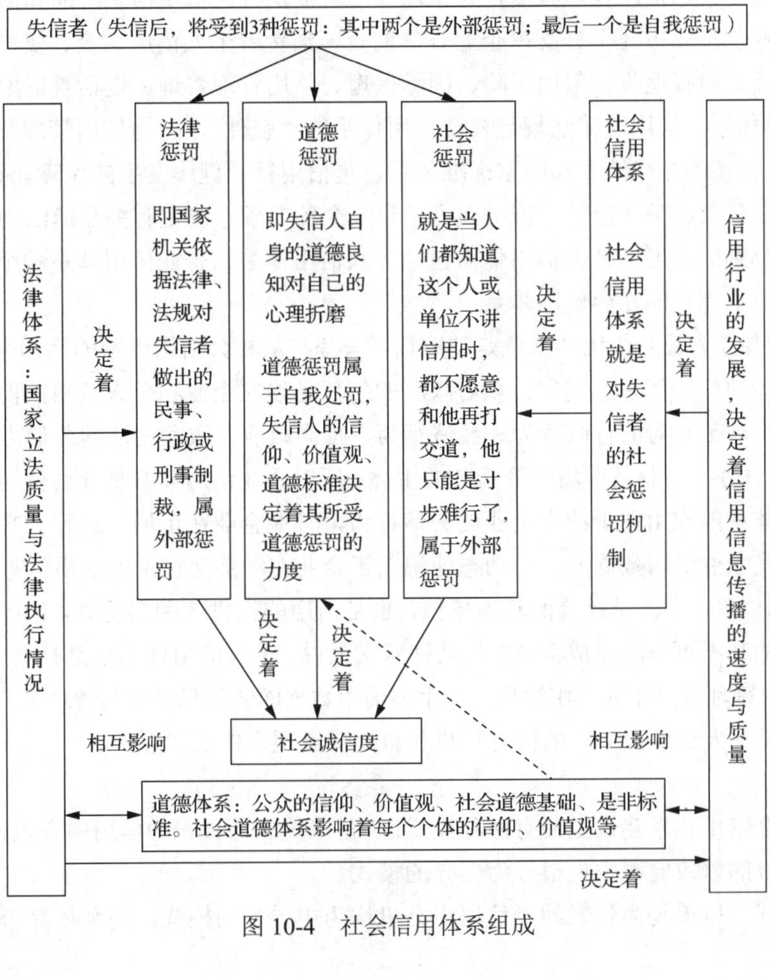

图 10-4 社会信用体系组成

它的核心作用在于，记录社会主体信用状况，揭示社会主体信用优劣，警示社会主体信用风险，并整合全社会力量褒扬诚信，惩戒失信。社会信用体系可以充分调动市场自身的力量净化环境，降低发展成本，降低发展风险，弘扬诚信文化。

它是一种社会机制，具体作用于一国的市场规范。它旨在建立一个适合信用交易发展的市场环境，保证一国的市场经济向信用经济方向转变，即从以原始支付手段为主流的市场交易方式向以信用交易为主流的市场交易方式的健康转变。这种机制会建立一种新的市场规则，使社会资本得以形成，直接地保证一国的市场经济走向成熟，扩大一国的市场规模。

完善的社会信用体系是信用发挥作用的前提，它保证授信人和受信人之间遵循一定的规则达成交易，保证经济运行的公平和效率。社会信用体系具有记忆功能、揭示功能和预警功能。

2. 社会信用体系的结构

完整的社会信用体系是由一系列必不可少的要素构成。这些要素相互分工、相互协作，共同守护市场经济的信用圣地，促进社会信用体系的完善和发展，制约和惩罚失信行为，从而保障社会秩序和市场经济的正常运行。

（1）从纵向延伸的角度。社会信用体系能够正常运转，必须包括以下要素：信用管理行业和信用法律体系。只有信用管理行业和信用法律体系有机结合，社会信用体系才能正常运转。

① 信用管理行业。信用管理行业是社会信用体系的"硬件"，它拥有覆盖市场参与主体的信用信息数据库和训练有素的信用管理人员，为市场参与者提供各种信用信息产品和服务。

信用管理行业包括以下几个分支：企业资信调查、消费者个人信用调查、资产调查和评估、市场调查、资信评级、商账追收、信用保险、国际保理、信用管理咨询、电话查证票据等。

② 信用法律体系。信用法律法规是社会信用体系的"软件"，它为信用管理行业的商业行为提供"游戏规则"。完备的法律法规和国家标准体系，是信用行业健康发展的保障。要按照信息共享、公平竞争、有利于公共服务和监管、维护国家信息安全的要求，制定有关法律法规。

（2）从横向分割的角度。社会信用体系包括公共信用体系、企业信用体系和个人信用体系。三者共同作用，构成了完整的社会信用体系。

① 公共信用体系。公共信用体系就是政府信用体系。从社会信用体系的全局来看，公共信用体系是影响社会全局的信用体系。建立公众对政府的信任是建立企业和个人信用的前提条件。公共信用体系的作用在于规范政府的行政行为和经济行为，提高政府行政和司法的公信力。

② 企业信用体系。企业是市场经济活动的主体，所以企业信用体系是社会信用体系的重要组成部分。企业信用体系的作用在于约束企业的失信行为，督促企业在市场上进行公平竞争。企业信用体系的关键环节是企业信用数据库，它动态地记录了企业在经济交往中的信用信息。

③ 个人信用体系。个人是社会的基本单位，也是信用的提供者和接受者，因此个人信用体系也是社会信用体系的必不可少的组成部分。从某种意义上说，个人信用体系也是社会信用体系的基础。个人信用体系的关键环节是个人信用数据库，个人信用数据库的信息采集与营运模式和企业数据库基本相同，不同的是个人信用数据库的信息采集和查询受到更多的法律保护。

3. 欧美模式

发达国家社会信用体系建设主要有两种模式：一是以美国为代表的信用中介机构为主导的模式；二是以欧洲为代表的以政府和中央银行为主导的模式。

（1）美国模式。以美国为代表的"信用中介机构为主导"的模式，完全依靠市场经济的法则和信用管理行业的自我管理来运作，政府仅负责提供立法支持和监管信用管理体系的运转。在这种运作模式中，信用中介机构发挥主要的作用，其运作的核心是经济利益。

（2）欧洲模式。以欧洲为代表的"以政府和中央银行为主导"的模式，是政府通过建立公共的征信机构，强制性地要求企业和个人向这些机构提供信用数据，并通过立法保证这些数据的真实性。在这种模式中政府起主导作用，其建设的效率比较高。

10.4.2　电子商务信用体系的建设

1. 电子商务信用体系的概念

电子商务信用体系是社会信用体系的一部分，也可以理解为电子商务环境下的社会信用体系，与传统的社会信用体系相比具有自己的特点。关于电子商务信用体系的概念现在还没有一致的认识。

目前被广泛认同的概念认为，电子商务信用体系是指在电子商务活动过程中，用于收集、整理、查证参与电子商务活动相关成员的信用状况，以及由国家、地方或行业管理部门建立的监督、管理与保障有关成员信用活动规范发展的一系列机制与行为规范的总和。

一个有效的电子商务信用体系应是一个多种机制和制度相互协调、相互配合的有机统一体系。从规范的内容上划分，可分为信用调查制度、信用评估制度、信息披露制度、公平授信制度、信用风险防范制度，以及失信惩罚制度等子体系；从信用主体上划分，可分为企业信用体系与个人信用体系两大部分，甚至在某种程度上还包括政府信用体系，具体主要涉及电子商务企业的信用、电子商务交易双方的信用、电子商务中介机构的信用、政府信用、司法信用等。

电子商务信用体系具有全球性、网络性、动态性的特点。

2. 电子商务信用体系的内容

电子商务信用体系作为社会信用体系的一部分，其内容首先包含社会信用体系的组成部分。为了适应网络信用交易发展的需要和防范信用交易的风险，电子商务信用体系应当涵盖以下内容。

（1）电子商务的基本规则和法律规范。电子商务作为网络交易行为，其商务行为、交易规则、法律法规等有一定的特殊性，如电子合同成立的形式及效力、电子支付方式、电子广告的形式、用户隐私权、电子安全认证等都有相应的协议规则和法律法规。这些内容是电子商务信用体系的基础。

（2）信用交易的工具和手段。为适应电子商务信用交易发展的需要而产生的便利信用交易的各种工具和手段有很多，例如，网上银行信贷、信用卡、信用证等。可见，在建立电子商务信用体系中，发展和开发各种网络信用工具和手段是一个重要方面。

（3）信用中介服务机构。为适应电子商务信用交易的需要，各种为电子商务信用交易提供服务的中介服务机构出现。例如，为电子商务信用交易提供信贷和各种支付凭证、信用证等的金融中介机构，为交易各方提供客户资信信息服务的征信机构，为交易各方提供有关市场主体、各种有价证券等的信用状况服务的信用评级机构等。

（4）电子商务信用统计监测体系。电子商务信用统计监测体系主要包括电子商务经营主体和信用评估服务机构的信用统计监测体系。例如，科学设计信用评价指标，逐步建立先进的信用指标体系；建立电子商务信用信息发布制度，逐步拓展发布渠道，及时准确反映电子商务领域的信用建设水平；在信用统计监测体系的基础上，建立电子商务信用监管模式。

（5）电子商务经营主体内部信用管理制度。电子商务经营主体内部信用管理制度包括国内电子商务企业建立企业内部信用管理、评价、改进体系，完善内部信用管理制度，设立信用风险管理机构，加强企业自我监管和自我评估，强化企业自律意识；引导电子商务企业建立矛盾纠纷预警机制，通过对客户资信、销售合同、应收款项、员工信用档案的管理，降低虚拟平台的交易风险；鼓励中小电子商务企业积极参与政府信用监测体系建设，参照全国信用评价指标体系，建立符合企业自身特点的评价指标，提高企业自身的信用建设水平。

3. 我国电子商务信用模式

目前我国电子商务主要采取 4 种较为典型的信用模式，即中介人模式、担保人模式、委托授权经营模式和网站经营模式（见图 10-5～图 10-8）。

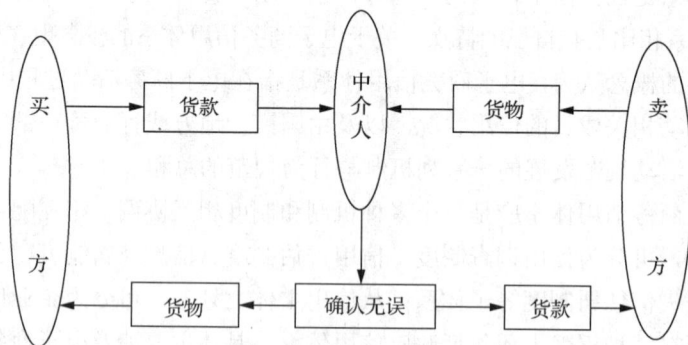

图 10-5　中介人模式

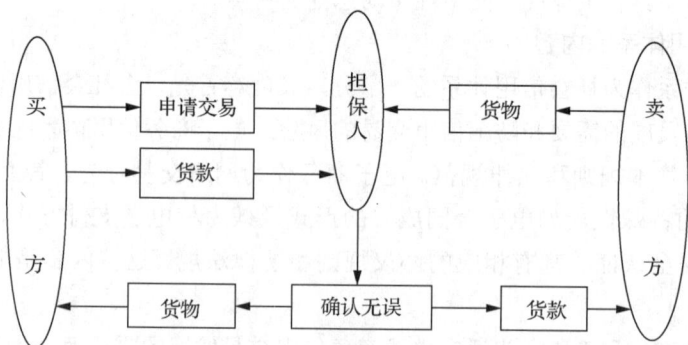

图 10-6　担保人模式

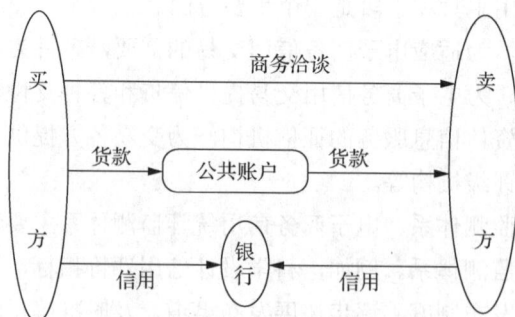

图 10-7　委托授权经营模式

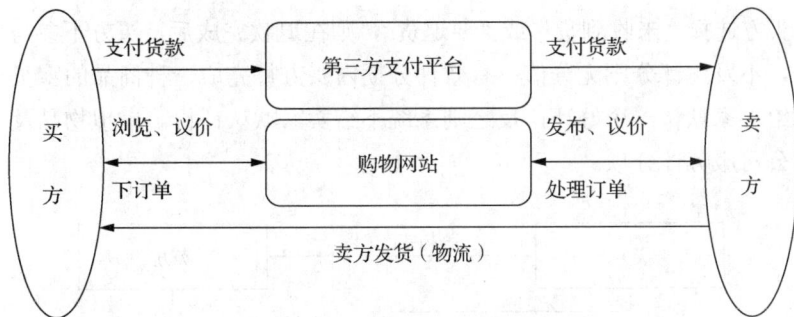

图 10-8　网站经营模式

（1）中介人模式。中介人模式是将电子商务网站作为交易中介人，达成交易协议后，购货的一方将货款、销售的一方将货物分别交给网站设在各地的办事机构，当网站的办事机构核对无误后再将货款及货物交给对方。这种信用模式试图通过网站的管理机构控制交易的全过程，虽然能在一定程度上减少商业欺诈等商业信用风险，但却需要网站有充足的资金去设立众多的办事机构，这种方式还存在交易速度慢和交易成本高的问题，难以普及。

（2）担保人模式。担保人模式以网站或网站的经营企业为交易各方提供担保为特征，试图通过这种担保来解决信用风险问题。这种将网站或网站的主办单位作为一个担保机构的信用模式，最大的好处是使通过网络交易的双方降低了信用风险，但却加重了网站和网站经营商的责任。而且在担保过程中，有一个核实谈判的过程，相当于无形中增加了交易成本。因此，在实践中，这一信用模式一般只适用于具有特定组织性的行业。

（3）委托授权经营模式。委托授权经营模式是网站通过建立交易规则，要求参与交易的当事人按预设条件在协议银行中建立交易公共账户，网络计算机按预设的程序对交易资金进行管理，以确保交易在安全的状况下进行。这种信用模式中电子商务网站并不直接进入交易的过程，交易双方的信用保证是以银行的公平监督为基础的。但要实现这种模式必须得到银行的参与，而要建立全国性的银行委托机制则不是所有的企业都能够做到的。

（4）网站经营模式。网站经营模式是通过建立网上商店的方式进行交易活动，在取得商品的交易权后，让买方将货款支付到网站指定的账户上，网站收到货款后才给买方发送货物。这种信用模式是单边的，是以网站的信誉为基础的，它需要交易的一方（买方）绝对信任交易的另一方（网站）。这种信用模式主要适用于从事零售业的网站，当当网、亚马逊、京东商城、天猫均采用这种模式。但也由于这样的单边信用模式，很多买方的利益得不到保障，这成为 B2C 电子商务发展的阻碍之一。

4．淘宝的信用评分

目前大多数 C2C 模式的电子商务信用评价模型，都是采用简单的信用累加评价算法，形成用户的信用度和信用记录，减轻了网上交易的信用危机，增强了用户网上交易的信心。目前 C2C 模式下的电子商务信用评价模型，如图 10-9 所示。

视频 10-5

淘宝网会员在使用支付宝服务成功完成每一个交易订单后，双方均有权对对方交易的情况做出相关评价。买方可对本次交易成功的卖方的服务态度、卖方发货速度、物流公司服务 3 项指标分别做出评分，以及可对本次成功交易的每种商品做出宝贝与描述相符的评分；如果交易过程中发生部分商品退款，且买方选择"未收到货"或"要退货"，则在退款完成后，买方不参与此商品的宝贝与描述相符的评分，不发生评分则无分值；有效评分期内买方每完成一种商品的宝贝与描述相符的评分，则系统自动给卖家默认一个好评，反之则系统不给卖家默认评价。虚拟物品及不需要使用物流的交易，无物流公司服务评分项。

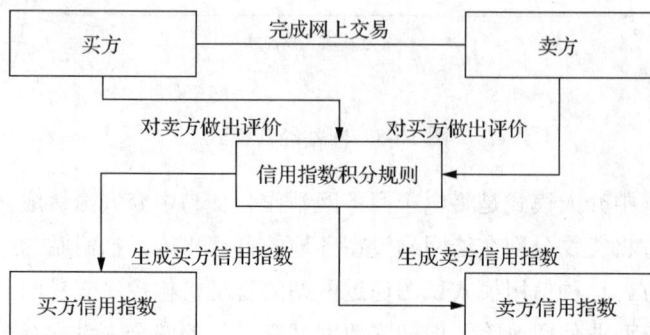

图 10-9　C2C 电子商务信用评价模型

卖方也可以针对订单中每项卖出的宝贝给买方进行好、中、差评。这些评价统称为信用评价（见图 10-10）。

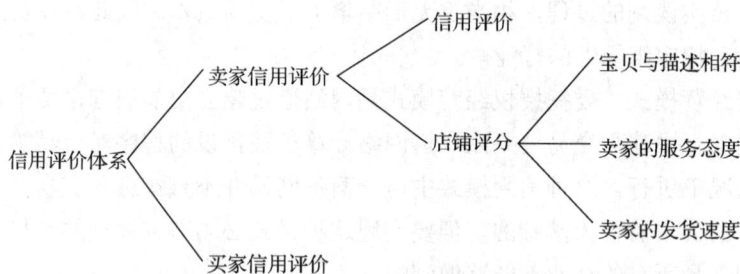

图 10-10　淘宝网商用评价体系

淘宝会员在淘宝网中每使用支付宝成功交易一次，就可以对交易对象做一次信用评价。各项指标打分分值为：1 分（非常不满意），2 分（不满意），3 分（一般），4 分（满意），5 分（非常满意）。

评价分为好评、中评、差评 3 类，每种评价对应一个信用积分，具体为：好评加 1 分，中评不加分，差评扣 1 分。在交易中作为卖家的角色，其信用度分为 15 个级别，其评分越高，等级就越高。

在中国网络零售市场中，占据主导地位的就是淘宝网，它的一举一动影响着整个网络零售市场，信用问题对淘宝网有着重大的影响。建立一套完善的信用评价体系是其发展的重要保障，还可以大大提高交易的成功率，并且有利于促进我国的个人信用体系的建设。随着市场经济的发展和技术的进步，淘宝信用机制也在不断地改进和提高，近几年建立了芝麻信用、掌柜信用、淘信用等新的信用机制，使得淘宝信用机制进一步完善。

课后习题

一、填空题

1．OSI 安全体系结构定义了网络安全的层次（　　），各个安全层次是与 OSI/RM 相对应的，也就是说，安全服务与实现的层次之间存在明确的关系。OSI 安全体系结构包括 5 类安全服务及 8 类安全机制。

2．ISO 7498-2 安全体系的 5 类安全服务包括认证（鉴别）服务、访问控制服务、数据保密性服务、数据完整性服务和（　　）。

3．PPDR 模型包含 4 个主要部分：策略、（　　）、检测和（　　）。

4．风险是构成安全基础的基本观念。风险是丢失需要保护的资产的可能性。如果没有风险，就不需要安全了。风险还是从事安全产业者应了解的一个观念。风险是威胁和（　　）的综合结果。

5．美国可信计算机系统评价准则将安全等级分为 4 个类型 7 个级别，其中（　　）为最高级、（　　）为最低级。

6．2007 年我国制定的《信息安全等级保护管理办法》明确我国计算机信息系统安全保护等级为 5 级，其中第（　　）级为最高安全等级。

7．我国电子签名法是（　　）年诞生的。

8．OSI 安全体系结构定义了网络安全的层次（ISO 7498-2），各个安全层次是与 OSI/RM 相对应的。也就是说，安全服务与实现的层次之间存在明确的关系。OSI 安全体系结构主要包括五类安全服务以及（　　）。

9．ISO 7498-2 的五类安全服务包括认证（鉴别）服务、访问控制服务、数据保密性服务、数据完整性服务和（　　）。

10．PPDR 网络安全模型包含 4 个主要部分：Policy（策略）、Protection（防护）、Detection（检测）和（　　）。

二、选择题

1．风险管理由 3 个部分组成，其中不包括以下哪一项？（　　）
   A．风险评估　　　B．风险处理　　　C．风险决策　　　D．风险预防

2．风险评估不包含下列哪一方面的内容？（　　）
   A．风险识别　　　B．脆弱性识别　　　C．威胁识别　　　D．人员识别

3．（　　）属于电子商务的信用风险。
   A．信息传输　　　B．交易抵赖　　　C．交易流程　　　D．系统安全

4．下列各项不属于电子商务中所涉及的隐私权保护问题的是（　　）。
   A．个人资料的收集　　　　　　B．个人资料的不合理开发利用
   C．个人资料的侵害　　　　　　D．个人资料的无意泄露

5. 《中华人民共和国电子商务法》是调整以数据电文为交易手段而形成的因（　　　）所引起的商事关系的规范体系。

    A. 交易形式　　　　　　B. 交易内容　　　　　　C. 交易方式　　　　　　D. 交易结果

6. 《中华人民共和国电子商务法》是政府调整企业和个人以数据电文为交易手段，通过信息网络所产生的、因交易形式所引起的各种商事交易关系，以及与这种商事交易关系密切相关的社会关系、政府管理关系的法律规范的总称，其正式从（　　　）开始实施。

    A. 2013 年 12 月 27 日　　　　　　　　B. 2018 年 8 月 31 日

    C. 2019 年 1 月 1 日　　　　　　　　　D. 2020 年 1 月 1 日

7. 社会信用体系的建立和完善是社会市场经济不断走向成熟的重要标志之一。其中对于失信者将收到（　　　）。

    A. 法律惩罚、道德惩罚、社会惩罚　　　　B. 法律惩罚、道德惩罚、舆论谴责

    C. 法律惩罚、罚款、内疚　　　　　　　　C. 社会惩罚、舆论谴责、罚款

8. 从横向分割的角度看，社会信用体系可以分为 3 个方面，三者共同作用，构成了完整的社会信用体系，其中不包括（　　　）。

    A. 公共信用体系　　B. 行业信用体系　　C. 企业信用体系　　D. 个人信用体系

9. 从诚信的形成机理来看，诚信是基于人们内在的诚信需要和动机，经过诚信意志的助推和诚信行为的展示而最终形成。因而，诚信具有（　　　）。

    A. 外发性　　　　　B. 内发性　　　　　C. 连续性　　　　　D. 稳定性

10. 在我国电子商务信用模式中，天猫商城采用（　　　）。

    A. 中介人模式　　　　　　　　　　　B. 担保人模式

    C. 网站经营模式　　　　　　　　　　D. 委托授权经营模式

三、名词解释

1. ISMS

2. PDCA 模型

3. 社会信用体系

4. 电子商务法

四、简答题

1. 简述美国"桔皮书"中等级保护的主要内容。

2. 什么是风险管理，它对保障信息系统安全有何作用？

3. 简述我国电子商务法律法规的建设现状。

4. 简述社会信用体系的结构与组成。

5. 简述我国电子商务信用模式的现状。

案例分析

《电子签名法》首次用于庭审

北京市民杨某状告韩某借钱不还，并将自己的手机交给法庭，以手机短信作为韩某借钱的证据。

但手机短信能否成为法庭认定事实的依据呢？2005年6月3日，海淀区法院3名法官合议审理了这起《中华人民共和国电子签名法》出台后的第一案。

2004年1月，杨先生结识了女士韩某。同年8月27日，韩某发短信给杨先生，向他借钱应急，短信中说："我需要5 000元，刚回北京做了眼睛手术，不能出门，你汇到我卡里"。杨先生随即将钱汇给了韩某。一个多星期后，杨先生再次收到韩某的短信，又借给韩某6 000元。因都是短信来往，两次汇款，杨先生都没有索要借据。此后，因韩某一直没提过借款的事，而且又再次向杨先生借款，杨先生产生了警惕，于是向韩某催要。但一直索要未果，于是起诉至海淀法院，要求韩某归还其11 000元钱，并提交了银行汇款单存单两张。但韩某却称这是杨先生归还以前欠她的钱。

为此，在庭审中，杨先生在向法院提交的证据中，除了提供银行汇款单存单两张外，还提交了自己使用的号码为"1391166×××"的移动电话一部，其中记载了部分短信息内容。如2004年8月27日15:05，"那就借点资金援助吧"。2004年8月27日15:13，"你怎么这么实在！我需要5 000元，这个数不大也不小，另外我昨天刚回北京做了个眼睛手术，现在根本出不了门口，都没法见人，你要是资助就得汇到我卡里！"等韩某发来的18条短信内容。

韩某的代理人在听完短信内容后，否认发送短信的手机号码属于韩某，并质疑短信的真实性。法官提醒他，在前次开庭时，法官曾当着双方拨打了该手机号码，接听者正是韩某本人。韩某也承认，自己从去年七八月份就开始使用这个手机号码。

法院经审理认为，依据《最高人民法院关于民事诉讼证据的若干规定》中的关于承认的相关规定，1391173××××的移动电话号码是由韩女士使用，韩女士在第一次庭审中明确表示承认，故法院确认该号码系韩女士使用。

依据2005年4月1日起施行的《中华人民共和国电子签名法》中的规定：电子签名是指数据电文中以电子形式所含、所附用于识别签名人身份并表明签名人认可其中内容的数据。数据电文是指以电子、光学、磁或者类似手段生成、发送、接收或者储存的信息。移动电话短信息即符合电子签名、数据电文的形式。同时移动电话短信息能够有效地表现所载内容并可供随时调取查用；能够识别数据电文的发件人、收件人，以及发送、接收的时间。经本院对杨先生提供的移动电话短信息生成、储存、传递数据电文方法的可靠性，保持内容完整性方法的可靠性，用以鉴别发件人方法的可靠性进行审查，可以认定该移动电话短信息内容作为证据的真实性。根据证据规则的相关规定，录音录像及数据电文可以作为证据使用，但数据电文不可以直接作为认定事实的证据，还应有其他书面证据相佐证。

通过韩女士向杨先生发送的移动电话短信息内容中可以看出：2004年8月27日，韩女士提出借款5 000元的请求并要求杨先生将款项汇入其卡中，2004年8月29日，韩女士向杨先生询问款项是否存入，2004年8月29日，中国工商银行个人业务凭证中显示杨先生给韩女士汇款5 000元；2004年9月7日，韩女士提出借款6 000元的请求，2004年9月7日，韩女士向杨先生询问款项是否汇入，2004年9月8日，中国工商银行个人业务凭证中显示杨先生给韩女士汇款6 000元，2004年9月15日至2005年1月，韩女士屡次向杨先生承诺还款。

杨先生提供的通过韩女士使用的号码发送的移动电话短信息内容中载明的款项往来金额、时间与中国工商银行个人业务凭证中体现的杨先生给韩女士汇款的金额、时间相符，且移动电话短信息内容中亦载明了韩女士偿还借款的意思表示，两份证据之间相互印证，可以认定韩女士向杨先生借款的事实。据此，杨先生所提供的手机短信息可以认定为真实有效的证据，证明事实真相，本院对此予以采纳，对杨先生要求韩女士偿还借款的诉讼请求予以支持。

在本案中，针对主要证据——手机短信息，法官根据《中华人民共和国电子签名法》第八条的规定及相关规定审查了该证据的真实性。在确定能够确认信息来源、发送时间，以及传输系统基本可靠、信息内容基本完整，同时又没有相反的证据足以否定这些证据的证明力的情况下，认可了这些手机短信息的证据力。

在《中华人民共和国电子签名法》出台之前，可以说有很多类似的案例，主要是针对电子邮件能否作为证据的。由于缺乏直接的法律规定，为此上海高院还专门出台了相关的解释，这种情况随着《中华人民共和国电子签名法》的出台得到了根本的改变。

（资料来源：软件开发网，2011年9月）

根据案例回答问题

（1）搜集资料了解《中华人民共和国电子签名法》的内容与法律要件。

（2）通过案例说明电子商务法律法规的重要性。

本章主要内容

- ◇ Windows 操作系统的安全配置
- ◇ 木马的攻击与防范
- ◇ 网络嗅探器——Sniffer Pro
- ◇ 综合扫描工具——X-scan
- ◇ 网络安全协议——IPSec
- ◇ 入侵检测工具——Snort
- ◇ 本地系统密码破解
- ◇ 典型密码算法的操作
- ◇ 基于 SSL 协议的 HTTPS
- ◇ 安全电子邮件软件——PGP
- ◇ 基于 Windows 操作系统的 VPN 搭建
- ◇ SQL Server 的安全设置
- ◇ 典型杀毒软件的操作
- ◇ 天网个人防火墙
- ◇ 网上银行个人业务
- ◇ 支付宝业务

本章学习方略

◇ 本章包含了网络安全与商务安全方面的 16 个典型的实验操作，可以满足 16～32 个课时的实验教学需要，教师可以按照课程安排和授课对象的特点选择实施。

◇ 由于篇幅关系，本章只简述实验目的、实验要求、实验内容，以及主要的操作步骤，详细步骤还需要参考相关资料。

11.1 Windows 操作系统的安全配置

11.1.1 实验目的

通过实验掌握 Windows 操作系统本地安全策略的功能、设置方法及应用策略，使用户了解 Windows 操作系统漏洞及检测修补方法，了解 Windows 操作系统防火墙的功能及开启方法，了解 Windows 操作系统的安全模式功能及进入方法。

11.1.2 实验要求

本实验可以在 Windows 操作系统的各种版本（Windows 7、Windows 10 等）中进行。下面以 Windows 10 操作系统为例，要求完成如下操作。

（1）设置本地安全策略。

（2）检测系统安全漏洞。

（3）开启 Windows 操作系统的防火墙。

（4）了解 Windows 操作系统的安全模式。

11.1.3 实验内容

1. 本地安全策略界面的开启

方法 1：利用控制面板

控制面板→管理工具→本地安全策略。

方法 2：利用搜索框

在搜索框中输入"secpol.msc"就可以找到"本地安全策略"。

方法 3：利用运行命令

按下"Win+R"组合键，在"运行"对话框中，输入"secpol.msc"，即可打开"本地安全策略"对话框。

2. 本地安全策略的设置

要想设置本地安全策略，主要需完成以下选项的设置。

（1）密码策略：密码长度最小值、密码使用期限、密钥符合复杂性要求等选项的设置。

（2）账户锁定策略：包括重置账户锁定计数器、锁定阈值、锁定时间等。

（3）审核策略：与系统日志记录内容相关。

（4）用户权限分配：与每个用户的权限有关，由系统管理员设置。

（5）安全选项：Windows 操作系统的启动与运行状态设置，如图 11-1 所示。

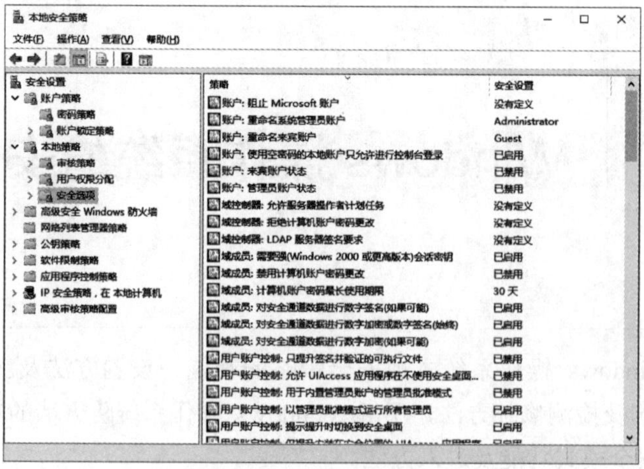

图 11-1　本地安全策略中的安全选项

3. 系统漏洞检测工具——MBSA

Microsoft 基准安全分析器（Microsoft Baseline Security Analyzer，MBSA）可以检查操作系统和 SQL Server 更新。MBSA 还可以扫描计算机上的不安全配置。有了这样一个工具，网络管理者可以大大减轻工作负担。

（1）到微软的官方网站下载该软件，按照"安装向导"的提示完成安装过程。

（2）选择扫描项目：可以根据需要选择系统漏洞检测、IIS 漏洞检测、SQL 漏洞检测、安全更新检测、弱密码检测；还可以选择扫描本机、其他计算机或多个计算机。

（3）分析检测报告，并根据提示修补漏洞或升级软件。再次检查可以发现系统安全性得到提高。

4. Windows 10 操作系统中防火墙的设置

Windows 10 操作系统中的防火墙和 Windows Defender 共同保护系统的安全，有了这两个安全工具，就不必舍近求远下载第三方软件。Windows 10 操作系统的防火墙设置（见图 11-2）得好，就能有效阻止网络恶意攻击，设置不好则会阻挡用户正常访问互联网。

图 11-2　Windows10 操作系统的防火墙设置

通常需设置 Windows 操作系统中防火墙的以下选项。

（1）设置允许应用通过 Windows 操作系统的防火墙进行通信。

（2）在高级设置中，可以对出站、入站两个方向进行更细颗粒的安全策略定义。如果不了解的话，不要随意更改预设策略，否则正常应用通信可能会出问题。

（3）在高级设置中，入站或出站选择新建规则，可以对地址和端口等参数进行设置。

5. Windows10 操作系统的安全模式

Windows 10 操作系统的安全模式对于排查一些系统故障有很大的帮助，如蓝屏、各种莫名其妙的故障，都可以试着进入安全模式解决。

（1）启动安全模式。第一种方法：运行"msconfig"命令，可以打开"系统配置"对话框，这里切换到"引导"选项卡，然后在下方勾选"安全引导"复选框（见图 11-3）。第二种方法：在任务栏的搜索框中输入"msconfig"命令，然后直接按"Enter"键。

（2）选择不同的高级启动选项，如安全模式、正常启动 Windows 操作系统等（见图 11-4）。

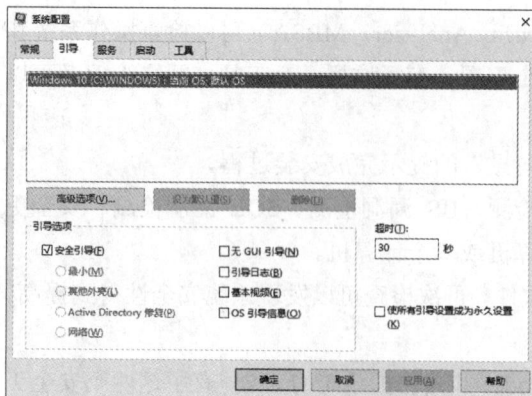

图 11-3　系统配置中的安全引导

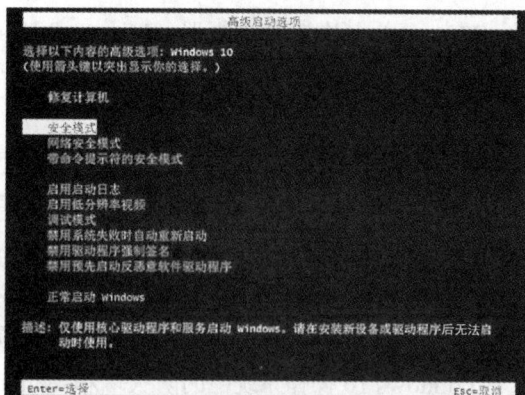

图 11-4　Windows10 操作系统的安全模式

11.2 | 木马的攻击与防范

11.2.1　实验目的

了解木马的工作原理和防御木马的注意事项；掌握常见的冰河木马工具的使用方法和安装、配置、传播、控制、清除等主要操作步骤。

11.2.2　实验要求

本实验可以 2 人一组分工完成，如一个人负责网络攻击，另一个人负责网络防范（也可以一个人独立完成）。操作时需要关闭本机的所有防病毒系统。主要任务如下。

（1）冰河木马的下载与配置。

（2）实现远程控制。

（3）冰河木马的卸载与清除。

11.2.3　实验内容

1．冰河木马的下载与配置

（1）从百度下载冰河木马软件，双击"冰河木马.rar"文件，将其解压，解压路径可以自定义。冰河木马共有两个应用程序：G_Client.exe 和 G_Server.exe。

（2）双击运行 G_Client.exe 客户端程序，单击"配置服务器程序"工具，进行相关参数的设置。如图 11-5 所示。

（3）根据需要设置"自我保护""邮件通知"等选项卡中的参数，这样就完成了冰河木马程序"G_Client.exe"的配置。

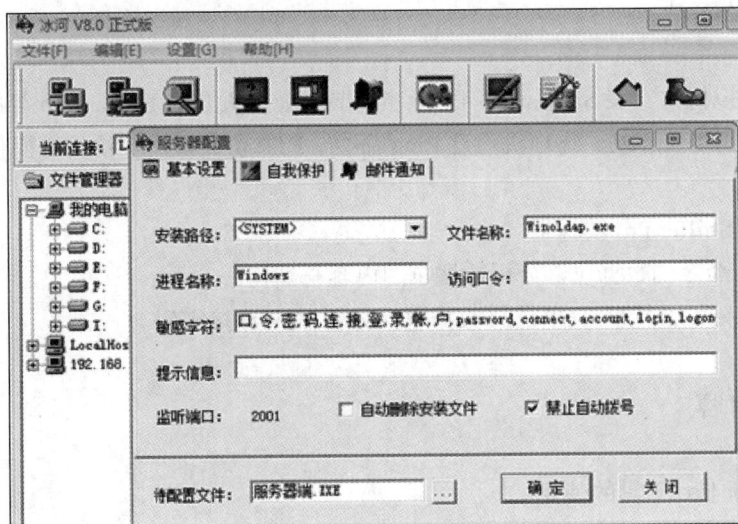

图 11-5 冰河木马的服务器配置

2．冰河木马的传播

本步骤为冰河木马攻击的最重要的一步，可以采用各种方式引诱对方下载并运行该木马服务器端程序。实验中可以直接复制服务器端程序到另外一台计算机（被攻击的主机），并双击运行。这样，这台计算机就"中招"了。

3．冰河木马攻击和控制

（1）在客户端搜索中招的计算机。在实验室局域网中可以通过 IP 地址范围搜索，这样可以看到已经被控制的主机名。

（2）这时就可以选择"中招"的计算机进行相关控制了。例如，可以通过屏幕来对受控端计算机进行控制；还可以通过冰河信使功能和服务器方进行聊天；还可以进行"命令控制台"的其他操作，如查看系统信息、记录键盘操作、远程关机；等等。

4．冰河木马的清除

用户可以通过在客户端执行系统控制里的"自动卸载冰河"命令，或在进程中关闭木马程序并删除，或开启防病毒系统进行查杀来清除冰河木马。

11.3

网络嗅探器——Sniffer Pro

11.3.1 实验目的

通过实验，用户可了解网络嗅探器的功能与对系统的威胁；通过使用 Sniffer Pro 网络嗅探器，用户可实现捕捉 Ping、FTP、HTTP 等协议的数据包，以理解 TCP/IP 中多种协议的数据结构、会话连接建立和终止的过程，从而对网络攻击与防范有进一步的理解。

11.3.2 实验要求

本实验可在虚拟机中安装 Sniffer Pro 4.7 版本，要求虚拟机开启 FTP、Web 等服务，即虚拟机充当服务器，物理机充当工作站。物理机通过 Ping 命令、FTP 访问及网页访问等操作实验网络数据帧的传递。

（1）下载安装 Sniffer Pro 嗅探器。

（2）捕获 Ping 命令的数据包，分析数据包的内容与结构。

（3）访问 FTP 网站，捕获 TCP 连接数据包，分析 FTP 连接密码。

11.3.3 实验内容

1. 熟悉 Sniffer Pro 工具的使用

报文捕获功能可以在报文捕获面板中完成，Sniffer Pro 捕获面板的工具按钮如图 11-6 所示。图中显示的是处于开始状态的面板，在捕获过程中可以查看捕获报文的数量和缓冲区的利用率。

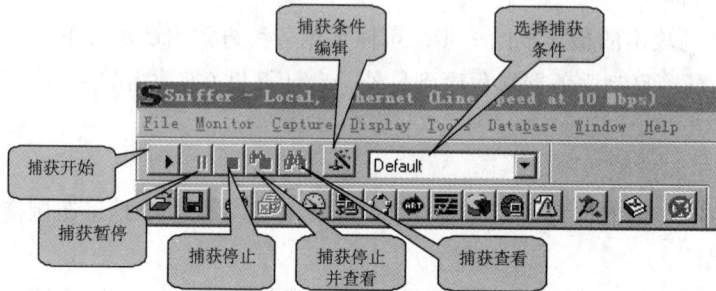

图 11-6　Sniffer Pro 捕获面板的工具按钮

Sniffer Pro 软件提供了强大的分析、解码功能。对于捕获的报文，该软件提供了 Expert——一个专家分析系统进行分析，还有解码选项及图形和表格的统计信息，如图 11-7 所示。

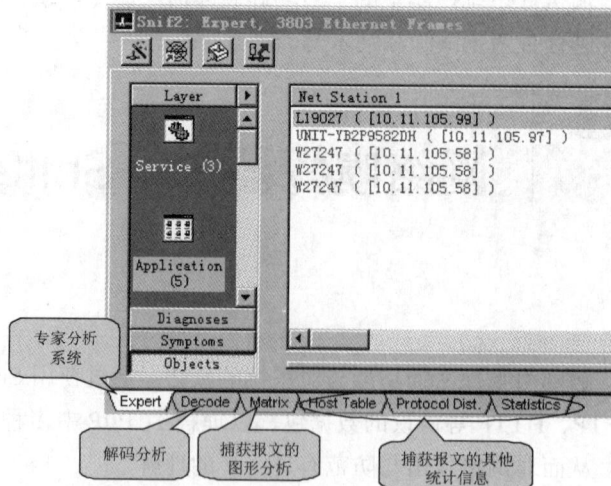

图 11-7　Sniffer Pro 的分析与解码功能

对捕获报文进行解码通常分为 3 个部分，目前大部分此类软件都采用图 11-8 所示的结构显示。对于解码，主要要求分析人员对协议比较熟悉，这样才能看懂解析出来的报文。使用该软件是很简单的事情，但要想能够利用软件解码分析来解决问题，关键是要对各种层次的协议了解得比较透彻。

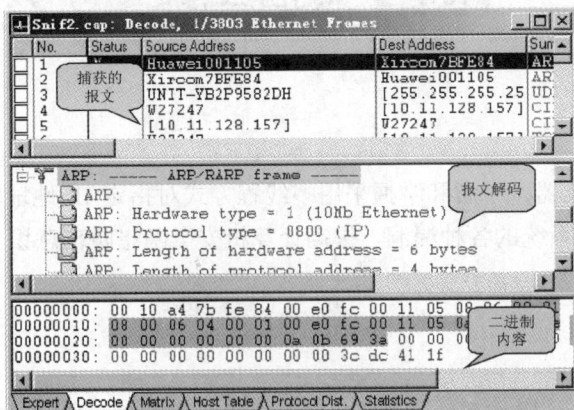

图 11-8　数据包的解码

2．定义过滤规则

（1）在主界面选择 "Capture" → "Define Filter" 选项，打开 "Define Filter" 对话框。

（2）在 "Define Filter" 对话框中选择 "Address" 选项卡，这是最常用的定义，其中包括 MAC 地址、IP 地址和 IPX 地址的定义。

（3）在 "Define Filter" 对话框中选择 "Advanced" 选项卡，定义希望捕获的相关协议的数据包。

3．抓取 Ping 数据包

本例要求在断开网络连接情况下，抓取 Ping 127.0.0.1（Ping 本机）命令所发送的数据包并进行分析。

（1）设置规则：在 "Define Filter" 对话框的 "Address" 选项卡中分别填写两台计算机的 IP 地址（或都填写为 127.0.0.1），选择双向抓取，可以忽略其他选项。

（2）单击工具栏中的 "开始" 按钮，开始抓取数据包。

（3）打开 "命令提示符" 窗口，执行 "Ping 127.0.0.1" 命令。用户可以看到命令统计结果，表示正常发送 4 个数据包、返回 4 个数据包。

（4）查看结果，在 "分析" 窗口的 "Decode" 选项中即可看到捕捉到的 8 个包（没有其他网络连接和数据发送的情况下），数据包的大小均为 32bit。

4．窃取 FTP 密码

本例假设从 192.168.113.208 计算机 FTP 连接到 192.168.113.50 计算机 FTP，用 Sniffer Pro 窃取用户名和密码。

（1）设置规则：在 "Define Filter" 对话框的 "Address" 选项卡中分别填写两台计算机的 IP 地址，在 "Advanced" 选项中选择 "IP/TCP/FTP"，根据需要选择其他选项。

（2）单击工具栏中 "开始" 的按钮，开始抓取数据包。

（3）运行 FTP，可以登录 FTP 网站或执行 "FTP" 命令 "C:\>ftp 192.168.113.50"。

（4）查看结果，在 "分析" 窗口的 "Decode" 选项中即可看到捕捉到的所有包。用户可以清楚地看出用户名和密码。

11.4 综合扫描工具——X-scan

11.4.1 实验目的

熟练使用 X-scan 扫描器；了解和掌握采用多线程方式对指定 IP 地址段（或单机）进行安全漏洞检测的操作；了解操作系统的各种漏洞，提高计算机安全隐患防范意识。

11.4.2 实验要求

本实验要求在 Windows 操作系统中进行，可以在单机上完成，也可以对局域网中的其他计算机进行操作。主要任务如下。

（1）下载并运行 X-scan V3.3。

（2）熟悉软件的功能和操作界面。

（3）设置扫描参数。

（4）分析扫描结果，对漏洞进行相应的处理。

11.4.3 实验内容

1. 下载与运行

（1）首先将本机所有的杀毒软件、防火墙等安全组件暂时关闭。

（2）从官网（或其他网站）下载最新版 X-scan V3.3，将文件解压，无须安装。

（3）直接运行"xscan_gui.exe"即可。

2. 设置扫描参数

（1）扫描参数界面需要设置 IP 范围，这里可以是一个 IP 地址，可以是 IP 地址范围，也可以是一个 URL 网址。

（2）单击"全局设置"前面的"+"号，展开后会有 4 个模块，分别是"扫描模块""并发扫描""扫描报告""其他设置"，如图 11-9 所示。

（3）单击"扫描模块"，在右边的边框中会显示相应的参数选项，可以扫描单台或多台目标。

（4）单击"并发扫描"，可以设置要扫描的最大并发主机数和最大的并发线程数。

（5）单击"扫描报告"，在右边的窗格中，会生成一个检测 IP 或域名的报告文件。

（6）根据需要设置其他参数，包括端口相关设置、SNMP 相关设置、NETBIOS 相关设置、漏洞检测脚本、CGI 相关设置、字典文件设置等。

3. 扫描与分析

（1）单击工具栏中的"扫描"按钮，开始扫描。如图 11-10 所示。

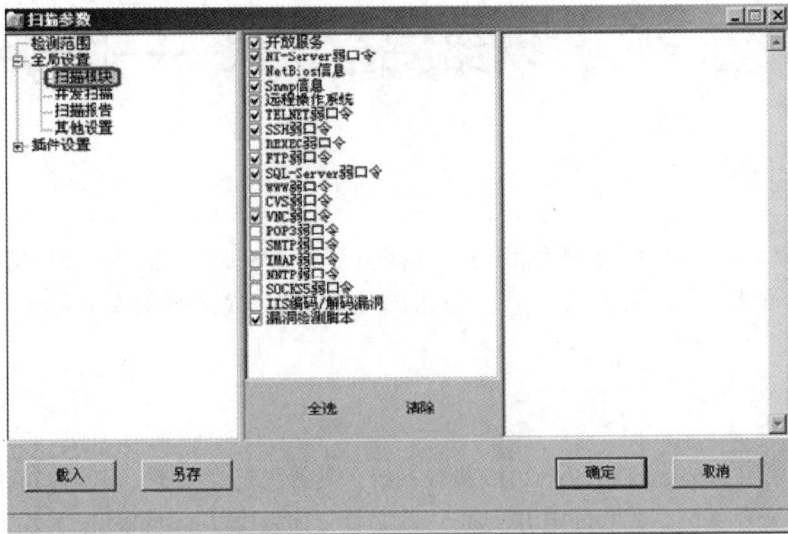

图 11-9　X-scan 扫描参数设置

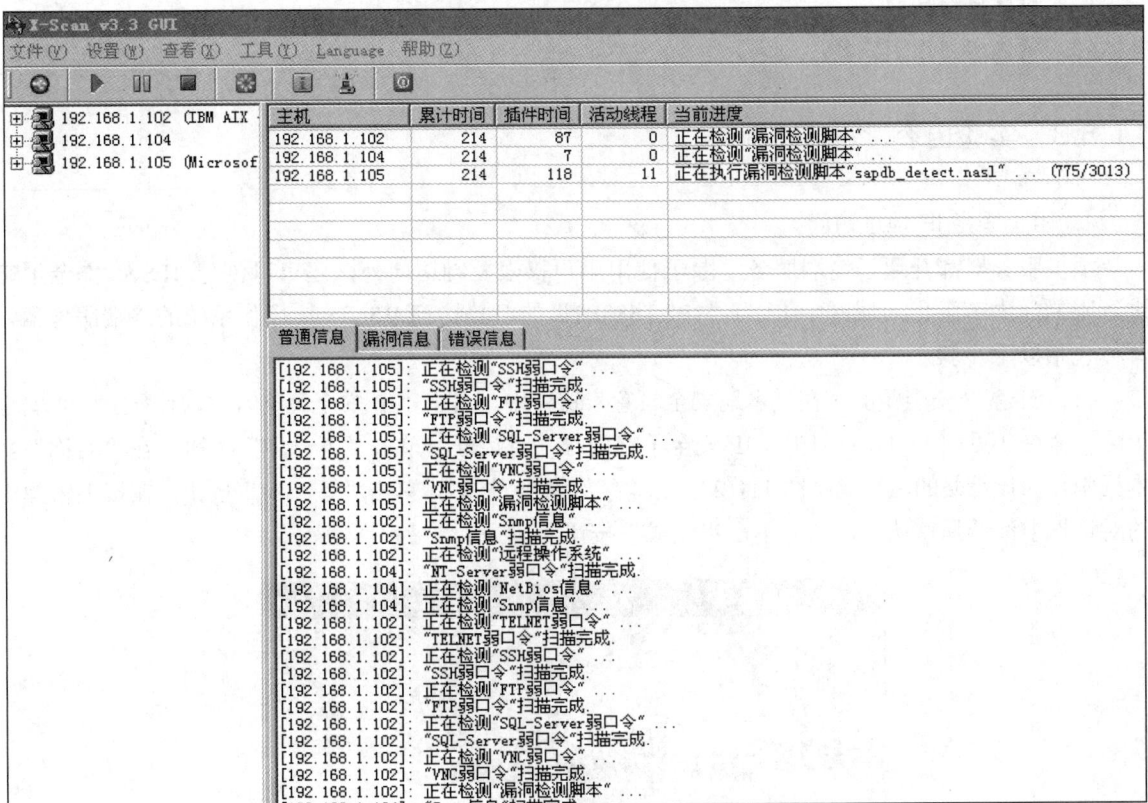

图 11-10　X-scan 扫描界面

（2）扫描结束以后会自动弹出检测报告，包括漏洞的风险级别和详细的信息，以便对目标主机进行详细的分析。

（3）根据扫描的结果进行漏洞处理，如关闭相应端口、修改弱密码等。

11.5 网络安全协议——IPSec

11.5.1 实验目的

通过实验理解网络安全协议的概念和作用，用户可了解 IPSec 的功能和工作原理；掌握 Windows 操作系统中 IP 安全策略的配置方法，针对不同的安全性需求设置不同的安全策略。

11.5.2 实验要求

网络服务器采用 Windows Server 2019 操作系统，具有固定 IP 地址、开通终端服务；客户机采用其他 Windows 操作系统，具有固定 IP 地址。本实验具体完成以下功能的配置。

（1）阻止固定 IP 地址访问服务器。

（2）封堵危险端口。

（3）禁止访问指定域名。

11.5.3 实验内容

1. 阻止固定 IP 地址访问

很多服务器都开通了终端服务，除了使用用户权限控制访问外，还可以创建 IPSec 安全策略进行限制。本节阻止局域网中 IP 为"192.168.0.2"的机器访问 Windows 操作系统的终端服务器。具体包括以下步骤。

（1）创建 IP 安全策略。在"本地安全设置"窗口中，右击"IP 安全策略"，执行"创建 IP 安全策略"命令（见图 11-11）；打开"IP 安全策略向导"对话框，单击"下一步"按钮，在"名称"文本框中输入该策略的名字（见图 11-12），如"终端服务过滤"，单击"下一步"按钮，在接下来弹出的对话框中都选择默认值，最后单击"完成"按钮。

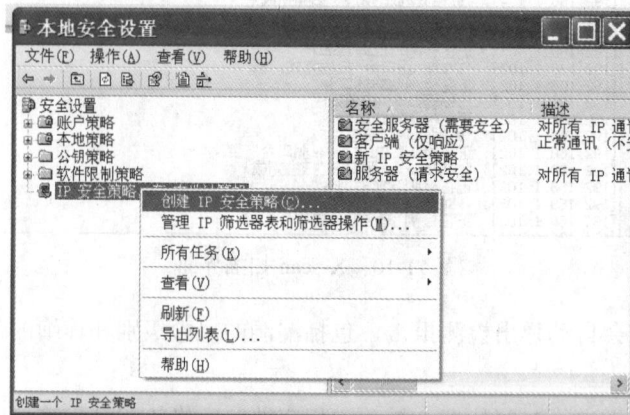

图 11-11 "创建 IP 安全策略"对话框

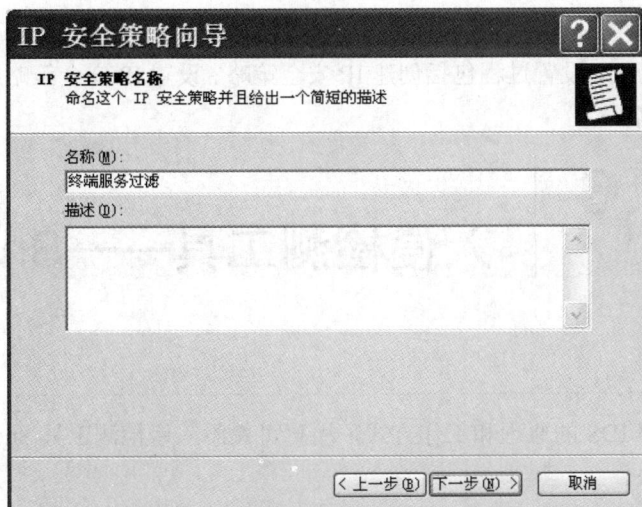

图 11-12　输入 IP 安全策略的名称

（2）为该策略创建一个筛选器。在"IP 筛选器向导"对话框中输入 IP 为 192.168.0.2，端口号为 3389 的过滤器。

（3）新建一个阻止操作。切换到"管理筛选器操作"选项卡，单击"添加"按钮，进入"筛选器操作向导"对话框，单击"下一步"按钮，给这个操作起一个名字，如"阻止"。

（4）绑定过滤器和操作。在"IP 筛选器列表"中选择"终端服务过滤"选项，在"筛选器操作"列表中选择"阻止"，最后将终端服务与阻止操作绑定。

（5）完成"指派"并验证。完成了创建 IPSec 安全策略后，还要指派 Windows 操作系统的 IPSec 安全策略，一台机器同时只能有一个策略被指派。

通过 Ping 命令来测试 192.168.0.2 的连通性，在配置和指派"终端服务过滤"策略前，它可以连通，在配置并指派后则不能连通。

2．封堵危险端口

Ping 命令是利用 TCP 的 135 端口传递数据，所以我们只要在 IP 安全策略中封堵禁止 TCP 的 135 端口，就可以禁止其他计算机 Ping 本机（当然防火墙也可以实现此功能）。

下面介绍如何在 Windows 操作系统的各版本下关闭 TCP 的 135 端口，禁止其他计算机 Ping 本机。

（1）创建 IP 筛选器。在"IP 筛选器列表"对话框中单击"添加"按钮，输入 IP 筛选器名称为"封堵 TCP135"，设置"源地址"与"目标地址"为"任何 IP 地址"；在"筛选器属性"对话框中封闭端口，如封闭 TCP 的 135 端口，在出现的"筛选器操作"选项卡中设置筛选器操作为"需要安全"选项。

（2）创建 IP 安全策略。在"本地安全设置"中右击左侧的"IP 安全策略，在本地计算机"选项，执行"创建 IP 安全策略"命令，输入 IP 安全策略名称（如封堵 TCP135）等参数。完成 IP 安全策略的创建后，要为其指定 IP 筛选器和访问规则。

（3）指派 IP 安全策略与验证。安全策略创建完毕后并不能马上生效，我们还需通过"指派"功能令其发挥作用。在指派"终端服务过滤"策略前，从其他计算机可以 Ping 通本机，"指派"后则不能 Ping 通本机。

3. 禁止访问指定域名

以封堵指定域名为例，设置过程包括创建 IP 安全策略、设置 IP 安全策略属性、创建 IP 筛选器、指派安全策略、效果测试。

11.6 | 入侵检测工具——Snort

11.6.1 实验目的

通过实验深入理解 IDS 的原理和工作方式，用户可熟悉入侵检测工具 Snort 在 Windows 操作系统中的安装和配置方法。

11.6.2 实验要求

本实验内容涉及较多的服务器（如 MySQL 数据库服务器等）以及 Snort 规则的配置命令，为了让学生对实验内容有更深入了解，首先要安装与配置 MySQL 和 Snort，再使用 Snort。

（1）配置运行环境所需要的软件。

（2）安装配置 Snort。

（3）使用 Snort。

11.6.3 实验内容

1. 配置实验环境

一台安装 Windows 操作系统的计算机，连接到本地局域网中，需要下载和安装的软件如表 11-1 所示。

表 11-1　Snort 的运行环境

软件名称	作用
acid-0.9.6b23.tar.gz	基于 PHP 的入侵检测数据库分析控制台
Adodb360.zip	Adodb 库为 PHP 提供了统一的数据库连接函数
Apache_2.046-win-x86-no_src.msi	Windows 操作系统的 Apache Web 服务器
Jpgraph-1.12.2.tar.gz	PHP 所用图形库
Mysql-4.0.13-win.zip	Windows 操作系统的 MySQL 数据库，用于存储 Snort 日志、报警、权限等信息
Php-4.3.2-Win32.zip	Windows 操作系统中 PHP 脚本的支持环境
Snort-2_0_0.exe	Windows 操作系统中的 Snort 安装包，入侵检测的核心部分
WinPcap_3_0.exe	网络数据包截取驱动程序，用于从网卡中抓取数据包

2. 安装配置 Snort

（1）首先安装 WinPcap（Windows 操作系统的数据包捕获工具）。默认选项，一直单击"下一步"按钮，直至安装完成。

（2）从官网下载 Snort 安装包。默认安装到 C:\snort，一直单击"下一步"按钮，直至安装完成，弹出一个包含 success 的对话框。

（3）完善配置文件。打开"C:\snort\etc\snort.conf"文件，查看现有配置，设置 Snort 的内、外网检测范围。将 snort.conf 文件中 var HOME_NET any 语句中的 any 改为自己所在的子网地址，即将 Snort 监测的内网设置为本机所在局域网。

3. 使用控制台查看检测结果

启动 Snort 并打开 ACID 检测控制台主界面，如图 11-13 所示。

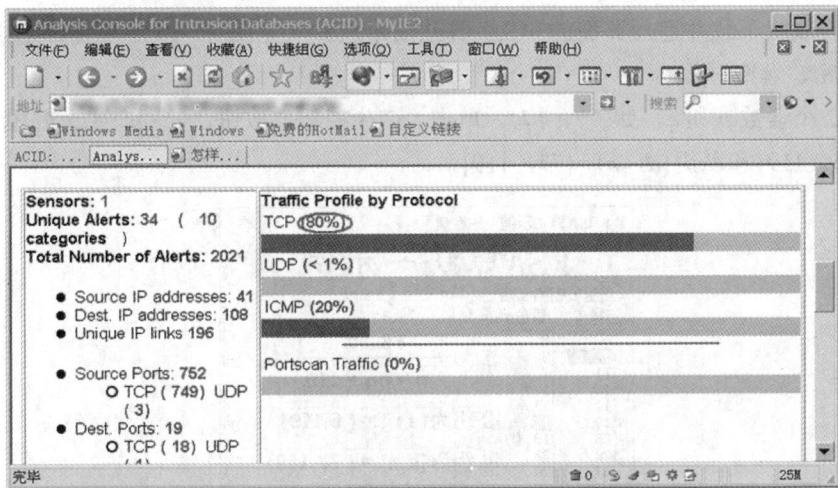

图 11-13　ACID 检测控制台主界面

4. 配置 Snort 规则

练习添加一条规则，以对符合此规则的数据包进行检测。打开文件"C:\snort\rules\local.rules"，在规则中添加一条语句，实现对内网的 UDP 协议的相关流量进行检测，并报警：udp ids/dns-version-query。语句如下：

```
alert udp any any <> $HOME_NET any (msg:"udp ids/dns-version-query";content:"version";)
```

保存文件后退出，重启 Snort 和 ACID 检测控制台，使规则生效。

11.7 典型密码算法的操作

11.7.1　实验目的

通过本实验对 DES、RSA 算法的操作，用户可了解加解密的原理、运算过程，以及密码系统的缺陷，从而对认证技术、数字证书、数字签名这些密码技术的应用有更加深入的理解。

11.7.2　实验要求

本实验通过下载安装 RSA 算法、DES 算法的源程序或算法演示软件，使用户了解算法的运算过程；能够对具体数据进行相应的加密、解密运算，并与手工（或程序）运算的结果进行比对。

（1）RSA 算法的操作。

（2）DES 算法的操作。

11.7.3　实验内容

1. RSA 算法的数值运算

（1）通过互联网下载并运行典型的 RSA 算法演示软件（见图 11-14）。熟悉其操作界面，了解 RSA 算法的加密、解密过程。

（2）选取 2 个素数 p 和 q，如（7，17），单击"产生密钥"按钮，分别产生公开模数 $n=pq=119$、公钥 $\{e,n\}=\{5，119\}$ 和私钥 $\{d，n\}=\{77，119\}$。

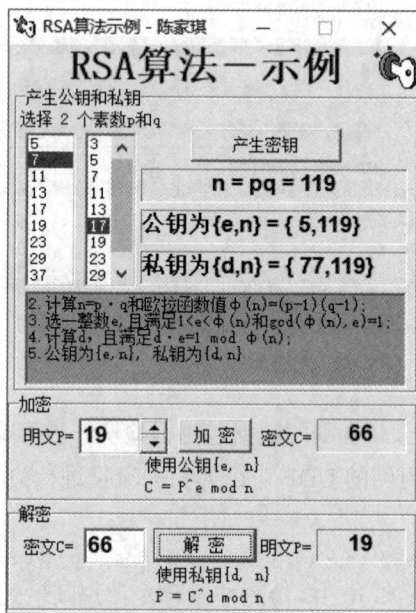

图 11-14　数值加密 RSA 演示程序界面

（3）加密过程：在"明文 p="的文本框中，输入要加密的明文数值（如 19），也可通过上下箭头改变明文的数值。单击"加密"按钮，在"密文 c="后的文本框中，会自动显示加密的结果。

（4）解密过程：在"密文 c="的文本框中输入要解密的密文数值（如 66），也可通过上下箭头改变明文的数值。单击"解密"按钮，在"明文 p="后的文本框中会自动显示解密的结果。

2. RSA 算法的文本操作

（1）安装运行文本操作的 RSA 算法示例，熟悉其操作界面（见图 11-15）。

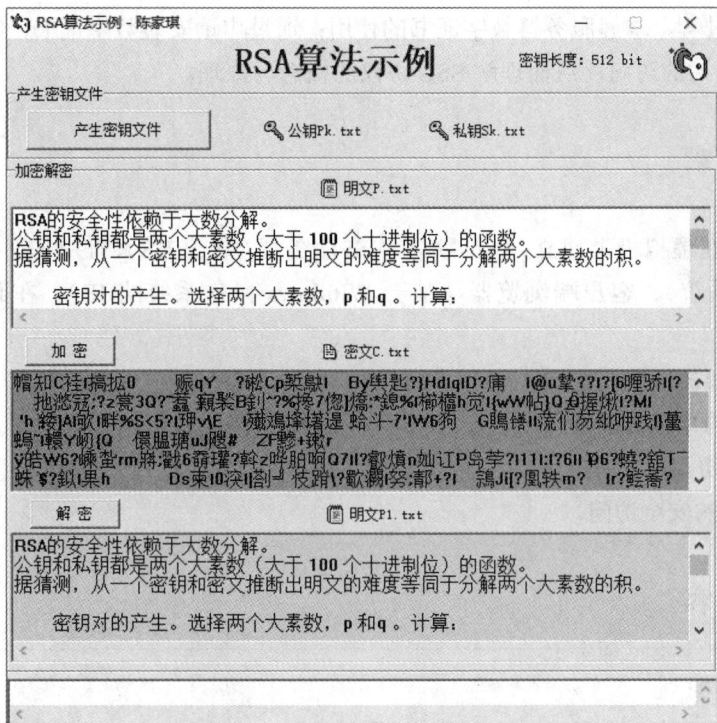

图 11-15　文本加密 RSA 演示程序界面

（2）单击"产生密钥文件"按钮，产生密钥，可通过"公钥 Pk.txt""私钥 Sk.txt"查看公钥和私钥（注意其中的内容没有含义，显示为乱码）。

（3）选择简单的 P.txt 文本文件作为明文，也可以按照默认的文本作为加密的明文，或者在明文的文本框中输入简单的明文（如大家好！）。单击"加密"按钮，在蓝色文本框中将会显示加密的密文结果。也可通过单击"密文 C.txt"按钮，查看密文文件。

（4）单击"解密"按钮，可完成对以上密文的解密。在黄色文本框中会显示还原后的明文，也可以在"明文 P1.txt"文件中查看。当然也可以在蓝色文本框中随意输入要解密的密文，进行解密，不过解密后的明文我们是无法读懂的。

3. DES 算法的操作

（1）有 C 语言编程基础的同学可以根据 DES 算法的运算过程自己编制 DES 算法的 C 语言程序，并进行加密、解密运算。

（2）网上搜索 DES 算法的源程序，进行阅读理解，并运行程序进行加密、解密运算。

11.8
基于 SSL 协议的 HTTPS

11.8.1　实验目的

通过实验，用户可加深对数字证书原理和 CA 的理解，熟悉数字证书的作用，熟悉数字证书的申请、下载及安装过程，掌握服务器数字证书的使用；通过申请安装数字证书，实现对基于 SSL 协议的 HTTPS 安全网站的访问，从而理解 SSL 协议的概念与原理。

11.8.2 实验要求

本实验环境可在虚拟机上建立，包括默认 Web 服务器（基于 IIS）、证书服务器（基于 Windows Server 2019 操作系统）、客户端浏览器（基于 Windows 操作系统的 IE）。在此基础上完成以下任务。

（1）证书服务器的安装与配置。

（2）数字证书的申请与颁发。

（3）配置 SSL 协议。

（4）实现 Web 的安全访问。

11.8.3 实验内容

1. 构建实验环境

构建图 11-16 所示的实验环境，服务器可以采用 Windows Server 2019 操作系统，在服务器上安装和配置默认 Web 服务器和证书管理服务器 CA。

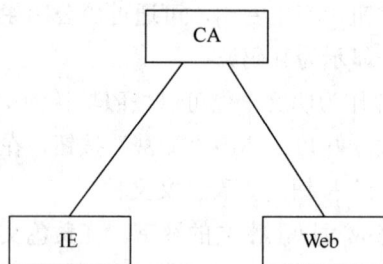

图 11-16　实验环境

（1）默认 Web 服务器的安装与配置。在基于 Windows Server 2019 操作系统的服务器上安装证书服务，通过选择"Active Directory 证书服务"复选框来完成，因为证书服务 CA 需要在默认 Web 服务器中建立虚拟目录。相关参数可以选择默认值。

（2）证书服务 CA 的安装。可以依次单击"开始"→"设置"→"控制面板"→"添加/删除程序"→"添加/删除 Windows 组件"选项，选择"证书服务"并安装，这里需要 Windows 安装盘（可以用 Windows 光盘的 IOS 映像文件替代）。

2. Web 服务器的数字证书的申请

首先为默认 Web 服务器申请数字证书，具体步骤如下。

（1）填写证书申请表。在 Web 属性窗口中，为 Web 服务器填写一个证书申请表。可以利用"IIS 证书向导"完成。

（2）填写证书申请信息。按照向导提示，分别输入"证书名称""密钥长度""单位""部门""公钥名称""地理信息"等申请表信息。

（3）Web 数字证书的申请。登录数字证书申请页面（如图 11-17 所示，http://192.168.1.11/certsrv/，192.168.1.11 是 AD CS 服务器的 IP 地址，certsrv 是证书服务的虚拟目录），利用刚刚生成的证书请求代码进行服务器证书的申请，申请"高级证书"。

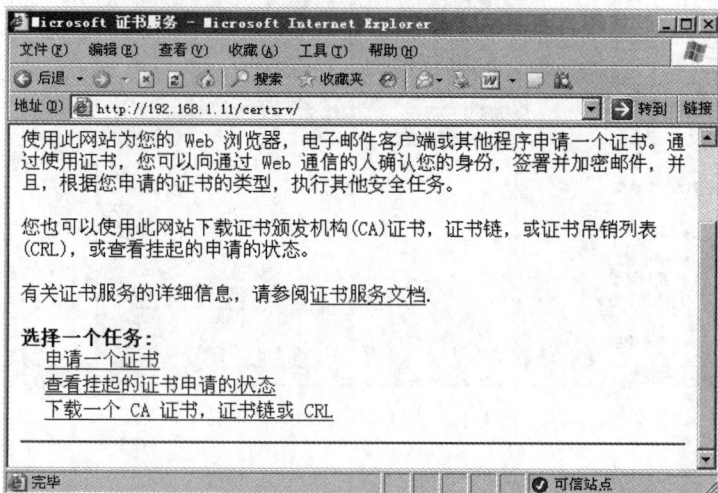

图 11-17　数字证书申请页面

（4）数字证书的颁发。在 CA 服务器上，单击"管理服务器"→"角色"→"Active Directory 证书服务"，选择"证书颁发机构"。进入"挂起的申请"，右击刚才申请的那张证书，执行"颁发"命令来颁发这张证书。

（5）下载和安装证书。在 Web 服务器（本例中也是 CA 服务器）上启动 IE，再次打开 CA 服务器网站，选择"下载一个 CA 证书，证书链或 CRL"，然后选择"下载证书"，并单击"保存"按钮。

右击 Web 服务器，在弹出的"属性"对话框的"安全性"选项卡中选择"服务器证书"，单击"处理挂起的请求"并完成证书的安装。

3. 浏览器证书的申请

在基于 Windows 操作系统的客户端上申请和安装数字证书。客户端证书的申请与安装和 Web 证书基本相同，只是选择"用户证书"，不需要进一步地识别信息，直接提交即可。在证书颁发后，直接安装此证书就可以了，此处不再赘述。

4. 设置 SSL 协议

在安装了服务器的证书后，用户打开 Web 站点的"属性"对话框，在"目录安全性"选项卡的"编辑"项中选择"要求安全通道（SSL）"，分别选择"客户端证书"中的 3 个选项。完成配置后，单击"完成"按钮确认配置，结束 SSL 协议安全网站的配置。

5. 客户端的验证

分别选择"忽略客户端证书""接受客户端证书""要求客户端证书"选项，在客户端 IE 打开默认 Web 网页时，在客户端启动 IE，输入 https://192.168.1.11，弹出"选择数字证书"（见图 11-18）对话框，选择安装的数字证书就可以成功访问 Web 服务器。这样就实现了基于 SSL 协议的 HTTPS 安全 Web 访问。如果客户端没有数字证书，则不能访问。

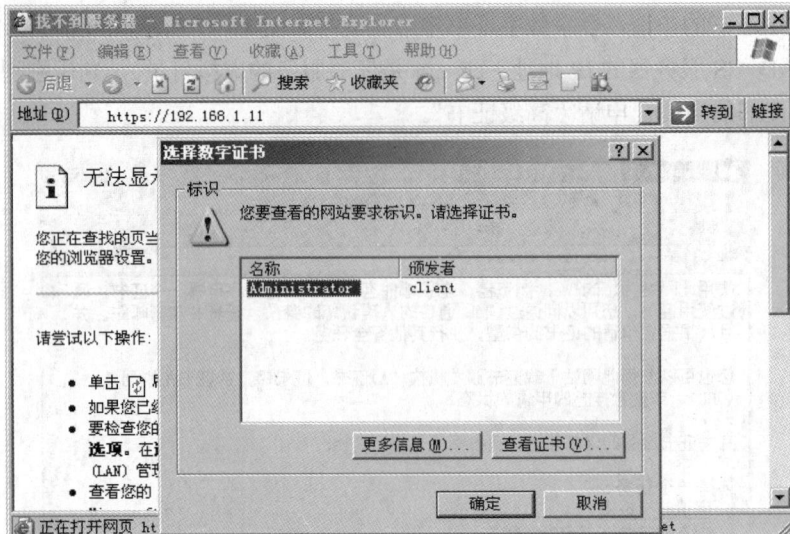

图 11-18　提示"选择数字证书"

11.9 | 安全电子邮件软件——PGP

11.9.1　实验目的

通过实验，用户可了解电子邮件的安全威胁与防范措施；掌握 PGP 软件的工作原理、特点与功能；熟悉 PGP 软件的安装、配置，以及发送电子邮件的加密、签名过程；掌握如何使用 PGP 软件进行邮件加密、解密，文件的加密、解密，以及文件的粉碎等操作。

11.9.2　实验要求

本实验环境可在虚拟机上建立，需要安装 Outlook 邮件客户端。在此基础上完成以下操作。

（1）PGP Desktop 软件的安装与配置。

（2）实现 Outlook 邮件的加密、签名传输。

（3）实现文件、文件夹的加密和解密。

11.9.3　实验内容

1. PGP Desktop 的下载及安装

（1）到 PGP 官方网站进行申请，即可得到最新的正版 PGP Desktop（试用 30 天）。

（2）下载解压后，解压包里面有 4 个文件。根据所用计算机系统安装 32 位或是 64 位的。如选用 32 位系统，则运行 PGPDesktop32-9.10.0.exe 文件进行安装。

（3）安装过程中分别需要输入注册信息、填写序列号等，安装完成后，需要重新启动。

2. 生成密钥对

单击"开始"→"程序"→"PGP"→"PGP Desktop"选项，打开图 11-19 所示的主界面。

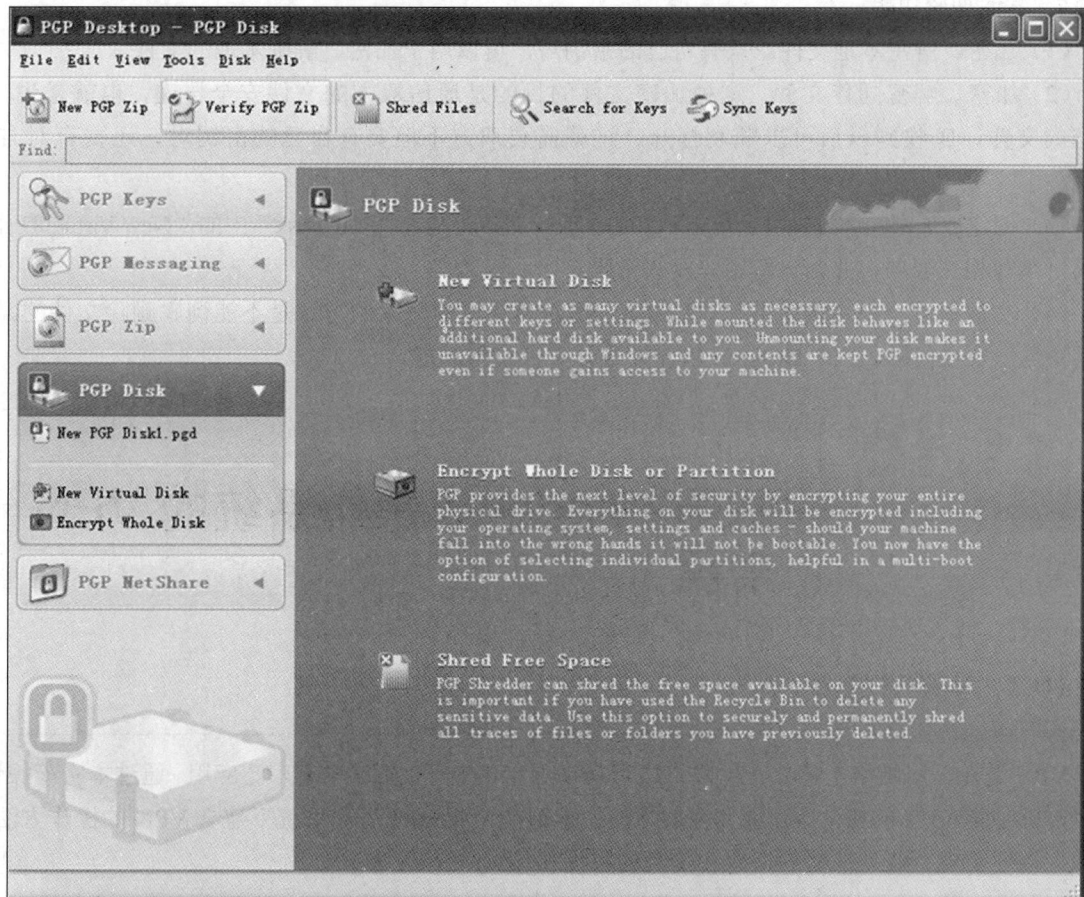

图 11-19　PGP Desktop 主界面

新软件安装后，首先看一下本机内原来有无密钥。选择"File"→"New PGP Key"选项，可以开始新建自己的密钥了。

新建密钥需要输入姓名、邮箱、密码等信息。建立完成后，密钥会上传到密钥服务器，需要时可右击要修改的密钥，执行"Properties"命令来设置密钥的属性。

3. Outlook 邮件加密与签名

用户可使用 Outlook 同时管理多个邮箱的邮件。必须先安装 Outlook，再安装 PGP Desktop。

（1）Outlook 的设置：安装配置 Outlook 时要注意发送服务器和接收服务器的配置，可以查阅相关邮箱的帮助文件，一般 sina、163、126、QQ 等邮箱均可设置。但有些邮箱属于 Web 邮箱（如 Hotmail），不通过邮件服务器传送和接收，因此无法设置 Outlook。

（2）为邮箱建立公、私钥对：按照建立密钥的方法，收发双方均要建立一对公钥和私钥，并将对方的公钥导入到自己的密钥串。

（3）邮件的加密或签名发送：在 Outlook 撰写邮件的界面上会出现"加密""签名"的工具按钮，根据需要选择并发送邮件。

（4）邮件的解密、验证接收：在接收邮件的 Outlook 界面中可收到加密或签名过的邮件，选择自己的私钥或对方的公钥进行解密和签名的验证。

4．其他加密功能

（1）加密、解密本地文件。只有自己的密钥对，可以用于加密、解密本地的文件。

（2）加密、解密同伴文件。这种加密文件的目的是通信双方的文件安全传递，也就是说，A 加密的文件，B 收到以后可以顺利打开。这就需要双方不但要有自己的密钥对，还要有对方的公钥。

（3）创建被加密的虚拟磁盘。单击 PGP Desktop 主界面左边"PGP Disk"中的"New Virtual Disk"选项，填写相关表项，并创建新用户及其密码。

（4）文件粉碎。使用传统的按"Delete"键对文件进行删除的方法是不能彻底删除文件的。为了解决这一安全问题，PGP Desktop 软件集成了文件粉碎功能。

11.10 基于 Windows 操作系统的 VPN 搭建

11.10.1 实验目的

VPN 是在公用网络上建立专用网络进行加密通信，在企业网络中有广泛应用。通过本实验操作，用户能够了解 VPN 的概念、功能和搭建方法；掌握在 Windows 操作系统下建立 VPN 的操作方法和步骤，以便实现企业外部网的搭建和信息的秘密传输。

11.10.2 实验要求

VPN 的实现有多种方法，如基于 IPSec 的 VPN、基于 SSL 协议的 VPN 等。本实验要求在 Windows Server 2019 操作系统的服务器环境下，通过"远程服务"角色，实现客户端到服务器端的登录和访问。具体包括以下任务。

（1）服务器环境的搭建（添加"远程服务"角色）。

（2）VPN 服务器的配置。

（3）配置 NAT 服务。

（4）配置 VPN 连接账号。

11.10.3 实验内容

1．搭建服务器环境

（1）单击"开始"右边的"服务器管理器"。

（2）在"服务器管理器"里单击"角色"。

（3）在"角色"上右击，执行"添加角色"命令，单击"下一步"按钮。

（4）在"角色"里选择"网络策略和访问服务"及"远程访问"复选框（见图 11-20），单击"下一步"按钮，单击"安装"按钮。

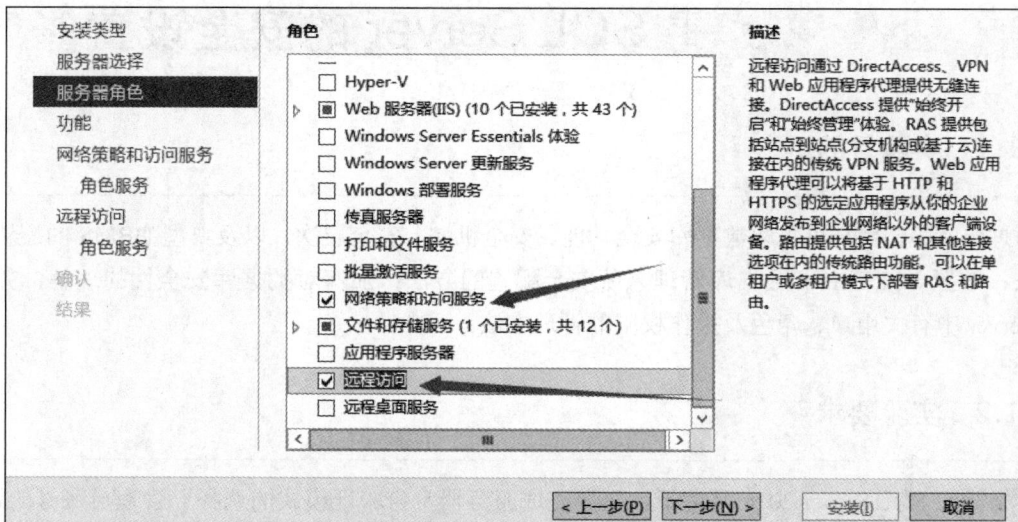

图 11-20　安装服务器角色界面

2. 配置 VPN 服务器

（1）在"服务器管理器"中单击菜单栏中的"工具"，选择"路由和远程访问"，在本地上右击选择"配置并启用路由和远程访问"。

（2）在配置向导中选择"自定义服务"。

（3）配置成功单击"完成"按钮，出现提示"启动服务"，单击"启动服务"。

3. 配置 NAT 服务

（1）依次单击"路由和远程访问"→"IPv4"→"NAT"，并在"NAT"处右击执行"新增接口"命令。

（2）在接口里选一下你的外网接口，单击"确定"按钮弹出属性。

（3）在这里选择"公用接口连接到互联网→在此接口上启用 NAT"，单击"确定"按钮；在"路由和远程访问"上右击执行"属性"命令。

（4）在弹出的窗口中选择"IPv4"→"静态地址池"，单击"添加"按钮。定义"起始 IP 地址""结束 IP 地址"，单击"确定"按钮。

（5）单击"确定"按钮，现在给用户分配的 IP 地址段已经配置好了。VPN 服务器配置成功后，还需要账号连接。

4. 配置 VPN 连接账号

（1）单击"配置"→"本地用户和组"→"用户"项。

（2）在"用户"上右击选择"新用户"，输入"用户名"和"密码"；再选择"用户不能更换密码"和"密码永久不过期"，单击"创建"按钮，再单击"关闭"按钮。

（3）双击新增加的用户"test"，弹出"属性"窗口。

（4）弹出"属性"后选择"拨入→网络访问权限→允许访问"，单击"确定"按钮。

（5）现在 VPN 服务器已全部完成配置，可以用添加的用户登录 VPN 服务器了。

11.11 | SQL Server 的安全设置

11.11.1 实验目的

通过本实验，用户可了解数据库安全功能、安全机制、安全层次，以及典型 DBMS 的配置和操作方法；掌握 SQL Server 数据库管理系统安全配置的方法；加深对数据库安全性的理解，并掌握 SQL Server 中有关用户、角色及操作权限的管理方法。

11.11.2 实验要求

本实验在 SQL Server 2016 环境下，主要完成服务器身份验证模式的选择、管理员账号的设置、密码策略的设置、日志文件的配置、数据备份，以及数据库登录的 IP 限制等方面的操作，以及进行数据库的安全配置与操作。主要任务如下。

（1）服务器身份验证。

（2）密码策略设置。

（3）修改默认端口。

（4）日志文件设置。

（5）数据库备份与还原。

11.11.3 实验内容

1. 服务器身份验证设置

SQL Server 2016 的身份验证模式有两种：一种是 Windows 操作系统的身份验证模式；另一种是 SQL Server 和 Windows 操作系统的身份验证模式（即混合模式）。如果选择混合模式，实际上就是通过当前 Windows 操作系统的管理员账户（通常为 Administrator）的登录凭据来登录 SQL Server 2016。使用 Windows 操作系统的身份验证，会增加 Administrator 密码被盗的风险。为解决以上问题，需要限制混合模式里的 Windows 操作系统的身份验证。

在 SQL Server 2016 管理窗口中，在服务器菜单下单击"安全性"→"登录名"，将 Administrator 对应的登录名删除即可，如图 11-21 所示。

2. 修改数据库弱密码

默认状态下 SQL Server 2016 的"SA"账户密码为空，需要给其设定一个足够复杂并且足够长的密码来加强其安全性。

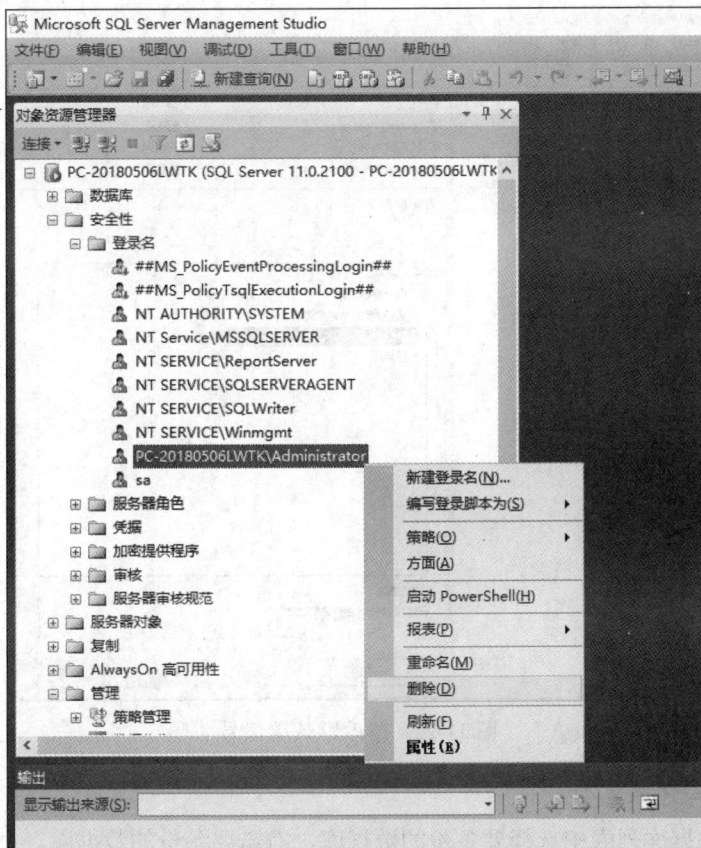

图 11-21　删除 Windows 操作系统的管理员登录账号

（1）打开 SQL Server 2016，展开控制台根目录，选择"安全性"并展开，单击"登录"，在右侧的用户列表中可以看到有 SA 这个用户。

（2）双击打开 SA 用户，就可以更改 SA 用户的密码。

（3）使用一下命令检测系统是否存在空密码账号，命令如下。

```
Use master
Select name, Password from syslogins where password is null
```

3．修改默认的 1433 端口

默认情况下，SQL Server 2016 服务使用 1433 端口监听，修改 1433 端口有利于 SQL Server 2016 服务的隐藏。

（1）单击"开始"→"程序"→"Microsoft SQL Server"→"服务器配置管理器（SQL Server Configuration Manager）"选项，在"SQL Server Native Client 11.0 配置（32 位）"中选择"客户端协议"，并选中"TCP/IP"，单击"属性"选项。

（2）输入新的默认端口号（如 1433），单击"确定"按钮。如图 11-22 所示。

4．加强数据库日志的记录

在实例属性中选择"安全性"，将其中的登录审核设置为"失败和成功的登录"，这样在数据库系统和操作系统日志里面，就详细记录了所有账号的登录事件。然后定期查看 SQL Server 日志，或打开日志文件查看，检查是否有可疑的登录事件发生即可。

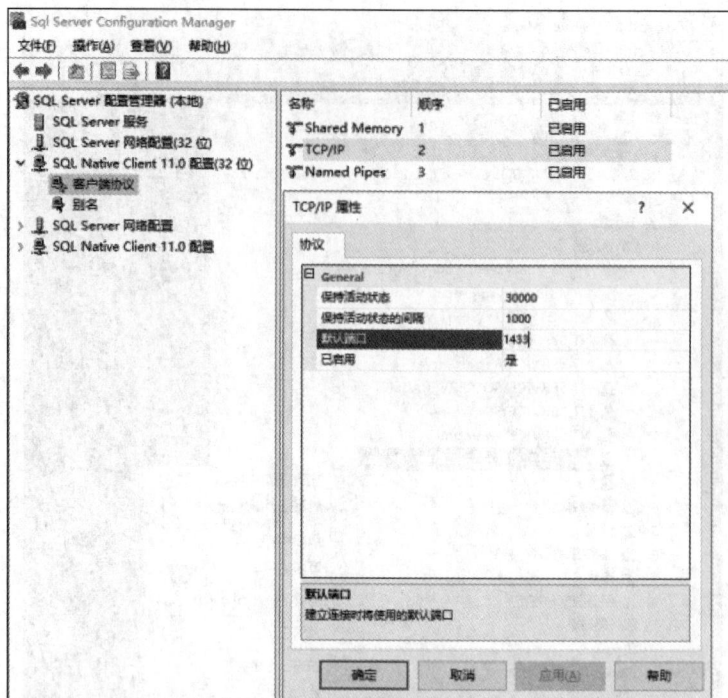

图 11-22　修改默认端口号

5. 数据库备份与还原

操作方法：在数据库列表中选择要备份的数据库，右击要备份的数据库，执行"任务"→"备份…"命令，打开备份数据库界面，按照要求设置相应参数，单击"确定"按钮完成备份。在需要时可进行"还原"操作。

11.12

典型杀毒软件的操作

11.12.1　实验目的

病毒的预防与查杀是服务器和客户端计算机最常见的系统安全保障措施，既要做好病毒的前期预防措施，又要及时进行查杀、病毒库的升级，以及杀病毒软件的选型与配置。通过本实验，用户可了解病毒的特征、检测方法、病毒处理方法，以及提高防病毒意识。

11.12.2　实验要求

本实验在 360 杀毒 V 5.0 环境下，主要完成杀毒软件的安装、配置，各种扫描方法的操作、病毒的处理、病毒库的升级，以及其他功能的操作。主要任务如下。

（1）360 杀毒软件的下载与安装。

（2）病毒扫描。

（3）病毒处理。

（4）升级病毒库。

11.12.3　实验内容

1．360 杀毒软件的安装

首先通过 360 杀毒官方网站下载最新版本的 360 杀毒安装程序。双击运行下载好的安装包，弹出 360 杀毒安装向导。在这一步可以选择安装路径，建议按照默认设置即可；也可以单击"更换目录"按钮选择安装目录。单击"立即安装"按钮完成安装过程。

2．病毒的扫描

360 杀毒提供了 5 种病毒扫描方式（见图 11-23）。

（1）快速扫描：扫描 Windows 操作系统目录及 Program Files 目录。

（2）全盘扫描：扫描所有磁盘。

（3）自定义扫描：扫描您指定的目录。

（4）右键扫描：当您在文件或文件夹上右击时，可以执行"使用 360 杀毒扫描"命令对选中文件或文件夹进行扫描。

（5）常用工具栏：帮助您解决计算机上经常遇到的问题。

图 11-23　360 杀毒主界面

3．病毒的处理

360 杀毒具有实时病毒防护和手动扫描功能，为系统提供全面的安全防护。实时防护功能在文件被访问时对文件进行扫描，及时拦截活动的病毒。在发现病毒时 360 杀毒会通过提示窗口警告用户（见图 11-24）。

360 杀毒扫描到病毒后，会首先尝试清除文件所感染的病毒；如果无法清除，则会提示用户删除感染病毒的文件。

图 11-24　360 病毒处理界面

4．升级病毒库

360 杀毒具有自动升级功能，如果开启了自动升级功能，360 杀毒会在可升级时自动下载并安装升级文件。360 杀毒默认不安装本地引擎病毒库，如果想使用本地引擎病毒库，则需要单击主界面右上角的"设置"，打开"设置"对话框后选择"多引擎设置"，然后勾选"常规反病毒引擎"的"病毒查杀"和"实时防护"两个复选框，选择好了之后单击"确定"按钮。

设置好了之后回到主界面，单击"升级"，然后单击"检查更新"按钮进行更新。然后，程序会连接服务器，检查是否有可用更新并进行更新。

11.13
天网个人防火墙

11.13.1　实验目的

通过本实验，用户可了解个人防火墙的基本工作原理；掌握个人防火墙的安装、配置和使用；并通过配置防火墙加深对 TCP/IP 的理解。

11.13.2　实验要求

天网防火墙个人版——SkyNet FireWall（简称天网防火墙）是由天网安全实验室研发、制作给个人计算机使用的网络安全程序工具。主要任务如下。

（1）下载安装天网防火墙。

（2）配置安全选项与访问规则。

（3）网络访问监视。

11.13.3　实验内容

1. 下载与安装天网防火墙

（1）到官网上下载天网防火墙个人版 v3.0.0.1015 试用版。

（2）安装天网防火墙。主要经过接受协议、选择安装目录等几个步骤，基本按照安装向导默认选项操作完成即可。

（3）文件复制和安装完成后，系统会自动弹出"设置向导"，帮助用户设置防火墙。用户可以跟着它一步一步设置好适合自己使用的防火墙规则。主要包括：安全级别设置、局域网信息设置、常用应用程序设置等。

（4）运行天网防火墙。安装完天网防火墙并重新启动计算机后，第一次运行天网防火墙时会弹出一个注册码的窗口，注册后程序正式运行，任务栏内出现一个小图标。双击该图标则弹出天网防火墙主界面。

2. 设置天网防火墙

由于天网防火墙预设了一系列安全规则，如果用户对网络安全要求不高，就可以直接使用。但是如果要想让天网防火墙按照用户的意愿来工作，则必须对天网防火墙进行设置。

（1）系统设置。单击天网防火墙程序主界面中的"系统设置"图标，弹出系统设置界面。

主要设置包括：在"启动"栏中选中"开机后自启动防火墙"；若单击"重置"按钮，则把防火墙的安全规则全部恢复为初始设置；"应用程序权限"栏可以不选；"局域网地址设定"栏可以刷新或清空地址；设置报警声音；选择"自动保存日志"等选项。

（2）默认 IP 规则设置。单击防火墙程序主界面中的"IP 规则设置"图标，弹出系统设置界面。IP 规则是针对整个系统的网络层数据包监控而设置的。利用自定义 IP 规则，用户可针对个人不同的网络状态，设置自己的 IP 安全规则，使防御手段更周到、更实用。

（3）自定义 IP 规则。规则是一系列的比较条件和一个对数据包的动作，就是根据数据包的每一个部分来与设置的条件比较，当符合条件时，就可以确定对该数据包放行或者阻挡。通过合理地设置规则就可以把有害的数据包挡在机器之外。用户单击"增加规则"按钮或选择一条规则后单击"修改规则"按钮，就可以自定义 IP 规则。

（4）安全级别设置。天网防火墙的默认安全级别分为低、中、高 3 个等级，默认的安全等级为中级，用户可以根据自己的需要调整自己的安全级别。各等级的安全设置说明可以参阅软件帮助。

（5）应用程序规则设置。天网防火墙对应用程序数据传输封包进行底层分析拦截，它可以控制应用程序发送和接收数据传输包的类型、通信端口，并且决定拦截还是通过。

3. 使用天网防火墙

（1）日志查看和分析。天网防火墙将会把所有不合规则的数据传输封包拦截并且记录下来。单击"日志"按钮可以查看和分析日志记录，每条记录从左到右分别是发送或接收时间、发送 IP 地址、数据传输封包类型、本机通信端口、对方通信端口、标志位等。

（2）网络访问监控。用户不但可以控制应用程序访问权限（见图 11-25），还可以监视该应用程序访问网络所使用的数据传输通信协议端口等。

图 11-25　应用程序访问权限设置

单击"监控"按钮，查看应用程序的使用情况，一旦发现有非法进程在访问网络，用户可以单击"结束进程"按钮来禁止非法进程。

（3）断开或接通网络。对于宽带网用户来说，即使用户不需要使用网络，他们的计算机也始终连接在网络上，这很容易受到黑客的攻击。如果用户在使用计算机时不需要上网，应该单击天网防火墙的"断开/接通网络"按钮。在遇到频繁攻击的时候，这是最有效的应对方法。

11.14 网上银行个人业务

11.14.1　实验目的

通过本实验，用户可了解电子银行的相关概念、相关的安全威胁与措施；掌握电子银行的支付流程和操作流程；提高网上银行业务的安全性。

11.14.2　实验要求

中国工商银行个人网上银行是指通过互联网，为工商银行个人客户提供账户查询、转账汇款、投资理财、在线支付等金融服务的网上银行渠道，品牌为"金融@家"。

主要任务如下。

（1）浏览中国工商银行网站。

（2）了解网上银行个人业务的内容。

（3）熟悉网上银行个人业务的电子支付流程及有关规定。

11.14.3　实验内容

1.　开通个人网上银行账户

（1）需填写的资料：《中国工商银行电子银行个人客户注册申请表》，请务必知悉申请表背面的《中国工商银行电子银行个人客户服务协议》。

（2）应向工商银行提交的申请资料：如果已在本地开立账户，需提供《中国工商银行电子银行个人客户注册申请表》、本人有效身份证件、需注册的银行卡；如果未在本地开立账户，需提供相应注册卡申请表、《中国工商银行电子银行个人客户注册申请表》、本人有效身份证件。

（3）如果自带 U 盾的，需提供相应介质。

2.　登录中国工商银行网站、熟悉个人网银业务

（1）登录中国工商银行（以下简称工商银行）网站。"工行网银助手"可以帮助客户一键安装与更新网银安全控件及工具，建议安装。工商银行个人网上银行界面如图 11-26 所示。

图 11-26　工商银行个人网上银行界面

（2）进入个人网上银行用户登录页面，在红色方框内输入卡号或登录名、登录密码及验证码，同时要注意一些重要安全提示。

（3）熟悉个人网上银行业务。可在此办理各种个人网上银行业务，如投资理财（人民币黄金买卖、基金投资、网上理财产品、网上保险）、转账汇款（境内汇出、电子速汇、国际卡购汇还款、国际卡外币还款、牡丹卡人民币还款）、缴费支付（代缴学费、委托代扣、网银年费缴费）、e 卡、预留信息验证、个性化服务等。

3.　支付缴费方式

（1）在线支付。在线支付是工商银行为个人客户在电子商务平台购物过程中提供在线资金结算服务的业务。个人客户可通过在线支付业务对电子商务平台生成的订单进行支付操作。

（2）在线境外支付。在线境外支付可为在境外网站购物提供在线资金结算服务。通过工商银

行牡丹信用卡（VISA 卡、Master 卡）在线境外支付业务，可实现对境外电子商务网站订单的支付功能。

（3）电话支付。电话支付是工商银行为个人客户在电子商务平台购物过程中，提供 95588 电话银行渠道的在线资金结算服务的业务。

（4）信用支付。信用支付是工商银行与特约网站合作共同为电子商务买卖双方提供信用中介、资金划拨与贸易中介的服务。

（5）e 卡支付。e 卡是网上购物支付时使用的一种无实物借记支付卡，仅供工商银行个人网上银行用户在线自助申请。

（6）委托代扣。委托代扣是指可通过网上银行签订委托代扣协议，委托工商银行主动支付服务费给收费企业的业务。

（7）自助缴费。自助缴费是指可以自助为本人或他人缴纳手机费、电话费、水费、煤气费、电费等各种费用的功能。

（8）代缴学费。代缴学费是指提供在线缴纳本人或他人的各地大、中、小学的学杂费，以及查询缴费信息的服务。

（9）代客缴费。代客缴费是指客户通过电话银行人工座席代客进行缴费的功能。

4．安全服务

（1）U 盾（个人客户）。U 盾是工商银行推出并获得国家专利的客户证书 USBkey，是工商银行提供的办理网上银行业务的高级别安全工具。

（2）工银电子密码器。工银电子密码器是工商银行提供的一款全新的电子银行安全产品，是具有内置电源和密码生成芯片、外带显示屏和数字键盘的硬件介质，客户无须安装任何程序即可在电子银行等多渠道使用。

（3）电子银行口令卡。电子银行口令卡是指以矩阵形式印有若干字符串的卡片，每个字符串对应一个唯一的坐标。

（4）其他安全助手。除以上安全工具外，工商银行还提供了其他的安全保障措施，主要包括：预留信息验证、手机短信认证、小 e 安全检测、工商银行网银助手等。

11.15
支付宝业务

11.15.1　实验目的

通过本实验，用户可了解第三方支付的基本工作原理、安全保障、操作流程等内容，以提高其在网购支付中的安全意识。

11.15.2　实验要求

通过淘宝网和支付宝，实现账户注册、安全设置、商品选购、下单、收货、付款的全过程。主要任务如下。

（1）注册支付宝账户。

（2）设置账户的安全性。

（3）完成网上购物与支付。

11.15.3　实验内容

1. 申请支付宝账户

（1）打开支付宝首页，然后在网页的右侧可以看到登录等项。单击下面的"免费注册"。

（2）在新打开的网页中，有 4 种注册账号的方法：用淘宝账户快速开通支付宝、注册个人账户、注册个人商家、注册企业账户。选择适合自己的一个项目进行注册。

（3）以注册个人账户为例，输入自己的手机号、验证码，并勾选"同意以下协议并提交"复选框，或者用电子邮箱注册，同样也是需要填写并提交基本信息，然后即可注册成功。

（4）使用新的账户登录进入"我的支付宝"，如图 11-27 所示。

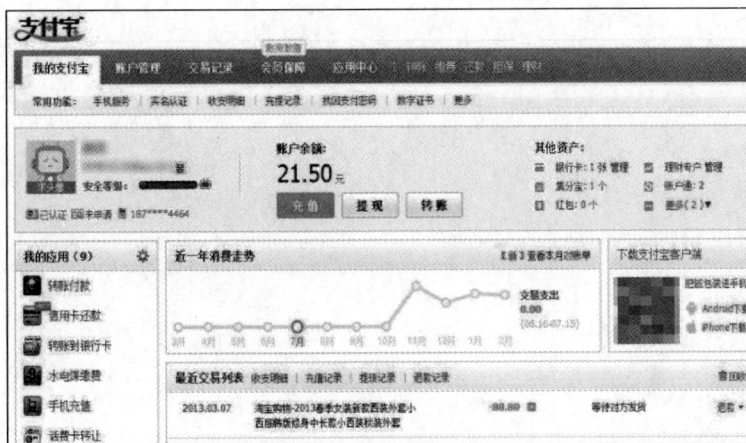

图 11-27　"我的支付宝"界面

2. 账户安全设置

根据需要尽量选择多种安全保障措施。

（1）支付盾：具有电子签名和数字认证的工具，保证了在网上信息传递时的安全性。

（2）手机动态口令加倍安全保障：可以通过短信、电话语音两种方式来验证账户持有人身份。

（3）支付宝担保交易服务：保障买卖双方货款安全，防范欺诈。

（4）密码输入保护：该安全控件的实现基于在 SSL 协议加密传输基础上对关键信息进行再次复杂加密。

（5）数字证书：数字证书是有权威的第三方机构，即 CA 签发的证书。

3. 淘宝购物流程

（1）登录淘宝网，寻找自己想要的东西。

（2）加入购物车，去结账，或直接拍下商品。

（3）选择用支付宝支付。

4. 在支付宝中选择支付方式

（1）一般支付方式包括支付宝余额支付、银行卡支付、信用卡支付、找人代付、现金支付（货到付款）、消费卡支付等。

（2）手机支付方式包括手机浏览器支付、手机客户端支付、语音支付、短信支付等。

（3）若发生退款，通过网关退款功能，支付宝可以把通过支付宝支付网关收取的货款，退款至交易付款方的支付宝账户或者银行卡内。

5. 收货确认

（1）卖方看到支付信息后，通过快递发货。

（2）买方收货后，对商品满意则通过淘宝网提交确认收货并同意支付。

（3）卖方1～2天后收到支付宝的款项，双方互相进行信用评价。